本书由"中央高校基本科研业务费专项资金"资助

《华侨大学哲学社会科学文库》编辑委员会

华侨大学 哲学社会科学文库·管理学系列
HUAQIAO UNIVERSITY

城市快速路建设工期合理性研究

RESEARCH ON THE RATIONALITY OF URBAN EXPRESSWAY
PROJECT CONSTRUCTION DURATION

詹朝曦　著

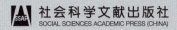
社会科学文献出版社
SOCIAL SCIENCES ACADEMIC PRESS (CHINA)

打造优秀学术著作
助力建构中国自主知识体系

——《华侨大学哲学社会科学文库》总序

习近平总书记在哲学社会科学工作座谈会上指出："哲学社会科学是人们认识世界、改造世界的重要工具，是推动历史发展和社会进步的重要力量，其发展水平反映了一个民族的思维能力、精神品格、文明素质，体现了一个国家的综合国力和国际竞争力。"当前我国已经进入全面建成社会主义现代化强国、实现第二个百年奋斗目标，以中国式现代化全面推进中华民族伟大复兴的新征程，进一步加强哲学社会科学研究，推进哲学社会科学高质量发展，为全面建成社会主义现代化强国、全面推进中华民族伟大复兴贡献智慧和力量，具有突出的意义和价值。

2022 年 4 月，习近平总书记在中国人民大学考察时强调：加快构建中国特色哲学社会科学，归根结底是建构中国自主的知识体系。建构中国自主的知识体系，必须坚持马克思主义的指导地位，坚持以习近平新时代中国特色社会主义思想为指引，坚持党对哲学社会科学工作的全面领导，坚持以人民为中心的研究导向，引领广大哲学社会科学工作者以中国为观照、以时代为观照，立足中国实际，解决中国问题，不断推进知识创新、理论创新、方法创新，以回答中国之问、世界之问、人民之问、时代之问为学术己任，以彰显中国之路、中国之治、中国之理为思想追求，在研究解决事关党和国家全局性、根本性、关键性的重大问题上拿出真本事、取得好成果，认真回答好"世界怎么了""人类向何处去"的时代之题，发挥好哲学社会科学传播中国声音、中国理论、中国思想的特殊作用，让世界更好读懂中国，为推动构建人类命运共同体做出积极贡献。

华侨大学作为侨校，以侨而生，因侨而兴，多年来始终坚持走内涵发展、特色发展之路，在为侨服务、传播中华文化的过程中，形成了深厚的人文底蕴和独特的发展模式。新时代新征程，学校积极融入构建中国特色哲学社会科学的伟大事业之中，努力为教师更好发挥学术创造力、打造精品力作提供优质平台，一大批优秀成果得以涌现。依托侨校优势，坚持以侨立校，为侨服务，学校积极组织开展涉侨研究，努力打造具有侨校特色的新型智库，在中华文化传承传播、海外华文教育、侨务理论与政策、侨务公共外交、华商研究、海上丝绸之路研究、东南亚国别与区域研究、海外宗教文化研究等诸多领域形成具有特色的研究方向，先后推出了以《华侨华人蓝皮书：华侨华人研究报告》《世界华文教育年鉴》《泰国蓝皮书：泰国研究报告》《海丝蓝皮书：21世纪海上丝绸之路研究报告》等为代表的一系列研究成果。

《华侨大学哲学社会科学文库》是"华侨大学哲学社会科学学术著作专项资助计划"资助出版的成果，自2013年以来，已资助出版68部学术著作，内容涵盖马克思主义理论、哲学、法学、应用经济学、工商管理、国际政治等基础理论与重大实践研究，选题紧扣时代问题和人民需求，致力于解决新时代面临的新问题、新任务，凝聚着华侨大学教师的心力与智慧，充分体现了他们多年围绕重大理论与现实问题进行的研判和思考。已出版的学术著作，先后获得福建省社会科学优秀成果奖二等奖1项、三等奖9项，获得厦门市社会科学优秀成果奖一等奖1项、二等奖2项、三等奖2项，得到了同行专家和学术共同体的认可与好评，在国内外产生了较大的影响。

在新时代新征程上，围绕党和国家推动高校哲学社会科学高质量发展，加快构建中国特色哲学社会科学学科体系、学术体系、话语体系，加快建构中国自主知识体系的重大历史任务，华侨大学将继续推进《华侨大学哲学社会科学文库》的出版工作，鼓励更多哲学社会科学工作者尤其是青年教师勇攀学术高峰，努力推出更多造福于国家与人民的精品力作。

今后，我们将以更大的决心、更宽广的视野、更有效的措施、更优质的服务，推动华侨大学哲学社会科学高质量发展，不断提高办学质量和水平，为全面建成社会主义现代化强国、全面推进中华民族伟大复兴做出新贡献。

华侨大学党委书记　徐西鹏

2023 年 10 月 8 日

目　录

第一章　绪论

一　研究背景及意义

（一）研究背景

城市快速路是城市化和出行机动化快速发展的产物。程欢在分析北京、上海等七个大城市的城市快速路建设发展经验时指出，城市快速路建设的主要诱因是城市化、机动化和经济发展。[①] 持续的城镇化使城市规模、城市空间不断扩大，居民出行距离加长，再加上机动化的快速推进，城市居民机动车的保有量快速攀升，居民长距离出行和机动化出行的比例不断升高，致使原有的城市基础交通设施无法与人们的机动化出行维持动态平衡，城市交通供需的不平衡进一步加剧了城市交通拥堵和出行效率的下降。因此，在出行时效性的约束下，为城市提供长距离、快速、高效交通服务的城市快速路应运而生，城市经济的持续稳定发展也为城市快速路的建设提供了重要保障。[②]

20 世纪 80 年代中后期，北京、上海、天津三大直辖市各自开始建设第一条城市快速路。1995 年起，我国各地大型城市为了缓解日益拥堵的交通状况，也相继开始建设城市快速路。统计数据显示，截至 2017 年底，北京、上海的城市快速路均已形成"环路+放射线"相结合的网状布局结

---

① 程欢：《中等城市快速路建设条件及路网规模研究》，载中国城市科学研究会等编《2018 城市发展与规划论文集》，北京市政工程设计研究总院有限公司，2018。

② 向楠、尤文晓：《新型城镇化背景下公路网规划方法研究及应用》，《交通与运输》（学术版）2018 年第 7 期。

构，北京的城市快速路总里程数达 390 公里，[①] 上海的城市快速路总里程数达 207 公里。[②] 城市快速路已成为城市交通道路的重要骨架，担负着与不同城市中心区交通道路便捷连接的功能，在一定时期内起到了缓解城市道路交通压力的作用，是各大城市解决城市交通拥堵问题的有效手段之一。

根据《城市综合交通体系规划标准》（GB/T51328-2018）的规定：规划人口在 200 万人以上的城市，可选择建设Ⅰ级快速路或Ⅱ级快速路；规划人口在 100 万至 200 万人的城市，可选择建设Ⅱ级快速路或Ⅰ级主干路；带形城市的中心城区长度超过 20 公里时，宜规划Ⅱ级快速路，中心城区长度超过 30 公里的带形城市宜规划Ⅰ级快速路；道路跨河河道宽度超过 500 米或穿山隧道长度超过 1 公里，宜建设快速路。[③]《"十三五"现代综合交通运输体系发展规划》（国发〔2017〕11 号文）中提出，到 2020 年基本建成安全、便捷、高效、绿色的现代综合交通运输体系，预计高速公路建成里程将达到 15 万公里，比 2015 年的里程数 12.4 万公里增长 21%。天津市在《天津市市域综合交通规划（2008—2020 年）》中提出，到 2020 年将在市域范围内建成城市快速路 850 公里。依据 2014 年国务院印发的《国务院关于调整城市规模划分标准的通知》（国发〔2014〕51 号），2016 年，仅我国地级市中符合城市快速路建设条件的中等城市就达到了 62%。当前中等城市道路交通路网多数尚未建设城市快速路，但为解决交通日益拥堵的问题，未来将会有更多的中等城市启动城市快速路的建设。国务院在《2019 年政府工作报告》中提出，为加大城际交通，2019 年将加大基础设施投资力度，完成公路水运投资 1.8 万亿元。可见，城市快速路建设仍将是未来各地市政基础设施建设的主要内容之一。

城市快速路建设项目作为地方市政基础设施建设的重点工程，从前期

---

① 《北京市道路突发事件应急预案（2018 年修订）》，北京市政府网，http://www.beijing.gov.cn/zhengce/wenjian/192/33/50/438650/1566140/index.html。

② 数据引自《上海市交通行业发展报告（2018）》。

③ 住房城乡建设部标准定额研究所：《城市综合交通体系规划标准》（GB/T51328-2018），中国建筑工业出版社，2018。

的用地征迁、地质勘测、管线迁移到工程施工，一直干扰或影响着城市原有的交通秩序和通行效率。因此，为早日建成投入使用，以快速缓解城市局部的交通拥堵问题，从项目立项后的前期工作到竣工交付使用的整个建设过程中，其建设工期持续受到政府的高度重视和社会的广泛关注。如何在保证城市快速路工程质量的基础上缩短建设工期，尽早发挥建设功能，对政府主管部门和项目建设管理者来说尤为重要。

城市快速路兼有高速公路和城市道路的双重特性，是非营利性的公共工程项目，其建设涉及面广，既有一般市政基础设施项目会受到地质、气候和水文等自然条件制约的特点，也受资源需求、施工工艺复杂、技术难度大、工程质量要求高等条件的影响，它的建设环境不同于其他土木工程，是在一个现有正常使用的道路交通体系中并行建设的线性工程，工期更难以合理管控。随着项目建设内外环境的不断变化，各种因素都在影响项目的正常实施，这也加大了项目时间管理的难度和复杂度，导致城市快速路建设工期延迟现象普遍存在。

提高城市快速路建设的管理效率，不仅事关项目的经济效益、环境效益，也关系着项目的社会效益。而城市快速路建设效率的高低取决于项目管理的效率。项目管理涉及投资、进度和质量的三大控制，三者之间又是相互关联和相互制约的对立统一关系。项目建设进度影响投资的大小，也影响工程质量的高低，从某种角度来看，项目的时间管理是核心问题。如果建设项目缺乏有效的工期管理，那么也就不存在有效的资源管理、成本控制和责任的分配。[①] 做好城市快速路建设的时间管理，就短期来说是为了经济利益，但从长远来说，则是为早日发挥项目的社会效益和赢得一个良好的工期管控声誉。而项目时间管理的首要任务是根据项目建设任务和建设情况，确定项目合理的建设工期，并以此为项目建设进度管理目标，做好项目各阶段的工期管控，按期保质地完成建设任务。但如何确定快速路项目合理的建设工期是工程实践中的难点。

目前，我国尚未发布城市快速路建设的标准工期定额，导致项目建设

---

① 〔英〕皇家特许建造学会编著《大型复杂项目时间管理实用指南》，蓝毅译，中国建筑工业出版社，2018。

工期的合理确定缺乏标准和依据，项目建设工期目标制定和管理存在一定的随意性和主观性，建设工期要么过长，要么不科学的压缩。因此，如何科学合理确定城市快速路建设工期迫在眉睫，亟须对我国城市快速路建设工期的风险辨识、工期预测、工期合理性评价展开研究。

（二）研究目的及意义

城市快速路建设的特点是线性工程和开放性作业面工程，与一般的工程项目在一个相对封闭或完整的地块里开发或建设的环境不同，它具有多标段、线性、施工面狭窄、受交通干扰大的建设特点。从项目管理目标来看，项目建设工期的合理确定与管控是城市快速路建设进度管理的核心问题之一。但现行城市快速路建设实践中，项目立项批复中对建设工期的确定往往是依据项目可行性研究报告，而编制人员在制定建设工期时，通常是根据项目的大小、工程的难易程度和建设单位的进度目标而定，建设工期编制缺乏科学依据，无定额支撑，实践操作性不强，建设工期要么过长，要么不科学的压缩。程鸿群和后倩在对城市基础设施项目进度进行调研后，得出城市基础设施项目的实际工期是计划工期的 1.278 倍的结论。[①] 由此可见，城市基础设施项目在实际实施中，工期延迟是普遍现象。因此，亟须对城市快速路项目建设工期的影响因素识别、工期预测、工期设置的合理性评价展开研究。

1. 理论意义

工程项目时间管理是个世界性的问题。只要是涉及工程项目，不管是在哪个国家，是什么工程类型、工程性质，都是在特定的建设目标下，由一定数目的工程参与人员，运用一定的资源，在一定的时间期限内，完成具有特定使用价值的工程产品。项目时间的有效管理事关项目的资源管理、成本控制和责任划分。基于项目建设全生命周期，尊重项目建设客观规律，结合城市快速路项目建设特点，从系统内和系统外充分估计项目建设的不同阶段存在可能的延迟或干扰工程进度的各种风险因素，并进行工期风险效度评估，以尽可能准确地预测项目进度及合理弹性的工期模型，从而实现对项目建设工期设置的合理性进行有效评价。本书从快速路建设

---

① 程鸿群、后倩：《城市基础设施项目进度的控制》，《城市问题》2019 年第 4 期。

全生命周期和系统角度分析快速路建设工期影响因素，构建城市快速路建设工期预测模型和合理性的评价模型，扩宽了项目建设工期的理论研究范围，深化了城市快速路建设工期理论的研究内涵，进一步丰富了城市快速路建设时间管理的理论内容。

2. 实践指导意义

城市快速路建设工期设置合理与否是各地在建设城市快速路中面临的管理难题。在工程实践中，项目建设进度往往与计划进度存在较大偏差，建设工期延迟，投入使用拖后，这不仅影响了城市快速路的全面建设，也影响了地方经济的发展。因此，研究城市快速路建设工期的合理性问题，应通过科学辨识建设工期的关键影响因素，构建考虑影响因素的建设工期预测模型和合理性评价模型，为城市快速路建设工期的合理确定与管控提供理论指导依据。同时，就不同建设阶段的工期影响因素分别提出针对性的管控措施，将有利于业主统筹项目现场工作推进、指导施工进度和编制各项资源投入。在项目建设全过程中，结合项目进展的实际情况，及时控制工期影响因素，使城市快速路建设时间管理及相应控制措施最大限度地发挥作用，以有效避免工期延误，确保城市快速路建设的顺利完工。

二 国内外研究现状

（一） 城市快速路研究现状

20 世纪二三十年代欧美城市就开始建设城市快速路，到六七十年代城市快速路网就基本建设成型，之后就不再大规模建设。我国城市快速路是从 20 世纪 90 年代初开始零星建设，近 20 年才开始大规模建设。综观近几年关于城市快速路的相关研究成果，绝大部分是国内学者所进行的研究，内容主要集中于城市快速路的一般性问题研究、规划设计、城市交通管控和项目管理等方面。

1. 城市快速路基础性问题研究

朱兆芳等通过梳理 21 世纪京津沪三大直辖市城市快速路建设发展历程，提出未来中国城市快速路发展建设方向和中等城市建设城市快速路的合理布局。① 庄捷从系统层面、功能层面、实施层面和管理层面出发，构建城市快速路综合评估模型，并以武汉市进行实证分析。②

2. 城市快速路规划设计研究

在规划方面，国内外学者主要集中在对城市快速路的合理布局和规模展开研究。安静针对城市快速路的规模确定、路网布局、节点设计和评价体系等规划与设计中的关键技术问题进行研究。③ 王晓威采用层次分析法研究郑州市城市快速路网规划布局问题。④ 杨迅则针对城市快速路与城市不同空间结构如何协调发展进行相关研究。⑤ 张宁和张小辉利用蜘蛛网交通分配方法，研究高速公路和城市快速路网络布局问题，提出了城市快速路走廊判定技术，得到高快路网络布局。⑥

关于城市快速路设计方面的研究，主要集中在城市快速路不同节点的优化设计上，如地下通道设计研究⑦、隧道立交安全间距设计研究⑧、车道设计宽度与安全的关系⑨、入口设置优化设计⑩、交叉口优化设计研究⑪

① 朱兆芳、张欣红：《二十世纪城市快速路建设的回眸，二十一世纪城市快速路的发展与展望》，《城市道桥与防洪》2011年第8期；程欢：《中等城市快速路建设条件及路网规模研究》，载中国城市科学研究会等编《2018城市发展与规划论文集》，北京市政工程设计总院有限公司，2018。
② 庄捷：《城市快速路系统综合评估体系研究——以武汉市为例》，《中国市政工程》2014年第3期。
③ 安静：《城市快速路的特性及关键问题综述》，《山西建筑》2010年第17期。
④ 王晓威：《基于层次分析法的郑州城市快速路网规划布局研究》，硕士学位论文，山东建筑大学，2017，第26页。
⑤ 杨迅：《快速路与中小城市空间结构协调发展研究》，《交通企业管理》2018年第4期。
⑥ 张宁、张小辉：《大城市高快路网络生成方法研究》，2019世界交通运输大会，北京，2019，第913~921页。
⑦ Liao S M, Cheng C H, Chen L S, "The Planning and Construction of A Large Underpass Crossing Urban Expressway in Shanghai: An Exemplary Solution to the Traffic Congestions at Dead End Roads", *Tunnelling and Underground Space Technology*, Vol. 81 (2018): 367-381.
⑧ 康留青、黄向东：《城市快速路隧道立交安全间距分析》，《交通与运输》2019年第1期。
⑨ Liyu Wu, Jian Sun, Tienan Li, "Relationship between Lane Width and Safety along Urban Expressways in Shanghai", *Journal of Transportation Engineering*, Part A: Systems, Vol. 145, No. 3 (2019).
⑩ 房琳：《城市快速路入口设置优化研究》，硕士学位论文，东南大学，2016，第40页。
⑪ 张永魁：《城市快速路与被交路衔接交叉口优化设计研究》，硕士学位论文，长安大学，2017，第26页。

等。Chuan Xu 等借用 GPS 数据研究城市快速路车速设计与高架桥安全的关系。[1] 还有一些学者针对城市快速路与城市常规道路的衔接设计问题进行研究，如曹夏鸣的城市快速路与常规道路衔接问题的研究[2]；晏秋等以快速路与城市其他等级道路有效衔接为目的，分别从快速路系统的规划、设计与系统控制等多方面对快速路衔接问题进行系统研究。[3]

3. 城市快速路交通管控方面研究

马健等[4]、林琴和龙科军[5]、施展[6]、Zeyang Cheng 等[7]、郝媛等[8]、董春娇等[9]采用不同的研究方法对城市快速路交通流特性进行研究，得出城市快速路不同时空下的交通特性和相关的交通流参数，为城市快速路的合理交通管控提供决策基础。方传武和丁丽对城市快速路的入口匝道合理管控进行探析，运用典型算法的原理分析比较不同匝道的控制方法，提出城市快速路匝道合理管控建议。[10] Hui-xin Jing 等[11]、Shinji Tanaka 等[12]、

① Chuan Xu, Xuesong Wang, Hong Yang, Kun Xie, Xiaohong Chen, "Exploring the Impacts of Speed Variances on Safety Performance of Urban Elevated Expressways Using GPS Data", *Accident Analysis and Prevention*, Vol. 123 (2019): 29-38.

② 曹夏鸣：《城市快速路与常规道路衔接问题研究》，《山西建筑》2016 年第 36 期。

③ 晏秋、杜文、刘杰：《避免快速路短距离出行的多路径交通分配模型与算法设计》，《公路交通科技》2012 年第 5 期。

④ 马健、张丽岩、李克平：《城市快速路及匝道衔接段交通流建模仿真》，《计算机仿真》2016 年第 12 期。

⑤ 林琴、龙科军：《基于改进 CTM 模型的城市快速路交通流仿真》，《长沙理工大学学报》（自然科学版）2018 年第 4 期。

⑥ 施展：《城市快速路衔接区域交通组织优化方法研究》，硕士学位论文，重庆交通大学，2017，第 26 页。

⑦ Zeyang Cheng, Wei Wang, Jian Lu, Xue Xing, "Classifying the Traffic State of Urban Expressways: A Machine-learning Approach", *Transportation Research*, Part A, 2018.

⑧ 郝媛、徐天东、于宏程、孙立军：《城市快速路交通流特性研究》，《交通运输工程与信息学报》2006 年第 4 期。

⑨ 董春娇、邵春福、马壮林、诸葛承祥、李阳阳：《阻塞流状态下城市快速路交通流时空特性》，《交通运输工程学报》2012 年第 3 期。

⑩ 方传武、丁丽：《城市快速路入口匝道交通控制算法综述》，《山西建筑》2016 年第 5 期。

⑪ Hui-xin Jing, Wei Qian, Bing-feng Li, Yunji Zhao, "A Linked-bottleneck Control Method for Urban Expressway On-ramp", *Systems Science & Control Engineering*, Vol. 6, No. 2 (2018): 1-9.

⑫ Shinji Tanaka, Naoyuki Hasegawa, Daisuke Iizuka, Fumihiko Nakamura, "Evaluation of Vehicle Control Algorithm to Avoid Conflicts in Weaving Sections under Fully-controlled Condition in Urban Expressway", *Transportation Research Procedia*, Vol. 21 (2017): 199-207.

张亮亮[①]以城市快速路交通状态为切入点，通过对城市快速路交通状态、交通流数据的评价与预测研究，以实现对城市快速路的交通管控。Tien Dung Chu 等基于考虑安全性、道路几何结构和交通条件，构建城市快速路合流路段间隙接受的离散选择模型。[②] 曹静以城市快速路常发性交通拥堵问题作为研究对象，深入分析和研究了城市快速路交通拥堵特征和实时排队长度（排队尾部位置）估计方法，最后提出以有效缓解城市快速路交通拥堵为目的，考虑实时车辆排队长度的可变限速控制策略构建框架。[③] Er-gen Wang 等采用基于支持向量机模型，构建城市快速路入口匝道瓶颈处各种合流行为模型，为快速路的交通协同控制提供决策基础。[④] 胡娟娟对城市快速路的安全服务水平进行研究，通过对快速路上动态交通流特性实时判断快速路在一定时段内的安全服务水平等级进行研究，提出减少或预防事故的发生、缓解交通拥堵的管控策略。[⑤]

4. 城市快速路建设项目管理方面研究

对城市快速路建设项目管理方面的研究文献则相对缺乏。付嘉丽以 QD 城市快速路为例，就项目的成本控制进行深度研究。[⑥] 詹朝曦等基于等级全息模型理论和专家权威度系数法，构建城市快速路建设工期影响因素清单，并提出相关工期控制的应对策略。[⑦] Qian Li 等基于 GIS 对城市快

① 张亮亮：《城市快速路交通运行状态评价及预测方法研究》，博士学位论文，北京交通大学，2016，第 27 页。
② Tien Dung Chu, Tomio Miwa, Takayuki Morikawa, "Discrete Choice Models for Gap Acceptance at Urban Expressway Merge Sections Considering Safety, Road Geometry, and Traffic Conditions", *Journal of Transportation Engineering*, Part A: Systems, 2017.
③ 曹静：《城市快速路交通拥堵特征与实时排队长度确定方法研究》，博士学位论文，长安大学，2016，第 68 页。
④ Er-gen Wang, Jian Sun, Shun Jiang, Feng Li, "Modeling the Various Merging Behaviors at Expressway On-Ramp Bottlenecks Using Support Vector Machine Models", *Transportation Research Procedia*, Vol. 25（2017）：1327–1341.
⑤ 胡娟娟：《城市快速路安全服务水平评价理论与方法研究》，博士学位论文，北京工业大学，2017，第 1 页。
⑥ 付嘉丽：《QD 城市快速路工程项目成本控制研究》，硕士学位论文，中国海洋大学，2011，第 2 页。
⑦ 詹朝曦、王玉芳、祁神军、张进金、陈伟：《城市快速路建设工期影响因素识别与对策》，《华侨大学学报》（自然科学版）2017 年第 6 期。

速路环境敏感性问题进行研究。① 齐景东采用 TOPSIS 法和聚类法，从宏观及微观两个方面，分别计算城市快速路道路建设重要度和施工区段建设重要度，提出了城市快速路建设时序的排序方法。② 王子博利用流程图分析法和 WBS 等方法识别城市快速路施工的风险因素，运用模糊层次分析法构建了快速路施工风险评价模型，以评价快速路施工风险程度。③

（二）项目工期研究现状

在工程管理领域，项目的时间管理是项目管理理论的重要组成部分，也是研究热点。各国工程领域研究学者和工程参与人士均意识到项目时间管理的重要性，无论是理论上还是实践上，都投入大量的精力研究工程项目在建设进度上的有效管理问题。研究内容覆盖项目时间管理所涉及的项目施工工期的编制方法、风险识别、预测模型、优化技术、合理评价等问题。本书针对的城市快速路建设工期合理性问题，与一般建设工程工期的风险识别、预测和合理性评价有关。国内外许多学者对工期问题先后展开了广泛的研究，取得了丰富的研究成果，为本书打下了深厚的基础，下面从这四个方面对前人主要研究成果进行综述。

1. 工期风险管理研究

工程建设工期风险管理研究涉及工期影响因素的识别和评价。工期风险管理的目的是针对工程时间管理目标，识别工期延误的影响因素，防范工期风险，避免影响项目正常工期。工期影响因素纷繁复杂，不仅研究角度多样化，采用的研究方法和思路也多样化。归纳起来，主要有以下六个研究路径。

（1）针对工程项目，采用调查研究法识别工期影响因素

Sadi A. Assaf 对沙特阿拉伯东部省的 24 名承包商、15 家建筑/工程公司（A/E）和 9 名业主进行调查，研究工程项目延误的主要影响因素，并对承包商、业主和 A/E 的重要性指数对工期延迟原因及其重要性水平进

① Qian Li, Fengqing Guo, Yuntao Guan, "A GIS-Based Evaluation of Environmental Sensitivity for an Urban Expressway in Shenzhen, China", *Engineering*, Vol. 4, No. 2 (2018).
② 齐景东：《考虑网络交通影响的城市快速路建设时序研究》，硕士学位论文，吉林大学，2016，第 21 页。
③ 王子博：《基于模糊层次分析法的城市快速路施工风险评价研究》，硕士学位论文，天津理工大学，2009，第 56 页。

行测量和排名，得出承包商、A/E 和业主对大部分项目工期延迟因素的重要性排序是基本一致的，只是在个别影响因素的认识上稍有区别。[①] Ting-Kwei Wang 等对北京、上海、重庆、深圳四个典型城市的建筑工程施工工期延误的影响因素进行了问卷调查。研究显示，造成工程变更、进度款延误、超低投标、分包商业绩不佳和沟通问题是我国工程项目施工工期延期的主要原因，同时，揭示出"索赔困难"和"客户不合理的前期资金需求"是我国工程项目施工工期延误的两个独特原因。[②] M. E. Abd El-Razek 等针对埃及建设项目延误的主要原因，采用半结构式访谈，对承包商、顾问和业主进行问卷调查。研究结果表明，施工期间承包商的融资、业主延迟付款、业主或其代理人在施工期间的设计变更、施工期间的部分付款以及专业施工/合同管理的不适用是工期延误的主要原因。[③] Abdalla M. Odeh 和 Hussien T. Battaineh 针对约旦工程项目施工工期延误影响因素，对承包商和顾问进行问卷调查。调查结果表明，业主干扰、承包商经验不足、融资和付款问题、劳动生产率低下、决策缓慢、规划不当和分包商问题是最重要的影响因素。[④] Stephen O. Ogunlana 和 Krit Promkuntong 对泰国曼谷高层建筑工程项目工期延误影响因素进行调查问卷。研究结果显示，资源供应不足，工程业主和咨询顾问、承包商能力不足是主要原因。[⑤] 朱占波和金志刚以越南某煤电项目为例，从设计、供货、施工管理、业主管理及其他外部因素 5 个方面，系统分析海外 EPC 总承包项目的工期影响因素；以越南沿海三期燃煤电站项目为例，并结合工程实践经验，提出具

---

① Sadi A. Assaf, "Causes of Delay in Large Building Construction Projects", *Journal of Management in Engineering*, Vol. 11, No. 2 (1995): 45–50.

② Ting-Kwei Wang, David N. Ford, Heap-Yih Chong, Wei Zhang, "Causes of Delays in the Construction Phase of Chinese Building Projects", *Engineering, Construction and Architectural Management*, Vol. 25, No. 11 (2018): 1534–1551.

③ M. E. Abd El-Razek, Bassioni H A, Mobarak A M, "Causes of Delay in Building Construction Projects in Egypt", *Journal of Construction Engineering & Management*, Vol. 134, No. 11 (2008): 831–841.

④ Abdalla M. Odeh, Hussien T. Battaineh, "Causes of Construction Delay: Traditional Contracts", *International Journal of Project Management*, Vol. 20, No. 1 (2002): 67–73.

⑤ Stephen O. Ogunlana, Krit Promkuntong, "Construction Delays in A Fast-growing Economy: Comparing Thailand with Other Economies", *International Journal of Project Management*, Vol. 14, No. 1 (1996): 37–45.

有针对性的对策建议。[①]

（2）针对工序，采用关键路径法研究识别工期影响因素

Nashwan Dawood，Nasir D 等提出以关键路径法（Critical Path Method，CPM）为基础考虑影响单个工序时间的风险因素，为工期准确预测提供帮助。[②] 汪玉亭等采用关键路径方法研究了因承包人原因导致的项目工期延误对项目群的影响，并构建了相应的项目群工期延误惩罚模型。[③]

（3）针对工期目标，采用风险分解结构法识别工期影响因素

David Hillson 借用工作分解结构（Work Breakdown Structure，WBS）思想提出风险分解结构法（Risk Breakdown Structure，RBS），构建风险源的层次结构，为不同项目的不同管理目标进行风险识别。[④] 祝迪飞等基于项目建模理论和风险分解结构方法，针对奥运场馆建设项目工期影响因素，从项目属性和项目实施两方面的工期风险源入手，构建涵盖 6 个层级的项目工期风险度量框架。[⑤] 汪刘菲等围绕工程工期延误事故致因，结合多米诺骨牌理论，运用定量分析和文献分析，识别了包含项目自身风险、业主方风险、设计方风险、承包方风险、监理方风险、合同风险、材料供应方风险、社会环境风险和自然环境风险 9 个潜变量的工程项目工期延误风险。[⑥]

（4）基于项目建设全过程周期视角研究建设工期影响因素

刘强和管理把国际工程项目全生命周期划分为"决策立项阶段、计

---

① 朱占波、金志刚：《海外 EPC 总承包项目工期影响因素分析与对策建议》，《项目管理技术》2017 年第 9 期。

② Nashwan Dawood，"Estimating Project and Activity Duration：A Risk Management Approach Using Network Analysis"，*Construction Management and Economics*，Vol. 16，No. 1（1998）；Nasir D，Mccabe B，Hartono L，"Evaluating Risk in Construction-Schedule Model（ERIC-S）：Construction Schedule Risk Model"，*Journal of Construction Engineering and Management*，Vol. 129，No. 5（2003）：518-527.

③ 汪玉亭、张可、丰景春、薛松、崔敬浩：《基于子网络的项目群工期延误惩罚模型研究》，《运筹与管理》2017 年第 6 期。

④ David Hillson，"Using a Risk Breakdown Structure in project management"，*Journal of Facilities Management*，Vol. 2，No. 1（2003）：85-97.

⑤ 祝迪飞、方东平、王守清、戴孟东、吕小泉：《奥运场馆建设项目工期风险度量框架》，《清华大学学报》（自然科学版）2007 年第 6 期。

⑥ 汪刘菲、谢振安、王向前、李慧宗：《工程项目工期延误风险因素模型研究》，《蚌埠学院学报》2016 年第 1 期。

划设计阶段、施工控制阶段、竣工收尾与运营维护阶段"这四个阶段采用风险分解结构法建立风险清单，运用模糊层次分析法进行风险定量分析。① 李香花等基于项目建设全过程周期视角，运用模糊决策理论、多维线性规划模型和改进的 Borda 分值法，构建了 BOT 项目模糊信息多维偏好线性规划风险评价模型。② 雷丽彩和周晶采用动态规划方法和全生命周期综合集成理论，构建了大型工程项目施工风险控制模型，实现了对大型工程项目施工期间的动态集成风险管理。③ 张丽文等基于工程项目全生命周期的视角，把工程进度划分为项目决策阶段和实施阶段，运用故障树分析法（FTA）对涉及工程延期的 34 个影响因素进行了影响重要度排序。④

（5）针对不同类别工程的工期风险管理研究

程鸿群和后倩基于系统动力学理论和问卷调查法，构建城市基础设施项目进度仿真模型，并经仿真识别出影响项目进度的关键因素。⑤ 尚靖瑜针对公共工程项目的特殊性，应用改进的 ISM 模型，分析了工期影响因素间的层次关系和逻辑关系，得出了三类共十六项工期影响因素。⑥ 赵辉⑦、王天梁⑧分别利用 DEMATEL、AHP 法，研究地铁工程项目工期延误的原因，通过风险因素识别、模型建构，识别地铁项目工期延误因素，并综合分析工期影响因素之间的关系以及影响程度，找出关键影响因素，为地铁项目建设工期的合理管控提供决策依据。除此之外，还有蒋慧杰

① 刘强、管理：《基于国际工程项目全生命周期的风险管理》，《土木工程与管理学报》2017 年第 6 期。
② 李香花、王孟钧、张彦春：《模糊多维偏好群决策的 BOT 项目风险管理研究》，《科技进步与对策》2011 年第 13 期。
③ 雷丽彩、周晶：《基于全生命周期集成的大型工程项目风险控制模型》，《软科学》2011 年第 10 期。
④ 张丽文、张云波、祁神军、沈登民：《FTA 在工程进度风险分析中的应用》，《武汉理工大学学报》（信息与管理工程版）2013 年第 1 期。
⑤ 程鸿群、后倩：《城市基础设施项目进度的控制》，《城市问题》2019 年第 4 期。
⑥ 尚靖瑜：《公共工程项目合理工期研究》，硕士学位论文，西安建筑科技大学，2014，第 25 页。
⑦ 赵辉：《地铁工程工期延误原因及控制研究》，硕士学位论文，石家庄铁道大学，2015，第 19 页。
⑧ 王天梁：《地铁明挖车站工期影响因素及工期策划》，《中国科技信息》2016 年第 15 期。

等①、夏立明等②对高速公路施工工期的风险评价，韩尚宇等③对道路工程施工工期的风险研究。

（6）关于系统边界对工期影响的研究

Julinda 和 Keci 认为研究工程项目工期风险面临的影响因素多变、复杂且相互影响，需要以实际情况为基础，明确研究边界，比选界定工期的影响因素，否则会导致模型臃肿。④ 因此，在研究项目工期的影响因素时，可以根据风险源责任主体的可控性，划分为系统内的工期影响因素和系统外的工期影响因素。蒋慧等认为系统内因素源于工程各参建方主体和项目的成本、安全和质量的建设目标对工期的影响。⑤ 项勇和任宏认为要考虑外部环境影响因素如气候、地质条件、季节、自然灾害等不可抗力因素对工期的影响。⑥ Huang Y 和 Yi S 则认为应考虑相关政策法规、工程的社会效应、交通协调难易程度、征地拆迁、项目所跨或所衔接交通要道、民工农忙及年底歇工等社会环境影响因素对项目工期的影响。⑦

除此之外，有不少学者采用不同方法对工程项目进度延迟风险管理进行研究，如结构方程法⑧、模糊优先关系比较法⑨、贝叶斯理念网络

① 蒋慧杰、吴慧博、夏立明、赵春雪：《高速公路施工进度风险评价》，《重庆大学学报》（社会科学版）2012 年第 2 期。
② 夏立明、崔民婧、赵春雪：《基于因子分析构建高速公路项目施工进度的风险指标体系》，《天津工业大学学报》2011 年第 6 期。
③ 韩尚宇、李红、洪宝宁：《道路工程施工阶段工期风险计算方法与应用》，《岩土工程学报》2013 年第 S1 期。
④ Julinda, Keci, "A User-Oriented Implementation of Risk Breakdown Structure in Construction Risk Management", *Journal of Civil Engineering and Architecture*, Vol. 144, No. 5 (2014): 529-537.
⑤ 蒋慧、轻文、忠伟：《工程项目质量—工期—成本综合评价决策研究》，《交通标准化》2008 年第 10 期。
⑥ 项勇、任宏：《工程项目工期风险因素影响分析——基于贝叶斯网络理论和非叠加原理》，《技术经济与管理研究》2015 年第 2 期。
⑦ Huang Y, Yi S, "Research on Post Environmental Impact Assessment System for Highway Construction", *International Conference on Electric Technology & Civil Engineering*, 2011.
⑧ 赵冬梅、王晓强、侯丽娜：《工程项目工期延误的关键风险研究》，《技术经济与管理研究》2009 年第 5 期。
⑨ 陈耀明：《工程项目工期延误风险分析与评价》，《工业技术经济》2010 年第 1 期。

模型理论①、故障树法②、通径分析理论模型（PA-LV法）③、计算实验方法④、极差分析法⑤等。也有学者从风险责任主体来划分，把工期影响因素划分为来源于业主、施工单位、设计单位、监理单位和材料供货商等。⑥但不同学者对影响工期的主要责任的重要性认识不一，多数学者认为业主和施工单位是工程项目进度延迟的最主要责任方，而来自勘察设计单位的影响则相对较弱。

综上，国内外专家学者对工程项目工期影响因素的研究相对比较深入。从工期影响因素研究所采用的方法来看，随着管理科学的不断发展，相关前沿理论也不断地被应用到工程管理领域，从早期的以定性研究为主，到近期定性分析与定量分析的结合。从研究的对象来看，既有针对一般的工程建设项目，也有涉及不同类别的工程项目，如道路工程、铁路工程、水利工程、煤电工程等。从研究内容来看，既有对工期延误概念的界定、识别，构建风险清单，也涉及概率测度、影响程度、建模评价等。从研究的范围来看，随着工程管理视野不断扩宽和管理目标要求不断提高，从早前主要集中在施工工期的风险管理研究，拓展到基于项目建设全过程的风险管理研究；从单一的施工单位导致的工期影响，拓宽到不同参建主体对工期影响的研究。从不同学者构建的工期影响因素清单来看，工期的

---

① 何清华、杨德磊、罗岚、马亮、李丽：《基于贝叶斯网络的大型复杂工程项目群进度风险分析》，《软科学》2016年第4期；王立国、梅媚、杜维栋、李艳国、林益遐、贺玉德：《工程项目延期风险管理的模型构建与应用》，《项目管理技术》2011年第2期。

② 陈曼英、高轩能：《采用故障树法的BT项目进度风险分析及控制》，《华侨大学学报》（自然科学版）2013年第1期。

③ 张丽丽：《工程项目工期延误风险研究》，硕士学位论文，安徽理工大学，2017，第6页。

④ 孟庆峰、沈鹏群：《联合体团队运作模式下工期延误风险——控制策略的计算实验研究》，《风险灾害危机研究》2018年第2期。

⑤ 洪坤、赵梦琦、钟登华、余佳、毕磊：《基于极差分析法的引水隧洞施工工期多因素灵敏度分析》，《水利水电技术》2015年第1期。

⑥ 刘睿、张宇清、赵振宇：《建设项目中的工期延误影响因素研究》，《建筑经济》2007年第S1期；张云波：《工程项目工期延误原因分析》，《华侨大学学报》（自然科学版）2003年第4期；Haijun Bao, Yi Peng, Jose Humberto Ablanedo-Rosas, Hongman Gao, "An Alternative Incomplete Information Bargaining Model for Identifying the Reasonable Concession Period of A BOT Project", *International Journal of Project Management*, Vol. 33, No. 5 (2015): 1151-1159。

影响因素识别分类标准不一，影响因素的重要度认识不一致。由于工程项目具有唯一性，不同类别的工程项目工期影响因素一般情况下不具有可复制性，但如果是同一类别的工程工期影响因素集不一，重要度不一，就需要关注。当前，对工期影响因素识别的研究，主要集中在一般工程项目上，而尚未有学者涉及针对城市快速路建设工期影响因素的研究。因此，有必要开展针对性研究，以补充工程项目风险管理内容。

2. 工期预测优化研究

国内外专家学者针对工程项目工期预测的研究主要集中在以下三个方面。

（1）以工期—成本（time-cost）关系为基础进行工期预测研究

在正常施工条件下，工期与造价之间存在某种关系，通过构建施工工期与造价的模型来预测项目施工工期。Bromilow 调查了澳大利亚 370 个建筑工程的工期与成本关系，提出工期与成本之间的数学模型（$T = KC^b$）。[①] Daniel 和 Mohan 在 Bromilow 的工期—成本模型基础上，结合工期影响因素，利用多元回归法，构建基于工期影响因素的工期预测模型，进一步完善了项目工期预测理论。[②] Pennington T W，Richards D P 和 Wang S[③] 针对隧道工程分析总结了影响工期的因素，并用科学的方法探讨了这些因素对工期和成本的影响。Murmis[④] 基于 S 曲线的数学模型监测项目进度，以工程进展时间为横坐标、以累计完成工作量投资额占合同价的百分比为纵坐标，并结合网络计划技术、条形图、前锋图法等技术进而绘制出 S 曲线，但其仍然存在以投资量指标评价项目进度的缺陷。

① Bromilow, F J, "Measurement and Scheduling of Construction Time and Cost Performance in Building Industry", *The Chartered Builder*, Vol. 10 (1974): 79－82.

② Daniel W. M. Chan, Mohan M, Kumaraswamy, "Compressing construction durations: lessons learned from Hong Kong building projects", *International Journal of Project Management*, Vol. 20, No. 1 (2002): 23－35.

③ Pennington T W, Richards D P, "Understanding Uncertainty: Assessment and Management of Geotechnical Risk in Tunnel Construction", *Geo ~ Risk* 2011 @ *sRisk Assessment and Management*, 2014; Wang S, "The New Subway Construction Risk Management Practice and Research", *Journal of Surgical Research*, Vol. 186, No. 2 (2014): 494.

④ Murmis, Gustavo Marcelo, "'S' Curves for Monitoring Project Progress", *Project Management Journal*, No. 28 (1997): 29－35.

（2）利用相关模型对工程进度进行优化研究

Taylor[1]等在对肯塔基州立高速公路项目工期的研究中发现，运用两种不同的组合方法预测高速公路施工工期，结果更加精确。Kannan和 Senthil 针对道路项目的进度安排，采用 Delphi 流程，考虑施工人员相应的生产率，采用线性调度方法（LSM）提出了工期预测的基本框架模型，克服了 CPM 方法在线状工程中应用的局限性。[2] 陈红杰分析比较了 CPM 方法和 LSM 方法在线状工程项目进度计划编制应用中的优劣，认为 LSM 方法可以在空间和时间两个维度绘制进度计划，而 CPM 方法只能在时间维度上进行项目进度计划绘制，在线状工程工期发生变化时，LSM 方法比 CPM 方法更适用于对进度图的修补。[3] 秦爽采用极大熵理论和复杂程度理论，解决非肯定型网络计划（PERT）中工序作业时间的概率分布，并利用复杂程度理论对关键线路风险等级进行划分界定。[4] 王文君采用计划评审技术（PERT）构建项目施工进度风险评价模型，结合专家打分法和专家函询法对工程的期望工期、完工概率进行预测。[5] 史玉芳等运用蒙特卡洛模拟法与计划评审技术（PERT），构建了工程施工工期可靠性的预测模型，以衡量矿业工程的工期管理水平。[6] 孙传艺和罗卫基于关键链理论对建筑工程的进度控制进行策略分析，通过设置缓冲区增强各工序间联系，并重视对资源以及人的行为的约束。[7] 丰景春等以赢

---

① Taylor T R B, Uddin M, Goodrum P M, et al., "Change Orders and Lessons Learned: Knowledge from Statistical Analyses of Engineering Change Orders on Kentucky Highway Projects", *Journal of Construction Engineering and Management*, Vol. 138, No. 12 (2012): 1360-1369.

② Kannan S R, Senthil R, "Production based scheduling method for linear construction in road projects", *KSCE Journal of Civil Engineering*, Vol. 18, No. 5 (2014): 1292-1301.

③ 陈红杰：《工期变化时 CPM 方法与 LSM 方法在线状工程中的适用性研究》，《项目管理技术》2013 年第 2 期。

④ 秦爽：《工程工期风险熵理论研究》，硕士学位论文，西安建筑科技大学，2007，第 9 页。

⑤ 王文君：《PERT 在工程项目施工进度风险分析中的应用》，《盐城工学院学报》（自然科学版）2015 年第 4 期。

⑥ 史玉芳、解燕平、陆路：《矿业工程项目施工工期可靠性预测研究》，《西安科技大学学报》2011 年第 5 期。

⑦ 孙传艺、罗卫：《基于关键链理论分析建筑工程的进度控制策略》，《产业与科技论坛》2018 年第 3 期。

得值法对工期费用和进度进行控制。[①] 董春山利用工作包模型对工作进行分解并建立系统，从而实现对费用和进度的控制，并利用共享层实现费用和进度数据的共享。[②] 刘志清等基于完工概率修正的关键链法，进而更好地处理资源约束和进度偏离情况下的项目进度优化。[③]

（3）针对不同类别工程进行工期优化预测研究

钟登华等构建耦合改进 PERT（计划评审技术）和 BBNs 模型对心墙堆石坝工程的施工进度进行风险分析，并引入决策者风险偏好指标，建构决策者风险偏好指数—工期—完工概率分布曲线，指导施工决策，降低工期进度风险。[④] 樊艳冬运用 BIM 技术和 CCM 技术对 DB 总承包模式公路建设项目进度管理进行研究，建立项目进度动态管理体系。[⑤] 王学海等根据各工期风险因素对大型工程项目工期的多重影响，构建了基于改进 PERT 方法的项目工期风险评价模型。[⑥] 李瀚文基于结构方程理论，识别出公共建设项目工期延迟的关键影响因素。[⑦] 李文华等运用人工神经元网络，识别煤矿立井工程项目的工期影响因素。[⑧] 于泳湖重点研究了津滨轻轨工程项目建设期的风险管理技术。[⑨]

---

① 丰景春、杨建基、章龙文、丰景堂：《水电项目控制系统赢得值度量方法及应用》，《河海大学学报》（自然科学版）2002 年第 2 期。

② 董春山：《工程管理中投资和进度控制的集成模型研究》，《计算机辅助工程》2000 年第 2 期。

③ 刘志清、高浩瀚、安沫霖、张学凯：《基于完工概率修正的关键链法项目进度优化》，《山东大学学报》（工学版）2018 年第 1 期。

④ 钟登华、闫玉亮、张隽、王飞：《耦合改进 PERT 和 BBNs 的堆石坝施工进度风险分析》，《水利学报》2017 年第 1 期。

⑤ 樊艳冬：《DB 总承包模式公路建设项目进度管理研究》，硕士学位论文，长安大学，2015，第 45 页。

⑥ 王学海、乔婧、武菲菲、孙月峰、程铁信：《大型工程项目工期风险的多因素组合分析与评价》，《中国科技论文》2015 年第 19 期。

⑦ 李瀚文：《基于结构方程的公共建设项目工期延误关键影响因素研究》，硕士学位论文，西安建筑科技大学，2014，第 25 页。

⑧ 李文华、齐启昌、李玉文、王双庆：《基于人工神经元网络的煤矿立井施工工期预测方法研究》，《煤炭科学技术》1999 年第 6 期。

⑨ 于泳湖：《津滨轻轨工程项目建设期风险管理技术研究》，硕士学位论文，天津大学，2006。

除此之外，还有部分学者将系统动力学①、人工智能②引入工期进度优化与控制管理研究。学者采用多种方法对工期进行预测，主要有基于BIM平台③、线性回归④和 BP 神经网络⑤、灰色神经网络⑥、挣值法⑦、同异反网络计划⑧、支持向量机及其改进方法⑨、遗传算法⑩、贝叶斯网络理论⑪、重要性系数方法⑫、多元回归法⑬。由于方法不统一，因而存在影响因素的全面性、方法的局限性等不足。如 PERT 假设工程施工的工序作业时间，服从贝塔分布或两点等概率分布，在某种程度上影响了工程进度

---

① 撒书培：《基于系统动力学的资源对工程项目进度影响的策略模拟研究》，硕士学位论文，湘潭大学，2014，第 13 页。

② 范超：《基于模糊控制和案例推理的工程进度控制模型研究》，硕士学位论文，西安建筑科技大学，2016，第 23 页。

③ Wang W C, Weng S W, Wang S H, et al., "Integrating Building Information Models with Construction Process Simulations for Project Scheduling Support", *Automation in Construction*, Vol. 37, No. 6 (2014)：68-80.

④ 祁神军、丁烈云、骆汉宾：《大型工程项目工序工期精准预测方法研究》，《重庆建筑大学学报》2007 年第 6 期。

⑤ 周方明、张明媛、袁永博：《基于 PCA-GA-BP 的工程项目工期风险预测研究》，《工程管理学报》2011 年第 5 期；孟俊娜、梁岩、房宁：《基于 BP 神经网络的民用建筑工程造价估算方法研究》，《建筑经济》2015 年第 9 期。

⑥ 李万庆、岳丽飞、孟文清、陈盼盼：《气膜薄壳钢筋混凝土穹顶储仓的施工工期预测研究》，《价值工程》2015 年第 28 期。

⑦ 余晓钟：《基于挣值管理的项目工期预测方法研究》，《统计与决策》2009 年第 2 期。

⑧ 黄德才、赵克勤、陆耀忠：《同异反网络计划的工期预测方法》，《系统工程与电子技术》2001 年第 5 期。

⑨ 祁神军、张云波、丁烈云：《建设工程项目工序的 LS-SVM 工期预测模型》，《华侨大学学报》（自然科学版）2010 年第 5 期；李万庆、李海涛、孟文清：《工程项目工期风险的支持向量机预测模型》，《河北工程大学学报》（自然科学版）2007 年第 4 期。

⑩ 赵振宇、游维扬、吕乾雷：《基于遗传算法和蒙特卡洛模拟的并行工程设计工序优化》，《土木工程学报》2009 年第 2 期。

⑪ Luu V T, Kim S Y, Tuan N V, et al., "Quantifying Schedule Risk in Construction Projects Using Bayesian Belief Networks", *International Journal of Project Management*, Vol. 27, No. 1 (2009)：39-50.

⑫ Ousseni Bagaya：《公共建设项目中工期延迟影响因素的研究》，硕士学位论文，大连理工大学，2016，第 26 页。

⑬ Chan D W M, Kumaraswamy M M, "Compressing Construction Durations：Lessons Learned from Hong Kong Building Projects", *International Journal of Project Management*, Vol. 20, No. 1 (2002)：23-35.

计划的准确性。① BIM 的技术虽然实现了施工进度的可视化，但存在依赖数学模型和计算机算法、依赖个人经验和缺乏信息反馈等缺点。② 人工智能算法虽然克服了传统预测方法的随意性和模糊性，但其非线性处理能力仍然较弱，计算精度不高。③ 同异反网络计划对于不确定量的取值方法具有多样性，这种多样性容易造成预测结果的偏差。④ 将精益建造和人工神经网络相结合未充分考虑各指标的贡献度以及各要素之间的关联度。⑤

在城市快速路工期预测模型研究方面，Meng 等，Oliveros 和 Fayek 认为城市快速路工期预测的真实性、准确性以及合理性，对其进度、成本、质量等目标的实现具有巨大贡献。⑥ 从以上文献综述来看，关于工期预测模型研究主要针对具有普适性的大型工程、公共建设项目、隧道工程、道路工程、煤矿、轻轨等工程项目展开，但对城市快速路工期预测的研究乏善可陈。在工程实践中，目前尚未有专门针对城市快速路的工期定额，只能参照市政道路的工期定额，但目前市政施工标准定额只有广东省建设工期定额、上海市建设工期定额、安徽省建设工期定额、深圳市建设工期定额等少数地方定额。

3. 合理工期设置研究

（1）工期合理性内涵界定研究

合理性问题在哲学上是一个相对有争议的概念，有人认为合理性是有

① Azaron A, Katagiri H, Sakawa M, et al., "A Multi-objective Resource Allocation Problem in PERT Networks", *European Journal of Operational Research*, Vol. 172, No. 3 (2006): 838-854.

② Migilinskas D, Popov V, Juocevicius V, et al., "The Benefits, Obstacles and Problems of Practical Bim Implementation", *Procedia Engineering*, Vol. 57, No. 1 (2013): 767-774.

③ 董志玮：《人工神经网络优化算法研究与应用》，硕士学位论文，中国地质大学（北京），2013，第 13 页。

④ 赵克勤、黄德才、朱燕：《同异反网络计划中的系统辩证思维及启示》，《系统辩证学学报》2002 年第 1 期。

⑤ Dave B, Kubler S, Främling K, et al., "Opportunities for Enhanced Lean Construction Management Using Internet of Things Standards", *Automation in Construction*, No. 61 (2016): 86-97.

⑥ Meng Q, Khoo H, Cheu R, "Urban Expressway-Arterial Corridor On-Line Control System Based on Advanced Traveler Information System", *Transportation Research Record Journal of the Transportation Research Board*, Vol. 2001, No. 1 (2007): 44-50; Oliveros A V O, Fayek A R, "Fuzzy Logic Approach for Activity Delay Analysis and Schedule Updating", *Journal of Construction Engineering & Management*, Vol. 131, No. 1 (2005): 42-51.

偏见的，合理性需要标准做参照物，而标准本身是有偏见的，但也有人认为致力于关注偏见并力图控制和纠正偏见，也是合理性的组成部分。[①] 哲学上的争论并不影响其在项目管理中的研究与应用，工程管理理论界主要是从定性层面和定量层面对合理工期进行界定。在定量层面，张云波认为"合理工期为不高于定额工期的20%或不低于定额工期的70%，超过则可视为不合理工期"；[②] 宇德明通过研究铁路工程合理工期确定方法后，认为"可取计算工期的95%作为合理工期的下限，计算工期的105%作为合理工期的上限"。[③] 其他多数学者都是从定性层面界定合理工期概念。通常把合理工期界定为"以合理的施工组织、工期定额为基础，采用科学合理施工工艺和管理方法，结合项目具体情况，使得项目各参建方都能获得满意的经济效益"；[④] 也有学者认为合理工期不同于定额工期，合理工期应综合考量工程成本、工程技术、工程质量和缓冲幅度，严禁盲目赶工或进行不合理的工期压缩，[⑤] 以确保经济效益最大[⑥]、施工技术科学合理[⑦]、质量满足要求[⑧]，隐性工序合理安排[⑨]。安排工期计划的目的是在项目实施过程中便于控制工程施工时间和节约时间。工期受资源条件、建设投资、生产协作能力、劳动生产率、工程质量、参与主体管理组织能力等各种因素的制约，确定合理工期时应综合考量各种影响因素，在项目立项

① 〔美〕罗伯特·诺奇克：《合理性的本质》，葛四友、陈昉译，上海译文出版社，2012。

② 张云波：《工程项目工期延误原因及预警模型研究》，博士学位论文，天津大学，2004，第9页。

③ 宇德明：《铁路工程项目合理工期确定过程模型》，第十七届中国科协年会——综合轨道交通体系学术沙龙，广州，2015，第494~499页。

④ 范智杰、刘玲、喻正富、罗绍建、汪晓玲：《对"合理工期""合理标价"及"合理标段"的探讨》，《建筑经济》2001年第10期；McEwan P, Gordon J, Evans M, et al., "Estimating Cost-Effectiveness in Type 2 Diabetes: The Impact of Treatment Guidelines and Therapy Duration", *Med Decis Making*, Vol. 35, No. 5 (2015): 660-670。

⑤ 刘勉：《浅谈项目施工进度管理》，《工业建筑》2011年第S1期。

⑥ 杨义兵、曹小琳：《工程项目进度控制目标的经济性分析》，《重庆建筑大学学报》2003年第2期。

⑦ 关涛、任炳昱、王凤莲、钟登华：《大岗山水电站高拱坝施工进度优化研究》，《水力发电》2015年第7期。

⑧ 张连营、栾燕、邹旭青：《工程项目工期—成本—质量均衡优化》，《系统工程》2012年第3期。

⑨ 阚芝南：《重大工程项目总工期延误中的奇异现象研究》，博士学位论文，华北电力大学，2014，第15页。

批复的建设期限内，结合项目所在地实际情况确定，避免不合理地压缩工期。[1]

（2）工期设置合理性的评价模型

Tatum 较早提炼出了工期进度评价所遵循的一般原则与方法。[2] Williams T 认为施工进度计划是否合理可行，将直接关系到工程项目的社会和经济效益的发挥。施工合理工期作为施工进度计划的一项重要指标，在很大程度上反映了进度计划安排的合理性和可行性，因此有必要对施工进度的合理性予以评价。[3] 张冬采用解释结构模型的方法，识别高速铁路建设工期的影响因素，通过分析工期与成本、工期与质量的关系，构建多目标规划函数模型，确定合理的高速铁路建设工期。[4] 关于工期合理性评价指标体系的研究较少，从涉及的项目来看，主要有建筑工程项目、EPC 项目、压气站工程项目、水利工程项目等。张仕廉和蒋亚鹏[5]通过分析工期与安全水平的关系，采用熵权法构建一套安全水平与工期变化的评价模型；王爽[6]通过构建科学化、规范化及合理化的 EPC 项目工期评价指标体系，采用改进的层次分析法确定权重，并根据问卷调查方式确定各个权重值，应用模糊综合评价法进行综合评判，从而提高 EPC 项目工期评价的准确性及效用性；张绍伶[7]结合水利工程的施工特点和影响水利工程工期方案评价的因素，采用熵权法和线性加权法构建水利工程的工期方案综合评价模型，实现对水利工程的工期方案进行比较选择。从学者对工程合理

---

① Skitmore R M，Ng S T，"Forecast Models for Actual Construction Time and Cost"，*Building & Environment*，Vol. 38，No. 8（2003）：1075-1083.

② Tatum，"Evaluating Construction Progress"，*Project Management Journal*，No. 16（1985）：52-57.

③ Williams T，"Assessing Extension of Time Delays on Major Projects"，*International Journal of Project Management*，Vol. 21，No. 1（2003）：19-25.

④ 张冬：《高速铁路项目"合理工期"分析研究》，硕士学位论文，西安建筑科技大学，2010，第 20 页。

⑤ 张仕廉、蒋亚鹏：《建筑施工中工期安全水平评价》，《施工技术》2011 年第 4 期。

⑥ 王爽：《基于模糊综合评价的 EPC 项目工期评价指标体系构建研究》，《森林工程》2013 年第 6 期。

⑦ 张绍伶：《基于熵权法的水利工程工期方案评价研究》，硕士学位论文，大连理工大学，2014，第 32 页。

工期指标体系的分类来看，主要的分类标准有全生命周期[①]、人为与自然分类[②]等。此外，部分学者将安全[③]、质量和成本[④]也纳入评价指标体系中。而针对指标进行评价时，评价方法多以主观评价为主。

4. 工期合理控制保障措施研究

针对工期合理控制保障措施研究，研究者主要从管理、资源、技术和环境等方面提出：要组建高效的管理团队，选择合适的工程参建主体，不同参建主体之间要加强沟通和交流;[⑤] 要编制科学合理的施工进度计划和工作计划，加强施工进程中的信息沟通。[⑥] 在建设施工进程中，各参建单位要做好进度跟踪与保障，确保项目的顺利开展。

（三）国内外研究现状述评

从上述国内外与本书相关问题的研究成果来看，该项研究存在以下两个方面的局限。

1. 现有对城市快速路的研究主要着眼于规划设计方面

虽然目前我国已有关于城市快速路的系列研究成果，但较多是对其基础性、规划设计以及交通管控等方面的研究，只有少数学者从项目管理的角度对城市快速路进行了研究，但涉及城市快速路建设工期方面的研究则相对缺乏。城市快速路虽然担负着缓解或解决城市交通拥堵的重任，但在建设中也影响城市交通和市民出行，其建设工期的合理确定，是政府主管部门和项目建设管理者所关注的核心问题之一。因此，有必要针对城市快速路建设工期问题进行深入研究，以丰富城市快速路在项目管理方面的研究内容。

---

① Moshman D，"From Inference to Reasoning: The Construction of Rationality"，*Thinking & Reasoning*，Vol. 10，No. 2（2004）：221-239.

② 陈耀明：《工程项目工期延误风险分析与评价》，《工业技术经济》2010年第1期。

③ 张仕廉、蒋亚鹏：《建筑施工中工期安全水平评价》，《施工技术》2011年第4期。

④ 蒋慧、轻文、忠伟：《工程项目质量—工期—成本综合评价决策研究》，《交通标准化》2008年第10期。

⑤ Moshman D，"From Inference to Reasoning: The Construction of Rationality"，*Thinking & Reasoning*，Vol. 10，No. 2（2004）：221-239.

⑥ 孙长胜、吴晶：《影响城市干道扩建工程建设进度因素的分析》，《山西建筑》2011年第2期。

2. 国内外学者对工期的研究大多聚焦民用建筑项目和一般土木工程

目前国内外学者对于工程项目工期方面的研究较多，从建设工期影响因素的识别、工期预测与进度优化、工期合理性评价到工期合理管控措施均有涉及，但主要集中在两个方面：一是一般房建工程和大型基础设施项目的工期研究，如建筑工程、矿业工程、高速铁路、水利工程、高速公路等项目，虽然城市快速路属于大型市政基础设施，它兼有公路工程、城市道路工程和高速公路工程的工程特性，但仍有别于一般市政基础设施项目，与一般"点状"房建工程和"线状"的公路工程有着明显的不同，且受城市快速路系统外的因素影响大；二是有关施工工期相关问题的工期研究。基于项目建设全过程的视角，针对工程项目建设工期问题的研究相对缺乏，而针对城市快速路建设工期的研究则更少。

综上，研究城市快速路建设工期的合理性问题，是做好项目时间管理所迫切需要的。

（四）　研究内容及技术路线

1. 研究内容

本书基于狭义项目建设全生命周期的理论视角，以城市快速路建设工程工期的合理性为研究问题，采用定性分析和定量分析相结合，基于专家证据，构建工期风险因素清单、建设工期预测模型和合理性评价模型，并提出相应的建设工期管控措施建议，旨在为政府主管部门和项目建设单位做好城市快速路项目时间管理提供理论依据和决策依据。针对研究目标，本书的主要内容有以下六个方面。

（1）城市快速路建设工期相关理论基础研究

阐述城市快速路、建设工期、工期预测及合理性评价等基本概念和相关理论，对建设工期的确定方法、建设工期影响因素的识别方法和工期预测评价方法进行梳理分析，提出城市快速路建设工期的影响因素、预测及合理性评价方法。

（2）基于项目建设全生命周期的城市快速路建设工期影响因素辨识

通过文献研究和专家征询，运用 HHM 框架建模理论，构建城市快速路建设工期的影响因素初选集。在此基础上，按照 RFRM 理论，从决策者利益和职责角度参考工期风险效度矩阵进行专家评级，过滤不关键的工期影响因素，从而得到全面、客观的城市快速路建设工期影响因素清单。建设工期风险辨识研究，旨在为项目管理者构建科学的工期辨识流程和掌握工期风险的关键因素。

（3）构建考虑工期影响因素的城市快速路建设工期预测模型

在城市快速路建设工期影响因素识别的基础上，综合考虑城市快速路不同单位工程的特点、基本建设流程、工序搭接关系和项目建设系统内外影响因素，利用熵权法和三角模糊数法，分别构建城市快速路工程在前期阶段、施工阶段和竣工验收阶段的工期预测模型，得到城市快速路建设工期预测模型。根据厦门城市快速路的建设流程和水文地质特征，借用广东、深圳市的工期定额，采用线性回归分析，构建施工标准工期定额，并考虑了施工技术进步的影响，建立适合厦门市城市快速路工程的建设工期预测模型。城市快速路工程建设工期预测模型的构建研究，能够为项目立项或策划阶段制定建设工期目标提供理论依据和指导依据。

（4）构建城市快速路建设工期合理性的评价模型

做好项目时间管理的关键在于能适时对项目进度进行合理评估，建立预警防范机制。因此，需要构建针对城市快速路建设工期的合理性评价模型。通过文献研究法、专家问卷调查法初选评价指标，采用专家权威度系数法对调查问卷进行有效性分析，并筛选城市快速路建设工期设置合理性的评价指标体系，运用结构熵权法和熵权法构建城市快速路建设工期合理性的评价模型。

（5）提出城市快速路建设工期合理性管控措施建议

在关键工期影响因素分析和合理性评价指标构建的基础上，结合城市快速路建设工期延迟的特征，从建设工期合理性方面提出相应的管控措施建议。

（6）实证分析

对厦门市同集路快速路第三标段项目进行实证分析，论证上述研究内容所提出理论的科学性和有效性。

2. 研究技术路线

本书研究对象是城市快速路建设工期合理性问题，它有别于一般的施工工期研究，是基于狭义项目建设全生命周期视角，即立足项目建设全过程，研究城市快速路从项目立项后的征地拆迁、勘察设计等前期阶段开始，到项目施工阶段，直至项目竣工交付使用阶段，项目整个建设工期的合理确定及评价问题。首先，需要对影响城市快速路建设工期的风险因素进行有效辨识；其次，构建基于工期影响因素的城市快速路建设工期预测模型，并借鉴广东省、深圳市的市政工程施工标准工期，进一步构建适合厦门市城市快速路建设的工期预测模型；再次，为做好建设工期合理管控及预警，构建城市快速路建设工期合理性评价模型；最后，进行实证分析，以验证构建模型的合理性和有效性，并提出相应的建设工期合理管控措施建议。具体的研究技术路线，如图 1-1 所示。

3. 研究方法

本书融合多学科知识和技术手段，在文献研究的基础上，采用定性分析和定量分析相结合，科学理论分析与实证分析相结合的研究方法，从狭义项目建设全生命周期的视角出发，对城市快速路建设工期的合理性问题进行综合的创新性研究。具体采用的研究方法如下。

（1）文献研究法

国内外有关城市快速路建设工期的研究相对缺乏，更多的是针对城市快速路的设计、交通管控和施工技术等问题展开研究。因此，只能跟踪了解国内外对公路工程、城市道路工程、高速公路工程及相关工程的工期研究的基础成果，再基于我国国情和城市快速路建设特征，掌握、搜集和整理城市快速路建设工期的影响因素、建设工期合理性评价的评价指标，初步建立相关研究基础，为后续进一步的理论研究和设计问卷提供依据。

（2）德尔菲法（Delphi）

不同类型的工程项目都具有建设的一次性和不可复制性，因此，开展工程研究需要重视工程实践经验、专家职业经验与专业知识，在文献研究法的基础上，通过专家问卷调查或专家访谈，获得专家证据的基础数据，为建设工期的后续相关问题研究奠定坚实基础。

（3）专家权威度系数法

专家权威度系数法是分析调查数据的一种定量分析方法。根据专家权威度系数计算值，剔除有异议的问卷，保留有效问卷，进而通过计算影响

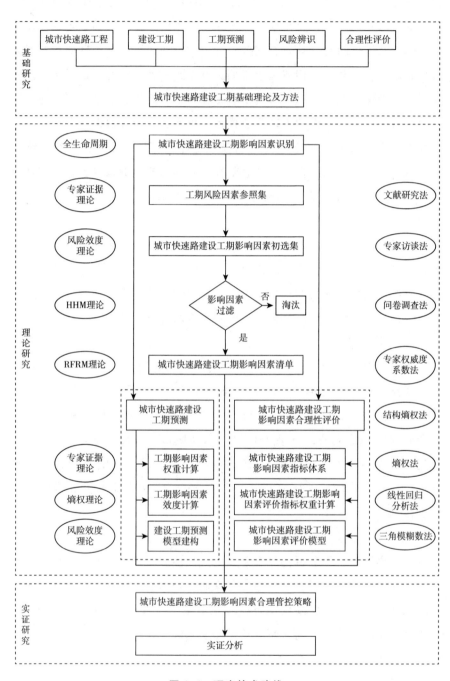

图 1-1　研究技术路线

因素或指标评价的平均值和差异系数，剔除不满足要求的因素或评价指标，从而得到相对权威的专家证据。

（4）熵权法

根据专家对城市快速路建设工期的影响因素、城市快速路建设工期设置合理性评价指标所做评分的基础上，采用熵权法，计算建设工期影响因素的权重和建设工期合理性评价指标的权重。

（5）三角模糊数法

城市快速路施工工期预测模型的构建，不仅要考虑工期定额、施工要求和施工条件，也要考虑工期影响因素对其影响程度。运用三角模糊数法，计算各影响因素对施工工期的影响程度，构建更为合理的施工工期预测模型。

（6）线性回归分析法

在广东省建设工程施工标准工期定额、深圳市建设工程工期定额的基础上，通过工期定额应用基础比较，采用 SPSS 软件进行线性回归统计分析，并考虑各单项工程工期影响因素的标准化，构建道路工程、桥梁工程、排水管道、给水管道、下穿通道、绿化工程、交通设施工程及照明工程的施工标准工期预测模型。

（7）实证分析

选取厦门同集路快速路第三标段集美大道跨线桥工程进行实证分析，对项目建设工期做了预测和合理性评价，以验证城市快速路建设工期预测模型与合理性评价模型的有效性。

第二章 城市快速路建设工期基础理论及方法

一 城市快速路概述

城市快速路源于欧美，是城市化运动的产物。20 世纪初，欧美国家开始兴起城市化运动，伴随着社会经济的发展和城市人口的聚集，城市的空间规模不断扩大，与此同时，城市机动化水平也日益提升，城市居民机动车保有量不断增长，导致以平面交通为主的路网结构无法满足城市居民出行需求，而以高架桥、地面下穿等形式为主的城市快速路应运而生。在 20 世纪 30 年代，欧美一些国家就开始进行城市快速路的修建，到 60 年代，法国、美国以及日本等多个发达国家都已经建成了成熟的城市快速路网络体系，有效地缓解了城市的交通压力。①

20 世纪 80 年代末，我国特大城市北京、上海和天津为缓解城市交通压力，开始建设城市快速路。1995 年，我国首次将城市快速路纳入国家交通规范，进入 21 世纪，全国各地大型城市陆续开始兴建城市快速路。2009 年 10 月 1 日，住建部颁布了《城市快速路设计规程》（CJJ129 - 2009），为城市快速路建设提供设计规范和依据。在城市发展中，早期的城市快速路要求严格控制交汇道路数量，强调"联系"功能，即对内与其他干路的联系，对外与其他高速公路的联系；现行的建设规范则突出"控制与管理"的特征，如控制出入口间距及形式、完善交通安全与管理

---

① 中华人民共和国住房和城乡建设部：《城市快速路设计规程（GJJ129-2009）》，中国建筑工业出版社，2009。

设施等。

（一）城市快速路基本概念

城市快速路（urban expressways）简称"快速路"，又称"城市高速公路"或"汽车专用道"，是指"城市道路中设有中央分隔带，具有四条以上机动车道，全部或部分采用立体交叉与控制出入，供汽车以较高速度行驶的道路"[①]。《城市快速路设计规程》（CJJ129-2009）界定："城市快速路是指在城市内修建的，中央分隔、全部控制出入、控制出入口间距形式，具有单向双车道或以上的多车道，并设有配套的交通安全与管理设施的城市道路"，其设计速度分为三类：60km/h、80km/h 和 100km/h。[②] 2018 年 9 月 11 日，住房和城乡建设部颁布了将于 2019 年 3 月 1 日实施的《城市综合交通体系规划标准》（GB/T51328-2018），其中界定，城市快速路是连接城市主要中心之间或城市分区（组团）间，为沿线用地服务很少的城市主干道路。城市快速路的功能定位是为城市长距离机动车出行提供快速、高效的交通服务，具有城市主干路和高速公路的双重功能。城市快速路分为Ⅰ级快速路或Ⅱ级快速路两大类，设计速度分别为 80～100km/h 或 60~80km/h。[③]

（二）城市快速路单位工程划分

根据《城市快速路设计规程》（CJJ129-2009）的规定，城市快速路包括"快速路由基本路段、匝道、辅路以及连接各部分路段的出入口等系统组成"，其相对于城市道路网结构中其他层次的道路有较大区别。

城市快速路建设工程没有系统的独立的单位工程、分部工程和分项工程的划分标准，在工程实践中，一般参照市政道路交通工程的划分标准。如某城市快速路工程的单位工程包括道路工程、桥梁工程（跨线桥、匝道桥、车行天桥等）、给排水管道工程、隧道工程、照明工程、交通设施工程、绿化工程等，如表 2-1 所示。

---

① 中华人民共和国国家标准城市规划基本术语标准（GB/T 50280-98），中华人民共和国建设部，1998。
② 中华人民共和国住房和城乡建设部：《城市快速路设计规程》（GJJ129-2009），中国建筑工业出版社，2009。
③ 住房城乡建设部标准定额研究所：《城市综合交通体系规划标准》（GB/T51328-2018），中国建筑工业出版社，2018。

表 2-1　城市快速路工程分部分项工程划分

单位工程	分部工程	分项工程
道路工程	路基	土方路基、石方路基、路基处理、路肩
	基层	级配碎石基层、水泥稳定碎石基层
	面层	透层、封层、粘层、热拌沥青混合料面层
	挡土墙	地基、基础、墙体结构、滤层和泄水孔、回填土、帽石、栏杆
	涵洞	基坑、基础、台身、盖板、防水、洞口、台背回填
	附属构筑物	路缘石、雨水支管与雨水口、排水沟、护坡、取（弃）土场
桥梁工程	地基与基础	机械成孔、钢筋笼制作与安装、混凝土灌注
	承台	钢筋制作与安装、模板与支架、混凝土
	墩台	钢筋制作与安装、模板与支架、混凝土
	支座	垫石、挡块、支座
	桥跨承重结构	模板与支架、钢筋制作与安装、混凝土、预应力钢筋
	桥面系	排水设施、防水层、桥面铺装层、伸缩装置、防护设施
	附属结构	台后搭板
	装饰与装修	涂装
给排水管道工程	土方工程	沟槽开挖、沟槽支撑、沟槽回填
	预制管开槽施工主体结构	管道基础、管道接口连接、管道铺设
	附属构筑物工程	现浇混凝土井室、砖砌井室、雨水口及支连管
交通工程	交通标志	单悬臂、双悬臂、单柱型、附着式
	交通标线、突起路标	交通标线、突起路标
	交通信号工程	信号灯、信号灯配电箱、信号灯控制器、手孔井、监控
	其他设施	防撞栏、分隔栏、护栏、公交停靠点
照明工程	箱式变压器	基础钢筋、基础模板、基础混凝土、箱式变压器安装
	配电装置与控制	路灯控制箱
	低压电缆线路	电缆敷设、电缆手孔井
	路灯安装	双臂路灯、中杆路灯
	安全保护	接地装置

续表

单位工程	分部工程	分项工程
绿化工程	栽植基础工程	栽植土、栽植前场地清理、栽植土回填及地形造型、栽植土施肥和表层整理
	栽植工程	植物材料、栽植穴、乔木栽植、灌木栽植、草本地被播种
	养护	施工期的植物养护
下穿通道	现浇钢筋混凝土车行地道结构	地基、基础、墙与顶板、进出口、防水、附属工程、台背回填

（三）城市快速路建设基本特点

《城市快速路设计规程》将城市快速路的功能定位为为城市机动车出行提供"快速"和"高效"的交通服务，与一般的城市常规道路不同，其建设目的是使机动车充分发挥高车速高通行特征，避免交通干扰而导致的时间延误，以保证城市交通体系运行的高效性。因此，城市快速路主要有以下几个特点。

1. 高通勤性

城市快速路通常设计双向 6~8 条车道，实行分向行驶和控制出入的运行方式，只允许机动车行驶，避免人、车及非机动车辆混行而引起交通拥挤，以保证快速路的高通行服务水平。尤其是长距离交通以及对外过境交通，快速路上运行的车辆可高速且连续行驶。

2. 交通流体系复杂

城市快速路主要是为中长距离交通车辆提供相应的快速通行服务，但也需要兼顾城市快速路沿线短距离的交通出行，以完善城市快速路的交通服务功能。因此，为便于与各层次城市道路衔接，需要根据不同构造设计形式，在城市快速路两侧或者一侧设置辅路，使得快速路沿线出入口繁多，交通分流、合流转换频繁。

3. 建设进度压力大

城市快速路担负着缓解城市交通拥堵的任务，但在建设过程中，由于施工面的需要，挤占了原有交通空间，加剧了城市交通的压力，甚至经常造成交通堵塞，极大地影响居民正常出行，在工程从项目立项直至项目竣工交付使用的整个建设过程中，其建设进度都受到政府和社会的高度关注。因此，相对于其他工程项目管理而言，其建设进度压力尤其大。

4. 施工组织管理难度大

城市快速路是投资大的线性工程，为减少对城市交通的干扰，通常需要多个标段、多个同期施工的工作面，加大了项目施工组织协调、资源供应和施工活动衔接等的管理难度。

二 城市快速路建设工期概念界定

（一）项目管理全生命周期内涵

全生命周期（Full Life Cycle、Life Cycle 或 Life-Cycle，FLC）源于生物研究领域的概念，是指对象从生到死的整个过程。全生命周期概念已广泛应用于各个学科领域，全生命周期被引入经济管理的研究后，衍生出全生命周期评价（Life Cycle Assessment，LCA）、全生命周期风险管理（Life Risk Cycle Management，LRCM）等理论和方法。参阅国内外文献可知，专家学者对项目全生命周期的内涵界定是无异议的，即工程项目都有明确的起点和终点，项目从概念形成或立项到项目运行直至报废结束形成一个完整的项目生命周期。现列举典型的工程项目全生命周期划分，英国皇家特许建造学会编著的《业主开发与建设项目管理实用指南》将项目管理全生命周期划分为八个阶段，包括概念阶段、可行性研究阶段、策划阶段、施工前准备阶段、施工阶段、调试/试运行阶段、竣工移交与交付使用阶段、施工后评价/项目总结报告阶段，如图 2-1 所示。[①] 乐云和李永奎[②]则把工程项目全生命周期划分为六个阶段，即决策阶段、设计准备阶段、设计阶段、施工阶段、使用前准备阶段、使用和保修阶段，如图 2-2 所示。

而在项目管理全生命周期的内涵界定与理解上，不同专家学者的看法略有差异，但关键环节基本一致。美国项目管理协会（Project Management Institute）在其编制的《项目管理知识体系指南》（第六版）（*A Guide to the*

---

① 〔英〕皇家特许建造学会：《业主开发与建设项目管理实用指南》，李世蓉等译，中国建筑工业出版社，2018。
② 乐云、李永奎：《工程项目前期策划》，中国建筑工业出版社，2011。

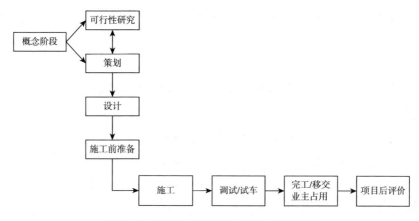

图 2-1　英国皇家学会的项目全生命周期

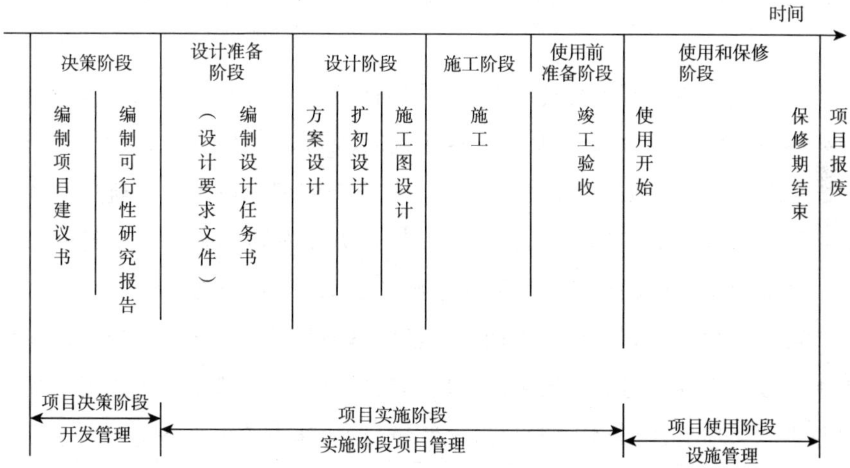

图 2-2　乐云和李永奎的项目全生命周期

Project Management Body of Knowledge）中，将工程项目全生命周期划分为项目决策阶段、项目规划与设计阶段、项目实施阶段和项目启用运行阶段。[①]《中国工程项目管理知识体系》编委会编写的《中国工程项目管理知识体系》把项目全生命周期分为决策阶段（含项目建议书和可行性研

---

① 〔美〕项目管理协会：《项目管理知识体系指南》（第六版），电子工业出版社，2018。

究)、项目实施阶段(含建设准备阶段和建设实施阶段)、项目结束阶段(竣工验收交付使用)。世界银行贷款项目的工程项目全生命周期则分为六个阶段:项目选定、项目准备、评估、谈判、实施和总结评价。[①] 而按照国家投资体制改革的要求及国家发展和改革委员会关于基本建设管理流程的规定,项目建设管理基本流程划分为:项目前期阶段、项目施工阶段和竣工验收阶段。

赵琳在其博士论文中通过对国内外项目管理全生命周期理论进行梳理对比后,认为项目管理全生命周期内涵有狭义和广义之分。对项目管理全生命周期理论的起点界定是一致的,都认为是从项目的策划和立项开始,而对项目终点的界定则有所不同,项目管理全生命周期的狭义内涵认为项目管理的终点是到项目移交并交付使用为止,即项目竣工交付使用后,项目建设管理团队随着项目管理任务的结束而解体。随着项目全过程咨询或管理概念的提出,项目管理全生命周期的广义内涵延伸至项目报废拆除为止。[②]

如果进一步梳理项目管理全生命周期理论的应用研究,可以发现在国内外学者关于项目风险管理和项目建设管理领域的研究中,如 Jaafari[③]、雷丽彩和周晶[④]把项目全生命周期划分为项目前期阶段、施工阶段和竣工交付使用阶段,即大都采用全生命周期的狭义内涵。而在项目的效益评价、性能评价和能耗评估研究领域中则更多采用广义内涵。

可见,项目管理全生命周期理论虽然对项目的终点界定有所不同,但不影响学者在各自研究领域中的应用。从项目建设管理的角度来看,项目参与主体从项目建成移交交付使用后,项目的建设管理任务与内容也随之结束。因此,项目全生命周期不涵盖项目运营维护阶段是合理的,即对项目建设全过程的风险管理和评价,可以基于狭义项目管理全生命周期的视

---

① 吴涛、丛培经:《中国工程项目管理知识体系》,中国建筑出版社,2003,第55页。
② 赵琳:《基于全生命周期房地产开发项目风险评价与控制研究》,博士学位论文,哈尔滨工程大学,2012,第38页。
③ Jaafari, "A Management of Risks, Uncertainties and Opportunities on Projects: Time for a Fundamental Shift", *International Journal of Project Management*, No. 19 (2001): 89-101.
④ 雷丽彩、周晶:《基于全生命周期集成的大型工程项目风险控制模型》,《软科学》2011年第10期。

角来开展相关研究。

综上，本书的研究对象是城市快速路建设工期的合理确定，并根据城市快速路的建设进度、管理内容和管理侧重点的需要，从狭义的项目管理全生命周期理论的视角，将城市快速路建设全过程划分为前期阶段、施工阶段和竣工验收交付使用阶段。项目前期阶段包括项目建议书、项目可行性研究、可研评估批准、项目勘察设计、设计审查批准、施工前准备工作（含征地拆迁、"四通一平"、项目施工招投标、开工手续办理等工作）；项目施工阶段是指项目批准开工后，按项目设计、规范和质量要求组织项目实施；竣工验收交付使用阶段包括工程验收、竣工验收资料备案、办理交付使用手续等（如图 2-3 所示）。

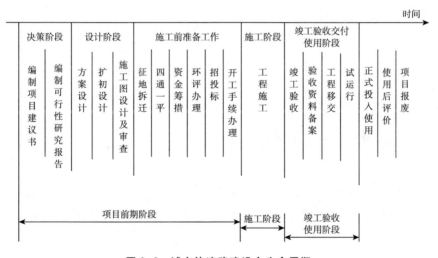

图 2-3　城市快速路建设全生命周期

（二）工期概念及类别

1. 工期（Duration）

工期是指活动自开始至结束的时长。[①] 它常与进度计划（Development Schedule）、施工工期（Construction Period）和项目进度计划（Project

---

① 住房城乡建设部标准定额研究所：《城市综合交通体系规划标准》（GB/T51328-2018），中国建筑工业出版社，2018。

Programme）等用语混用。虽然释义区别不大，也经常混杂使用，但它们之间仍有细微差异。工期强调时间概念，活动经历时间的长度；进度计划强调活动安排，活动过程中涉及的人、财、物的投入。[①]

2. 工期类别

在工程实践中，工期概念涉及建设工期、投标工期、施工工期、定额工期、竣工进度计划等概念的运用。

（1）建设工期

建设工期也称"开发周期"，通常是由项目业主主导编制的，涵盖一个项目从概念提出（或项目立项）到竣工交付使用的周期，是一级进度计划，是项目其他计划编制的依据，通常是在项目低密度条件下采用科学方法预测确定的项目建设周期。

（2）施工工期

施工工期是指项目从破土动工到项目施工单位按设计要求和相关规范要求完成合同约定工作内容所经历的时间。施工工期通常是在项目中、高密度条件下由施工单位编制确定。

（3）定额工期

定额工期是由国家有关建设管理部门依据一定时期的社会经济条件，制定和发布工程项目建设所消耗的时间标准。定额工期反映一定时期国家、地区、部门的不同建设项目的建设管理水平，具有一定的法规性，对工程建设项目工期的确定有指导性意义，是制定项目施工招标工期和合同工期的依据。

（4）合同工期

合同工期是工程建设甲乙双方依据项目施工招投标文件，结合项目建设的实际情况，通过项目施工合同确定的项目建设施工工期。

（5）竣工工期或竣工进度

竣工工期是指施工单位完成合同任务，交由建设单位向有关部门申请竣工验收到工程交付使用所经历的时间。

---

① 〔英〕皇家特许建造学会编著《大型复杂项目时间管理实用指南》，蓝毅译，中国建筑工业出版社，2018。

（三）城市快速路建设工期

本书研究对象是城市快速路建设工期，建设工期（Construction Duration）是指城市快速路从项目立项后到竣工交付使用所经历的时间。从城市快速路建设流程来看，建设工期包括前期阶段、施工阶段和竣工交付使用阶段，即建设工期包括前期阶段经历的时间、施工工期和竣工交付使用阶段所经历的时间，有时也称项目开发周期（Development Duration）。

本书城市快速路建设工期是基于狭义项目建设全生命周期的开发进度计划，是项目业主或管理者制定的涵盖不同建设阶段的总进度计划，其依据是项目立项批复的建设周期。鉴于项目立项前的工作存在不确定性和论证失败的可能性，本书把研究对象的建设工期界定为从项目立项起至项目竣工交付使用为止的建设时间。

1. 前期阶段

前期阶段包括项目决策阶段、策划阶段和施工前准备阶段，包括立项审批、项目管理策划、勘察设计及报批、施工单位招投标、征地拆迁、"三通一平"及各项手续报批等工作流程。

2. 施工阶段

该阶段是建设单位组织设计单位、监理单位、施工单位、劳务单位、材料设备供应单位从项目开工到完成设计文件中规定的内容和质量要求的过程。

3. 竣工交付阶段

该阶段是建设单位组织勘察、设计、施工、监理等有关单位对工程项目进行验收的阶段。

三　建设工期预测方法

（一）定额工期法

定额工期是依据国家现行产品标准、设计规范、施工及验收规范、质量评定标准和技术、安全操作规程，按照正常施工条件、常用施工方法、合理劳动组织及平均施工技术装备程度和管理水平，并结合常见结构及规模的工程施工情况编制的，反映一定社会经济水平、技术水平和施工环境下，完成某个单位工程或独立单项项目所需的施工标准时间。定额工期适用于新建、扩建工程，是制定工期目标、招标工期、投标工期的依据，是签订施工合同的基础，也是处理工期纠纷的依据。

目前，我国市政工程使用的工期定额是《全国市政工程施工工期定额》，其中市政工程、公用管道工程和市政公用厂、站工程三本工期定额分别于1989年4月1日、1991年5月1日、1993年6月1日发布试行。1993年7月原建设部下发了《关于印发〈全国市政工程施工工期定额管理规定〉的通知》（建城字第553号文），对季节性工期补偿和地区工期补偿做了补充规定。

建设单位在确定工期目标或招标工期时，一般委托设计院根据施工设计图纸、地质勘查报告、工程内容、质量标准、相关规范和发包方式，再根据工期定额中的标准工期计算工程施工工期。

（二）历史经验法

历史经验法是根据工程管理人员和工程技术人员的工程实践经验和已完类似工程工期的历史资料进行分析判断并确定项目合理工期的一种方法，是基于专家经验和统计资料的一种混合分析的预测方法。历史经验法又可细分为类比估算法、专家经验法和实验估计法。[①]

1. 类比估算法

类比估算法是根据拟建工程的建设规模、投资额、工程结构、建筑类型和施工环境等情况，通过使用本地区以前类似工程所需要的工期时间，在保证按质完成预定施工任务的前提下，估算拟建项目的合理工期。类比估算法通常采用线性回归法进行定量分析，确定项目工期。先对类似已完工程项目的工期资料进行回归分析，确定回归模型，建立工期回归方程并进行各种检验，再利用工期回归方程预测拟建工程施工工期。回归模型通常有一般回归模型、一元回归模型和多元回归模型。[②]

一般回归模型：如果变量 z_1，z_2，$\cdots$，z_r 与随机变量 y 之间存在相关性，则当 z_1，z_2，$\cdots$，z_r 取定值时，y 通常有相应的概率分布与之对应。随机变量 y 与相关变量 z_1，z_2，$\cdots$，z_r 之间的概率模型为：

---

① 侯学良、侯意如：《工程项目管理理论》，科学出版社，2017。

② 周桂华：《基于线性回归分析提升施工管理技术的研究与对策建议》，《中国标准化》2018年第20期。

$$y = f(z_1, z_2, \cdots, z_r) + \varepsilon \tag{2.1}$$

其中，将随机变量 y 称为被解释变量或因变量，将 z_1，z_2，$\cdots$，z_r 称为解释变量或自变量，$f(z_1, z_2, \cdots, z_r)$ 为一般变量 z_1，z_2，$\cdots$，z_r 的确定关系，ε 为随机误差。

线性回归模型：回归模型分为线性回归模型和非线性回归模型，线性回归模型又有一元线性回归和多元线性回归之分。当概率模型（2.1）中回归模型为线性函数时，即有：

$$y = \beta_0 + \beta_1 z_1 + \cdots + \beta_r z_r + \varepsilon \tag{2.2}$$

其中，β_0，β_1，$\cdots$，β_r 是 $r+1$ 个未知参数，β_0 称为回归常数，β_1，$\cdots$，β_r 称为回归系数。$r=1$ 时，式（2.2）即为一元线性回归模型；$r \geq 2$ 时，就称式（2.3）为多元线性回归模型。

多元线性回归模型为：

$$y = \beta_0 + \beta_1 z_1 + \cdots + \beta_r z_r + \varepsilon \tag{2.3}$$

对于随机误差项，常假定 $E(\varepsilon) = 0$，$Var(\varepsilon) = \sigma^2$，称式（2.4）为理论回归方程。

$$E(y) = \beta_0 + \beta_1 z_1 + \cdots + \beta_r z_r \tag{2.4}$$

2. 专家经验法

专家经验法基于专家经验对拟建项目的工作量和实施条件进行分析和估算，结合自身工作经验，确定工程项目的施工工期。对一些新型工程或特殊工程，类似的已完工程相对较少又缺乏相应的工期定额时，可通过专家经验法估计工程项目合理工期。

3. 实验估计法

实验估计法是通过实验模拟工程施工得到的相关时间参数，进而估算工程工期的方法。实验估计法适用于一些特殊工程或采用新材料、新工艺、新技术和新方法的工程，由于采用创新性的工程既无工期定额参照也无历史资料参考，同时也无相关工程实践经验，这就需要通过实验模拟的方法来测算相关工期数据，从而为实际工程的工期测算提供编制指导和依据。

（三）网络计划法

网络计划法是 20 世纪 50 年代末发展起来的一项工程进度计划预测与控制的方法，应用于施工单位在施工组织设计中施工进度的编制。它主要分为关键线路法和计划评审法。

1. 关键线路法

关键线路法（Critical Path Method，CPM）源于 1956 年杜邦公司在制定部门业务系统规划时采用的第一套网络计划。它借助于网络表示各项工作及其相互关系和工作所需要的时间，通过网络分析工程费用与工期的相互关系，寻找编制计划或计划执行过程中的关键线路，并将关键线路的持续时间作为项目的工期。关键线路具体表现形式有横道图、时间链网图和网络图，横道图和时间链网图被广泛应用于线性工程。由于 CPM 是在项目各工序持续时间确定的基础上计算出一个工期的确定值，因此，它又称为肯定型网络计划技术。

2. 计划评审法

计划评审法（Program Evaluation and Review Technique，PERT）是 1958 年美国海军武器部在研制"北极星"导弹计划时提出的网络分析方法。PERT 法认为，CPM 假定各工序的持续时间为确定值与实际情况不符，因此假设各工序的持续时间服从 β 分布，并依据专家的估计，将工序持续时间分为最乐观时间（a）、最可能时间（m）和最悲观时间（b），通过加权平均方法求平均值 $[\mu = (a+4m+b)/6]$ 作为工序持续工作时间。同时，PERT 认为，项目总工期是各关键线路持续时间的总和，服从正态分布，[①] 即项目总工期的期望值为关键线路上各工序持续时间期望值之和：

$$u(T) = u(t_1) + u(t_2) + \cdots + u(t_k) \tag{2.5}$$

项目总工期方差为关键线路上各工序持续时间的标准差之和：

---

① 马国丰、陈强：《项目进度管理的研究现状及其展望》，《上海管理科学》2006 年第 4 期。

$$\sigma_T = \sqrt{\sigma_1^2 + \sigma_2^2 + \cdots + \sigma_k^2} \qquad (2.6)$$

（四）工期确定方法对比分析

工期确定通常是指针对项目施工工期的预测。常用的工期确定方法有定额工期法、历史经验法和网络计划法等，它们各有优缺点和适用的条件，如表 2-2 所示。

表 2-2　建设工期预测方法对比分析表

方法		优点	缺点	适用条件	范围
定额工期法		简便、实用	滞后、缺乏灵活性	中、低密度条件	工期目标、招标工期
历史经验法	类比估算法	实用、适用范围广	易受主观影响、无法有效处理变异情形	中、低密度条件	工期目标、招标工期
	专家经验法				
	实验估计法				
网络计划法	关键线路法	表达直观、兼顾工期风险	假定条件理想化、忽视关键线路的随机性、使用复杂	中、高密度条件	施工工期编制与监管
	计划评审法				
	CPM+MC 法				

1. 定额工期法应用分析

定额工期法是工程实践中比较常用的施工工期预测方法，该方法的优点在于预测简便，实用性强。根据工程设计等相关要求和条件，直接套用工期定额，便能够确定项目施工工期。但其不足之处在于定额标准的滞后性和缺乏灵活性。工期定额反映一定社会生产条件下施工生产率的水平，随着科学技术水平的不断提高，工期定额需要重新编制或修订，但由于该工作需要耗费大量人力物力，因此工期定额编制或修订难免滞后，从而影响工期定额的准确性和及时性。定额工期法适用于工期目标计划的编制或招标工期的确定，不适用一些特殊工程或创新性工程。

2. 历史经验法应用分析

历史经验法是基于工程工期的历史资料、专家经验或实验数据，通过定性分析或定量分析，预测工程建设工期的类比估算或推算的方法。该方法的优点如下：一是适用范围广，只要有参照数据基础，无论项目大小、难易程度，还是特殊工程或创新性工程，均可适用；二是实用性强，只要基础数据翔实或专家经验丰富，就可分析计算项目工期时间。其不足在于：当采用类比估算法时，历史资料难以做到完整搜集；当采用专家经验法时又易受主观因素的影响；当采用实验估算法时，实验数据及参数不一定与项目实际情况一致；采用线性回归法时，由于它未考虑新工艺新技术对预测结果的影响，从而会导致预测结果偏离预测值。同时，当历史资料出现异常数据时，就会影响拟合的效果，导致工期预测不准确。因此，历史经验法适用于缺乏定额工期参照下的类似工程或相对简单工程的工期目标编制或招标工期的确定。

3. 网络计划法应用分析

网络计划法常用的基本方法有关键线路法和计划评审法两种。CPM是采用网络计划图或横道图的方式，通过计算项目关键线路上各工序持续时间的总和确定项目工期。CPM具有表达相对直观、便于进度调整和监控的优点，其缺点是假定工序持续时间是固定的、关键线路是不变的。CPM的理想化假定会导致计算的施工工期几乎不符合客观实际。[①] 为弥补CPM的不足，PERT得到了推广应用。PERT的优点是考虑了工期风险，假定工序持续时间服从 β 分布，近似地用三时估计法加权平均计算各工序持续时间。但PERT仍然存在不足：一是工序持续时间服从 β 分布的假定与实际不符，活动时间可能服从其他概率分布，如三角分布；[②] 二是计算模型复杂，模型复杂性往往会导致预测无效或被误用；三是忽略了关键线路的随机性。针对PERT的缺陷，有学者采用蒙特卡罗模拟技术、人工神经网络进一步模拟量化工期风险，以期得到更为准确的工期值，虽然其计算精度有了一定的提高，但计算复杂，难以有效推广。因此，网络计划法适用于工程中、高密度条件下简单工程项目施工进度计划的编制和监控管理。

本书研究对象是城市快速路建设工期，是基于项目建设全生命周期视角的建设工期研究，是在项目策划阶段或项目立项阶段确定整个项目实施的建设工期，从工期编制的基础条件来看，属于低密度条件下的工期编

---

① 王坚、林冬青：《工期风险评价方法与实践》，International Conference on Engineering and Business Management（EBM2010），成都，2010，第3970~3973页。

② 〔英〕皇家特许建造学会编著《大型复杂项目时间管理实用指南》，蓝毅译，中国建筑工业出版社，2018。

制，适用定额工期法或历史经验法编制项目建设工期。现行工期定额里没有专门针对城市快速路项目的说明，可以参照的工期定额只有 1993 年以前发布的《全国市政工程施工工期定额》，具有滞后性。因此，研究城市快速路建设工期合理性问题，可以基于专家经验估计工期风险，并结合定额工期法进行研究。

四　建设工期影响因素识别及合理性评价方法

（一）影响因素和评价指标的确定方法

1. 影响因素识别方法

从上一章的文献综述可知，国内外学者在研究项目工期影响因素时，常用的风险识别方法有：关键线路法（CPM）、文献研究法、专家问卷调查法、风险分解结构法（RBS）和案例研究法（也叫核查表法），此外，还有一些学者使用了 HHM 模型法和图解法，[①] 如表 2-3 所示。

表 2-3　项目工期影响因素识别方法汇总

方法	文献来源
关键线路法（CPM）	罗维强（2007）、N. Dawood（1998）、D. Nasir（2003）、汪玉亭（2017）
HHM 模型法	Y. Haimes（2007）、乌云娜等（2013）、向鹏成等（2015）
风险分解结构法（RBS）	D. Hillson（2003）、祝迪飞等（2007）、尚靖瑜（2014）、汪刘菲（2016）
文献研究法	刘洋（2018）、刘睿等（2007）、唐丹（2017）、周方明等（2011）、周琰（2014）、王爽（2012）、张丽丽（2017）、蔡丰（2007）、刘洋（2018）、项勇等（2014）、张甲辉（2014）、刘庆娟（2014）
专家问卷调查法	Sadi A. Assaf（1995）、Ting-Kwei Wang（2018）、M. E. Abd El-Razek（2008）、Abdalla M. Odeh（2002）、张云波（2003）、汪刘菲等（2015）、王家远（2006）、刘庆娟（2014）、梁剑锋（2012）、陈锋（2010）、李瀚文（2014）、王兴元（1991）、张丽文等（2012）、张甲辉（2014）

[①]　王秀增：《基于多层次灰色评价法的工期风险评价》，硕士学位论文，大连理工大学，2017，第 24 页。

续表

方法	文献来源
案例研究法	Sadi A. Assaf（2003）、Stephen O. Ogunlana（1996）、孙小宁（2016）、刘洋（2018）、张甲辉（2014）、朱占波（2017）
图解法	王秀增（2017）、唐婕（2015）、张丽文等（2012）

（1）文献研究法

文献研究法是指搜集、鉴别、整理国内外学者针对建设工期影响因素研究的相关文献，并通过对相关研究成果进一步梳理、分析和归类，以形成对事实进一步认识的研究方法。文献研究法一般包括以下五个基本环节：①提出课题或假设；②研究设计；③搜集文献；④整理文献；⑤文献综述。其优点是方便、自由、效率高，超越了时间、空间限制，能够获得比口头调查更准确、更可靠的信息，且受外界制约较少，只要找到了必要文献就可随时随地进行研究，即使出现了错误，还可通过再次研究进行弥补。研究文献的搜集渠道多种多样，由于文献的类别不同，其所需的搜集渠道也不尽相同。文献研究法通常是通过知网、万方数据系统等数据库系统和知识库来实现。搜集文献时要注意时间和空间的覆盖，尽可能做到全面。

（2）专家问卷调查法

专家问卷调查法分为德尔菲法和头脑风暴法，是以专家作为索取信息的对象，依赖专家的实践经验和专业知识，对调查问题做出判断、评估和预测的一种方法，是调研中最常用的一种方法。

①德尔菲法

德尔菲法于1946年由美国兰德公司创始使用，普遍应用于经济、社会、工程技术等各领域。[①] 德尔菲法本质上是一种反馈匿名函询法，是在对征询问题获得专家的意见之后，进行整理、归纳、统计，再匿名反馈给各专家，再次征求意见，经多轮征询反馈，专家们的意见渐趋一致，最后

[①] 张冬梅：《德尔菲法的运用研究——基于美国和比利时的案例》，《情报理论与实践》2018年第3期。

得出调查结论。[①] 德尔菲法具有匿名性、反馈性和统计性。其优点是既集中众人智慧又可以避免群体决策中可能产生的互相干扰、互相影响的缺陷，管理者可以保证在征集意见以便做出决策时，没有忽视重要观点。

②头脑风暴法

头脑风暴法是美国奥斯本于1953年率先使用，它源于精神病理学的"头脑风暴"术语，是基于群体动态学来引发专家思路，通过专家之间的相互启发和信息交流，诱发思维共振，实现专家信息的互补和有效组合。头脑风暴法的成功取决于专家成员的丰富经验和视角及会议主持人的有效组织能力，典型的专家小组一般是由经验丰富的10~15位项目利益相关人组成，涉及的利益代表要尽量广泛，以避免观点极端化。头脑风暴法鼓励专家畅所欲言，使专家不受限制地发表观点，利于信息的激发和观点的集中，但群体决策也存在许多因素影响头脑风暴法的实际应用效果。如利益冲突往往会降低组织内部交流的效率，而在高度团结的小组内，又可能存在群体影响，从而抑制专家成员的创造性思维，即容易出现"阿施效应"和"群体思想"。[②] 因此，头脑风暴法常与其他方法结合使用，如德尔菲法和名义小组法。

本书在城市快速路建设工期影响因素识别建模上，借助头脑风暴法；在工期影响因素过滤、评级和合理性评价指标的确定方面，则采用德尔菲法。

（3）风险分解结构法

风险分解是针对复杂的事物或大系统，通过适当的分解，将复杂事物转换成简单、易被操作的事物，或将大系统分解成小系统，从而实现全面、有效的风险辨识的一种风险识别方法。采用风险分解结构法辨识建设工期风险是通过将影响建设工期的因素进行层层分解，最终实现辨识出建设工期关键风险的目的。

采用风险分解结构法识别城市快速路建设工期的影响因素及合理性评价指标，可以先按照建设项目的组成、建设工序结构将建设项目分解为单

---

① 曲钟阳：《基于德尔菲法的技术预见》，硕士学位论文，大连理工大学，2013，第15页。

② 〔澳〕马丁·鲁斯摩尔、〔英〕约翰·拉夫特瑞等：《项目中的风险管理》，刘俊颖译，中国建筑工业出版社，2011。

位工程、分部工程和分项工程，再从分部分项工程开始，逐步辨识出城市快速路建设工期的关键风险因素。

（4）图解法

图解法是一种动态分析方法，是以项目或业务流程作为分析风险的依据，并依此辨识风险的过程。它可以帮助风险识别人员分析和了解项目风险所处的具体项目环节、各个环节之间存在的风险以及项目风险的起因和影响。

图解法适用于项目施工工期的风险识别，通过图解法可以明确地辨识项目不同工序所面临的风险。采用图解法要求风险辨识人员对项目建设流程有比较清晰的认识。

文献研究法、专家问卷调查法、风险分解结构法和图解法都能有效识别城市快速路建设工期影响因素和建设工期合理性评价指标，但是不够客观，需要进一步定量分析、甄别筛选、淘汰关联性重叠和影响较小的影响因素和指标。

2. 评价指标确定方法

在工程项目管理领域中，运用评价指标对相关管理工作效率进行评价是一个非常有效的管理手段。评价工作的主要步骤是：①确定评价指标；②构建评价模型；③获取相应工程或工作数据；④利用评价模型进行评价。评价工作的核心内容是评价指标的选取和确定，评价指标选取合理与否，直接影响评价的结果，因此，需要根据评价目标，科学正确地选取各种管理对象的评价指标。

综合国内外相关研究来看，评价指标的确定方法主要分为两大类：一类是文献研究法（或叫参引性模式），即将同类评价对象所建立的评价指标作为管理指标，用于评价工作；另一类是专家问卷调查法，在确定评价对象和评价目的的前提下，通过专家问卷调查或访谈，利用专家在该领域的经验来确定评价指标。[1]

---

① 侯学良、王毅：《工程项目管理理论与应用》，科学出版社，2017。

（二）基于专家权威度系数法的问卷筛选、指标筛选

1. 专家权威度系数法计算模型

专家权威度系数法是以专家的个人背景资料计算其在某工作领域的权威系数，以此作为专家访谈或问卷调查的可信度和权威性，进而对调研指标展开定量计算、甄别和筛选的方法。

专家权威度系数（C_r）是指专家意见在该领域的权威程度，其值一般是由两个系数所决定的：一个是专家对指标做出判断的依据系数（C_A）；另一个是熟悉程度系数（Cs）。而专家判断依据系数（C_A）是根据专家的理论分析系数（C_{A1}）、实践经验系数（C_{A2}）、业内同行的了解系数（C_{A3}）和直觉系数（C_{A4}）四维系数综合计算而得到的。[①]各系数赋值基本规则如表 2-4 所示。

表 2-4　专家权威度系数计算系数赋值

系数符号	系数名称	赋值规则
C_{A1}	理论分析系数	按照专家学历赋值，本科学历为 0.2，硕士及以上学历为 0.3，其他为 0.1
C_{A2}	实践经验系数	根据专家职称赋值，高级职称为 0.5，中级职称为 0.4，初级职称为 0.3，其他为 0
C_{A3}	业内同行的了解系数	根据专家近五年所从事工作与城市快速路的相关性程度来赋值，相关性越高其分值越高，反之越低。桥梁、市政和道路取 0.1，房建取 0.05，其他为 0
C_{A4}	直觉系数	根据专家对调查问题的直接判断进行赋值，问卷无明显错误的可得 0.1 分，有错误或无效问卷时为 0
C_s	熟悉程度系数	专家对所调查内容的熟悉程度，按从事该行业工作年限赋值，工作 20 年及以上取 0.9，工作 15~20 年取 0.7，工作 10~15 年取 0.5，工作 5~10 年取 0.3，工作 5 年以下取 0.1

根据表 2-4 中的各系数赋值规则，计算专家对影响因素或指标的判断依据系数 C_A 和专家权威度系数 C_r，即：

判断依据系数 C_A 为：

---

① Steurer Johann，"The Delphi Method: An Efficient Procedure to Generate Knowledge"，*Skeletal Radiology*，Vol. 40，No. 8（2011）：959-961.

$$C_A = C_{A1} + C_{A2} + C_{A3} + C_{A4} \tag{2.7}$$

专家权威度系数 C_r 为：

$$c_r = \frac{c_A + c_S}{2} \tag{2.8}$$

专家权威度与专家的评判精度呈一定的函数关系，评判精度随着专家权威度的提高而提高。专家权威度系数越大，表明专家问卷的参考价值就越高。一般认为，专家权威度系数大于 0.7，说明该专家有较强的可信度和权威性，可以采用其评判的意见。

2. 基于专家权威度系数法的问卷筛选、指标筛选

（1）调查问卷筛选

按照专家权威度系数计算公式，计算各问卷的专家权威度系数，剔除专家权威度系数得分小于 0.7 的问卷，保留专家权威度系数得分大于 0.7 的问卷。

（2）影响因素或指标筛选

①计算专家权威度系数权重

根据有效问卷专家的权威度系数值，采用权重统计法，计算各专家的权威度系数权重 W_j。

②计算各影响因素或指标的加权均值和满分频率

在专家权威度系数权重 W_j 的基础上，计算各影响因素或指标的加权均值 M_j 和满分频率 E_j。

假设有 k 个专家，有 n 个指标，则各影响因素或指标的加权均值 M_j 为：

$$M_j = \sum_{i=1}^{k} W_j \cdot P_{ij} \tag{2.9}$$

其中，M_j 表示专家对影响因素或指标评分的加权均值，P_{ij} 表示第 i 个专家对第 j 个影响因素或指标的评分值，$i = 1, 2, \cdots, k$；$j = 1, 2, \cdots,$ n。加权均值 M_j 越大，表明该影响因素或指标的重要程度越高。

假设有 m_j 个专家给第 j 个影响因素或指标打满分，则该影响因素或指

标的满分频率 E_j 为：

$$E_j = \frac{m_j}{K} \qquad (2.10)$$

影响因素或指标的满分频率 E_j 是加权均值 M_j 的补充指标，E_j 越大，表明专家对该影响因素或指标打满分的比例越高，说明该影响因素或指标越重要。

③计算专家意见的协调系数

专家意见的协调程度用变异系数 V_j 来表示，即：

$$V_j = \frac{\delta_j}{M_j} \qquad (2.11)$$

V_j 表示第 j 个指标或影响因素的变异系数，反映 k 个专家对第 j 个影响因素或指标的协调程度。δ_j 表示第 j 个指标或影响因素的标准差。变异系数 V_j 值越小，专家意见协调程度就越高。通过变异系数 V_j 可以判断专家对第 j 个影响因素或指标的评价是否存在较大分歧。

④影响因素或指标筛选

采用界值法进行影响因素或指标的筛选。在满分频率、加权均值和变异系数计算的基础上计算相应的界值。满分频率和加权均值的界值分别按照其均值与标准差之差的绝对值计算，变异系数的界值按照其均值与标准差之和计算。

影响因素或指标的筛选规则是，其满分频率、加权均值的各自得分高于界值的入选，低于界值的剔除，其变异系数的得分低于界值的入选。为防止剔除关键影响因素或指标，其满分频率、加权均值和变异系数均不符合要求的剔除，如有一个或两个筛选规则不符，则需要做进一步分析或者考虑。①

（三）权重确定方法

权重的确定方法涉及确定权重的计算方法和构建权重体系两项工作，

---

① 王春枝、斯琴：《德尔菲法中的数据统计处理方法及其应用研究》，《内蒙古财经学院学报》（综合版）2011 年第 4 期。

权重体系的构建相对简单，只要完成权重的确定，按照指标的框架体系，即可完成相应的权重体系构建。而权重确定方法的选取则显得更为重要，如果确定权重的方法不科学不合理，赋权不合理不正确，就不能准确客观地反映指标所依附主体的真实状态或自身价值。因此，要结合工程项目管理对象和管理目标，科学合理地选取权重确定方法。

从权重确定方法大类来分，主要有主观赋权法、客观赋权法和综合集成赋权法等。在工程实践中，主观赋权法常用的是德尔菲法和模糊评判法，客观赋权法中以突出整体差异的拉开档次法和逼近理想点法、以突出局部差异的熵权赋权法最为常见。而综合集成赋权法则是将主观赋权法与客观赋权法相结合对指标权重进行赋权，是一种既结合个人经验又反映客观实际的指标赋权方法。常用的综合集成赋权法主要有层次赋权法和组合赋权法，其他综合集成赋权法在工程实践中相对较少采用，如灰色关联度赋权法，其结果具有一定的争议性，故较少使用。[①]

1. 熵权法

熵原本是热力学概念，它最先由香农（Shannon）引入信息论，被称为信息熵。[②] 熵是关于不确定性的一种度量，杰恩斯（Jaynes. E. T）进一步描述了这种不确定性的数学方法，提出了极大熵原理。[③] 信息熵又称为广义熵，它是熵概念和熵理论在非热力学领域泛化应用的一个基本概念，现已在工程技术、社会经济等领域得到十分广泛的应用。

熵权法是根据指标所提供的"信息量"大小来确定评价指标权重大小的一种客观赋权方法。在具体使用过程中，以信息论的熵值计算方法为理论依据，求得各评价指标之间的变异程度，代表各指标的熵权，再通过熵权对各指标的权重进行修正，从而得出指标权重，各指标权重的求解过程如下。

首先，根据指标的信息量，建立分析矩阵 $R = (r_{ij})_{m \times n}$。如有 m 个待

---

① 侯学良、王毅:《工程项目管理理论与应用》，科学出版社，2017。

② Shannon C, Petigara N, Seshasai S, "A Mathematical Theory of Communications", *Technical Journal*, Vol. 27, No. 3 (1948): 379-423.

③ Jaynes E T, "Information Theory and Statistical Mechanics", *Physical Review*, Vol. 106, No. 4 (1957): 620-630.

评项目，n 个评价指标，形成原始数据矩阵：

$$R = \begin{pmatrix} r_{11} & r_{12} & \cdots & r_{1n} \\ r_{21} & r_{22} & \cdots & r_{2n} \\ \cdots & \cdots & \cdots & \cdots \\ r_{m1} & r_{m2} & \cdots & r_{m4} \end{pmatrix}_{m \times n} \qquad (2.12)$$

其中，r_{ij} 为第 j 个指标下第 i 个项目的评价值。

其次，计算第 j 个指标下第 i 个项目的指标值的比重 P_{ij}：

$$p_{ij} = \frac{r_{ij}}{\sum\limits_{i=1}^{m} r_{ij}} \qquad (2.13)$$

再次，计算第 j 个指标的熵值 e_j：

$$e_j = -k \sum_{i=1}^{m} p_{ij} \cdot \ln p_{ij} \qquad (2.14)$$

其中，$i = 1, 2, \cdots, m$；$j = 1, 2, \cdots, n$；常数 $k = 1/\ln m$。

最后，计算第 j 个指标的熵权 W_j：

$$w_j = \frac{1 - e_j}{\sum\limits_{j=1}^{n} (1 - e_j)} \qquad (2.15)$$

评价指标的熵值大小，反映了指标值的变异程度和提供的信息量，熵值越大，评价指标的差异性越小，其在综合评价中所起的作用越小，权重也越小。反之，如果某评价指标的熵值越小，表明其差异性越大，提供的信息量越多，在综合评价中起的作用越大，其权重也就越大。

因此，本书运用熵权法计算评价指标层指标的熵权，再通过各评价指标的熵权对所有评价指标进行加权，从而得到较为客观的评价结果。

2. 结构熵权法

结构熵权法是主观赋权法与客观赋权法相结合确定指标权重的分析方法，其基本原理是将代表专家意见的德尔菲法与模糊分析法相结合，对各评价指标的重要程度形成"典型排序",再按照熵值法对"典型排序"进行"盲度分析",减少潜在偏差数据带来的不确定性,最终得出同一层次各指标的权重。[①] 结构熵权法计算步骤如下。

（1）收集专家意见,形成"典型排序"

按照德尔菲法采集专家调查意见。首先,根据评价指标集设计指标体系权重专家调查表;其次,选取熟悉评价对象的若干个专家进行问卷调查,由专家根据自身工作经验和知识,独立填写评价指标重要性排序意见;最后,经过不断的意见征询和统计反馈,形成专家"排序意见",即评价指标的"典型排序"。

（2）利用熵值法对"典型排序"进行"盲度"分析

由于专家意见难免存在主观性,这使得"典型排序"会出现偏差和数据的不确定性。为消除"典型排序"中的数据"噪音",减少不确定性,需要对专家意见进行统计分析处理,即利用熵值法计算其熵值,以减少专家对评价指标判断意见的不确定性。其分析处理方法如下。

第一,确定熵函数和隶属度函数。假设邀请 k 个专家参与问卷咨询,得到问卷咨询调查表 k 张,每一张专家问卷咨询调查表对应一指标集 $U = (u_1, u_2, \cdots, u_n)$,指标集 U 对应的"典型排序"数组记为 $(a_{i1}, a_{i2}, \cdots, a_{in})$;由 k 张调查表获得的评价指标排序矩阵记为 A [$A = (a_{ij})_{k \times n}$, $i = 1, 2, \cdots k$; $j = 1, 2, \cdots, n$],称 A 为评价指标的"典型排序"矩阵。其中,a_{ij} 表示第 i 位专家对第 j 个指标 u_j 的评价。

首先,对"典型排序"进行定性、定量转换,定义定性排序转化的熵函数为:

$$x(I) = -\frac{1}{\ln(m-1)} P_n(I) \ln P_n(I) \qquad (2.16)$$

其中,令 $P_n(I) = (m-I) / (m-1)$, $P_n(I)$ 为指标的重要性强度,I 是按照"典型排序"的格式,专家对某个评价指标评议后给予的定性排序数。m 指的是转化参数量,取 $m = j+2$,j 为实际最大顺序号。

---

① 程启月：《评测指标权重确定的结构熵权法》,《系统工程理论与实践》2010 年第 7 期。

其次，根据熵权法的差异性系数确定方法，经进一步化简可得指标排序的隶属度函数 μ（I）：

$$\mu(I) = 1 - e = \frac{\ln(m - I)}{\ln(m - 1)} \tag{2.17}$$

μ（I）是 I 对应的隶属度函数，$I = 1, 2, \cdots j, j+1$（j 为实际最大顺序号）。

将 $I = a_{ij}$ 代入式（2.16）中，得到 a_{ij} 的定量转化值 b_{ij} [$b_{ij} = \mu$（a_{ij}）]，b_{ij} 称为排序数 I 的隶属度。令矩阵 $B = (b_{ij})_{k \times n}$ 为隶属度矩阵。

第二，假设 k 个专家对评价指标 u_j 的"话语权"相同，即定义 k 个专家对评价指标 u_j 的"看法一致"，称为"平均认识度" b_j：

$$b_j = \frac{b_{1j} + b_{2j} + \cdots + b_{kj}}{k} \tag{2.18}$$

第三，定义专家 z_j 对评价指标 u_j 由认知导致的不确定性，称为"认识盲度"，记作 Q_j（$Q_j \geqslant 0$），令：

$$Q_j = \left| \{ [\max(b_{1j}, b_{2j}, \cdots b_{kj}) - b_j] + [\min(b_{1j}, b_{2j}, \cdots b_{kj}) - b_j] \} / 2 \right| \tag{2.19}$$

第四，对于每一个评价指标 u_j，定义 k 个专家关于 u_j 的总体认识度，记作 x_j，令：

$$x_j = b_j(1 - Q_j), x_j > 0 \tag{2.20}$$

即 x_j 为 k 个专家对指标 u_j 的评价向量 $X = (x_1, x_2, \cdots, x_n)$。

（3）归一化处理，确定评价指标最终权重

对 $x_j = b_j（1 + Q_j）$ 进行归一化处理，令：

$$a_j = x_j / \sum_{j=1}^{n} x_j \tag{2.21}$$

由于 a_j（$j = 1, 2, \cdots, n$）> 0，且 $\sum_{j=1}^{n} x_j = 1$，则（$a_1, a_2, \cdots, a_n$）为 k 个专家对评价指标重要性的一致性判断，即 $W = \{ a_1, a_2, \cdots, a_n \}$ 为指标集 $U = (u_1, u_2, \cdots, u_n)$ 的权重值。

结构熵权法的优点，是将定性分析与定量分析相结合，它避免了在确定权重时，完全采用德尔菲法确定权重时易受主观影响而导致结果出现偏差，在"结构熵权"的定性定量转化中，通过使用熵理论构建隶属矩阵、求"平均认识度"、"认识盲度"和"总体认识度"，使专家判断意见收敛为一具体值的过程，减少了德尔菲法的"典型排序"不确定性，从而使专家判断意见"一致性收敛"。因此，本书对评价对象的准则层指标赋权的方法确定为结构熵权法。

3. 层次赋权法

层次赋权法的理论基础是层次分析法（AHP）原理，AHP 是 20 世纪 70 年代初，美国匹茨堡大学运筹学家萨蒂教授在为美国国防部研究"根据各个工业部门对国家福利的贡献大小而进行电力分配"课题时，应用多目标综合评价方法和网络系统理论，提出的一种层次赋权综合评价方法。[1] AHP 是将与决策对象有关的评价指标分解成目标层、准则层和指标层等逐级层次，在给指标赋权时，先构建反映指标之间相对重要程度的判断矩阵，再求解判断矩阵最大的特征根和对应的特征向量，并做权向量和组合向量一致性检验，最终获得各评价指标的权重。层次赋权法是主观赋权法和客观赋权法的结合，是一种定性分析和定量分析相结合的决策方法。

4. 不同赋权方法对比分析

在多指标综合评价研究中，权重的确定是至关重要的。确定权重的方法有几十种，根据数据来源方式的不同，可主要划分为主观赋权法、客观赋权法和综合集成赋权法三大类。主观赋权法主要是基于专家实际工作经验来主观判断确定指标权重，该方法具有较强的实用性，但是客观性较差；客观赋权法的数据由各评价维度在对象中的现实数据集成，该方法理论解释性强，精确度高，避免了人为因素，但指标赋权有时会与实际相悖，也难于解释修正。综合集成赋权法是综合主客观赋权法的组合赋权法，虽在某种程度上避免了主客观赋权法的缺点，但也有不足之处，比如计算复杂等，需要进一步改进和完善。

---

① 许树柏：《实用决策方法：层次分析法原理》，天津大学出版社，1988。

在工程实践中，指标权重赋权常用的方法有层次赋权法、熵权法以及结构熵权法，将这三种方法与标准离差法、关联函数法进行简单对比分析，结果如表 2-5 所示。

表 2-5　不同赋权方法对比分析

方法	优点	缺点
层次赋权法	所需定量数据少，定性与定量结合	依赖专家主观判断且层次结构复杂
熵权法	依赖实测数据，主观与客观相结合	样本数据要求齐全，不适用于中间层
结构熵权法	依赖实测数据，主观与客观相结合	原始数据仍然具有一定的主观性
标准离差法	计算简便，依赖实测数据	样本数据要求齐全，不适用于中间层
关联函数法	计算简便，客观性强	要求建立指标风险等级

基于城市快速路指标数据的来源是通过专家问卷调查获得，其数据依赖专家的主观判断，很难做到准确、全面，因此关联函数法和标准离差法的计算结果误差可能会较大，层次赋权法层次结构复杂，会使原来较多的指标显得更为烦冗。为了平衡专家打分的主观性，使结果更为准确，本书采用客观赋权法的结构熵权法计算准则层指标的权重，采用熵权法计算指标层指标的权重。

（四）合理性评价方法确定

对城市快速路建设工期合理性评价是在项目建设全过程的基础上，从多个角度多个目标对建设工期的合理性进行综合评价。为确保评价的科学性和客观性，通常采用定性分析与定量分析相结合的评价方法。目前，常用的综合评价方法主要有模糊综合评价法、熵权评价法、层次分析法、灰色分析法、数据包络分析法、神经网络评价法等。[①]

1. 模糊综合评价法

该方法是利用模糊集进行评价，其以模糊数学为理论基础，依据数据隶属度的分布将一些界限模糊的数据进行量化，通过构建模糊分析矩阵和矩阵的处理得出分析结果，继而选出最佳方案。其步骤分为：依据隶属度进行指标定量转化、构建模糊集、在隶属度基础上依据项目实际情况构建

---

① 侯学良、王毅：《工程项目管理理论与应用》，科学出版社，2017。

相应的评价集、赋权法来确定权重并确定权值、构建全因素模糊矩阵、归一化处理确保一致性、进行隶属度分析，进而对研究对象进行评价。

2. 熵权评价法

该方法是在构建不同方案的熵权评价矩阵基础上，通过对各方案矩阵的分析对比，选取最佳方案，其分析对比的依据为方案集合中各方案的相对重要性和总体状态。其具体步骤包括：各方案各指标评价者确定指标评价值组合并构建判断矩阵、通过标准化处理构建标准化矩阵、确定各指标熵权、构建多方案熵权评价矩阵、依照现实需要对研究对象进行评价。

3. 层次分析法

该方法是一种进行定性分析或定量分析皆可的评价方法，在工程评价中，通过对各评价因素进行层次划分，构建工程评价模型，将定性的指标数据量化分析，进而对研究对象进行评价。

4. 灰色分析法

该方法预先设计参考数列作为参考方案，通过对各指标间发展趋势相似或相异的判断，衡量各指标间关联度并计算得出比较序列，进而得出各方案的相对重要程度，最后对研究对象进行评价，其主要被运用于小样本评价中。

5. 数据包络分析法

该方法通过对各指标的输入输出对同一类别部门的相对有效性进行评价和排序，进而对研究对象进行评价，其基本原理是"相对效率"，该方法可以保证计算过程的客观性并得出最优权重，但只能确定决策者或部门的相对优劣性，无法反映绝对水平。

6. 神经网络评价法

该方法通过模仿人体脑部活动过程，对以神经元为载体的输入信息、输出信息、隐含信息进行分析得出权重，即通过构建神经网络模型确定分析指标权重，进而对研究对象进行评价。该方法有效降低了人为干扰，保证了评价结果的客观性，但抽象的表达、烦琐的过程以及高昂的成本使其应用相对较少。

通过对上述评价方法的综合分析，本书最终选取层次分析法和熵权评价法作为建设工期合理性评价方法，通过层次分析法进行层次结构模型的构建，运用熵权法计算指标权重，进而对研究对象进行评价。该方法一方面可以相对准确客观地确定大样本中研究对象的绝对评价值，剔除数据的相对性，降低如模糊综合评价法的主观性，提高评价的科学性和有效性；另一方面，基于层次分析法的熵权计算的过程相较于神经网络法也相对明晰简单，便于实际操作。

（五）工期风险效度估计方法

风险定量分析就是风险效度的计算，风险效度也称风险严重程度，是指风险发生给项目带来的综合影响程度，在风险定量分析中通常是指风险发生概率和风险影响程度的乘积。[①] 风险发生概率是指采用主观概率或客观概率分析方法，用数理统计的方法确定或描绘每一风险因素及其发生的概率。通常也是采用定性分析方法来估计风险发生对分析目标的影响程度。概率通常源于历史数据资料、系统观察、统计分析或实验基础，但实际上历史资料有限甚至缺少，而实验也常常不切实际，因此，在客观概率获取困难的情况下，通常借助基于专家经验的主观概率来进行定量计算。

由于客观概率获取不易，许多传统风险分析技术都是采用定性的序次分类法，即使主观概率通常也是基于专家经验来获得，但将两个定序数值相乘得到风险效度在数学逻辑上是无效的。[②] 因此，不如直接对风险效度进行定序数值估计，再借用模糊数学进行换算。

城市快速路工期风险是一种多变量的动态、复杂系统，影响因素多，逻辑关系复杂，影响因素的发生概率很难确定，不同工程因投资规模、结构、环境等之间的不一致性较大，从而限制了历史统计法的主观估计方法和故障树法（FTA）等传统概率估计方法的运用效果。[③] 从国内外相关参考文献来看，目前对城市快速路工程工期风险的研究在理论和实践方面都亟待完善，研究成果基本上是以定性或半定量为主，对于项目在建设全生命周期内的工期影响因素的估计，即使是经验丰富的专家也难以准确描述，而模糊数学在对具有不确定性和模糊性事件的描述与估计上具

① 侯学良、王毅：《工程项目管理理论与应用》，科学出版社，2017。
② 〔美〕海姆斯：《风险建模、评估与管理》，胡平译，西安交通大学出版社，2007。
③ 靳慧斌、赵振武：《基于三角模糊的航空公司安全评估研究》，《电子科技大学学报》（社科版）2009 年第 4 期。

有优越性。[①]

由于系统环境和客观情况的复杂性，以及专家对评估对象的不确定性，专家在被征询时更倾向于用语言描述自己的评估结果，这就需要借助模糊数学将专家语言评价信息转化为区间数、三角模糊数、梯形模糊数等形式。[②] 基于专家判定的概率分析方法常用分位数法和三角形分布法，分位数法要求专家给出估计概率，而三角形分布法只要求征询专家给出三个评估值：最悲观值、最可能值和最乐观值。因此，三角形分布法在征询专家意见方面是一个比较理想的方法。英国皇家特许建造学会在《大型复杂工程管理实用指南》中也指出，工序持续时间的概率分布的形状与三角形的形状比较吻合。[③]

综上，在对城市快速路建设工期进行风险效度估计时，采用三角模糊数法更具有现实意义。

1. 三角模糊数基本概念

模糊数理论（Fuzzy Number）是 Zadeh 于 20 世纪 60 年代提出的，用于解决不确定环境下的问题。[④] 1983 年荷兰学者 Laarhoven 和 Pedrycz 提出利用三角模糊数解决模糊比较判断的方法。[⑤]

定义：设论域 U 上的模糊集为 M，M 由 (a^l, a^m, a^u) 决定，且 $(0 \leq a^l \leq a^m \leq a^u \leq 1)$，如果 M 的隶属函数 μ_M 为：

$$\mu_M(x) = \begin{cases} 0 & x \leq a^l \\ \dfrac{x - a^l}{a^m - a^l} & a^l \leq x \leq a^m \\ \dfrac{a^u - x}{a^u - a^m} & a^m \leq x \leq a^u \\ 0 & x \geq a^u \end{cases} \tag{2.22}$$

---

① 李朝阳、叶聪、沈圆顺：《基于模糊综合评判的地铁基坑施工风险评估》，《地下空间与工程学报》2014 年第 1 期。

② 陈宇、王娜、王晋东：《利用三角模糊数的语言变量项集减项算法》，《清华大学学报》（自然科学版）2017 年第 8 期。

③ 〔英〕皇家特许建造学会编著《大型复杂项目时间管理实用指南》，蓝毅译，中国建筑工业出版社，2018。

④ 梁保松、曹殿立：《模糊数学及其应用》，科学出版社，2007。

⑤ Laarhoven P M J V, Pedrycz W, "A Fuzzy Extension of Saaty's Priority Theory", *Fuzzy Sets and Systems*, Vol. 134, No. 13 (1983): 365-385.

则 M 称为三角模糊数，当 $a^l=a^m=a^u$ 时，M 是一个精确数。三角模糊数的分布如图 2-4 所示。

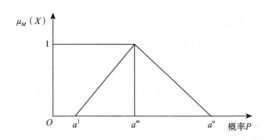

图 2-4　三角模糊数的分布

在风险概率估计中，a^l 是专家最悲观的估计值（三角模糊的下界），a^m 是专家最可能的估计值，a^u 是专家最乐观的估计值（三角模糊的上界）。a^u-a^l 表示模糊程度，其值越大，模糊度越高。[1]

2. 三角模糊数的运算规则

设 $M_1=\left(a^l,a^m,a^u\right)$ 和 $M_2=\left(b^l,b^m,b^u\right)$ 为两个三角模糊数，其算术运算法为[2]：

$$M_1+M_2=\left(a^l+b^l,a^m+b^m,a^u+b^u\right) \tag{2.23}$$

$$M_1\times M_2=\left(a^l\times b^l,a^m\times b^m,a^u\times b^u\right) \tag{2.24}$$

$$\lambda M_1=\left(\lambda a^l,\lambda a^m,\lambda a^u\right) \tag{2.25}$$

$$\frac{1}{M_1}=\left(\frac{1}{\alpha^l},\frac{1}{\alpha^m},\frac{1}{\alpha^u}\right) \tag{2.26}$$

$$\min\left(M_1,M_2\right)=\left[\min\left(a^l,b^l\right),\min\left(a^m,b^m\right),\min\left(a^u,b^u\right)\right] \tag{2.27}$$

$$\max\left(M_1,M_2\right)=\left[\max\left(a^l,b^l\right),\max\left(a^m,b^m\right),\max\left(a^u,b^u\right)\right] \tag{2.28}$$

---

① Oliveros, Adriana V. Ordóñez, Fayek A R, "Fuzzy Logic Approach for Activity Delay Analysis and Schedule Updating", *Journal of Construction Engineering and Management*, Vol. 131, No. 1 (2005): 42–51.

② 魏丹:《基于三角模糊数层次分析法的地铁施工风险评价指标体系研究》,《建筑安全》2017 年第 2 期。

五   本章小结

本章对城市快速路建设工期概念进行重新审视，提出基于狭义项目生命周期的城市快速路建设工期是指项目立项起至项目竣工交付使用为止的建设时间。通过对建设工期的预测、影响因素识别、合理性评价等方法的阐述与比较，提出采用基于专家经验估计工期风险，并结合定额工期法进行城市快速路建设工期合理性问题的研究。鉴于此，确定专家调查法作为城市快速路建设工期影响因素的识别方法，并辅以专家权威度系数法进行修正，以明确专家经验在工程项目管理中的重要性。选取层次分析法和熵权评价法作为城市快速路建设工期合理性的评价方法，在对城市快速路建设工期进行风险效度估计时，认为采用三角模糊数法更具有现实意义。

第三章　城市快速路建设工期
影响因素识别

　　城市快速路项目是为解决城市交通拥堵问题和方便市民快速出行而建设的线性工程，在一个城市里通常横跨两个以上的行政区域，是市级重点建设工程。城市快速路项目通常是永久性工程，具有不可逆特征，从项目构思立项起直至项目竣工交付使用，在整个项目建设全生命周期里，面临着很大的不确定性，任何潜在的影响因素都会直接或间接地影响项目的建设工期，导致工期延迟，交付使用日期推延，给社会造成极大的负面影响。传统的项目工期风险管理一直关注项目施工阶段的风险因子，而忽视了对整个项目全过程周期里的风险考量。在项目建设全过程周期中辨识风险和进行恰当的风险评估管理，是保证防范工期风险的必要条件。因此，全面、系统地识别项目建设工期风险因素，是合理预测建设工期、合理评价建设工期和工期风险评估管理的基础。

一　城市快速路建设工期风险识别原则及过程

（一）城市快速路建设工期影响因素识别原则

　　Sage 在《系统工程》中从项目全生命周期（FLC）的视角介绍风险，强调了从全生命周期角度考虑项目风险管理的重要性。[①] R. Chapman 指出风险识别过程的重要性，强调要正确识别项目风险，必须借助专家团队的

---

① Sage A P，*Systems Engineering for Risk Management*，New York：Wiley Press，1995.

经验方法。[①] Haimes 提出了好的风险分析要遵循全面广泛、基于实际、逻辑合理、实践的、容易评估的等十条标准判断。[②] 因此，在城市快速路建设工期影响因素的识别过程中，应遵循以下六个原则。

1. 基于狭义项目管理全生命周期原则

任何事物的发展均有内在和外在的影响因素，各因素之间存在一定的内在逻辑关系，它们之间既相互独立，又彼此联系，构成一个有机统一体。项目管理全生命周期内的不同阶段存在不同类型的风险因素，它们虽然会随着项目的不断进展而变化，但如果没有及早、充分地关注项目不同阶段的工期风险，就有可能会在项目后期扩大它们的影响。

2. 客观典型原则

影响事物发展的因素多而广，其影响程度和发生概率各有不同，选择考虑时不可能也没有必要面面俱到，应针对事物的特征，选择具有一定代表性且客观存在的风险因素。对城市快速路建设工期影响因素进行识别时，应结合工程特点和建设条件，遵循客观典型原则，确保能准确反映待评价项目的综合特征和数据计算的真实性。

3. 可比性原则

各个风险因素应内涵明确、特征独立，同时，在城市快速路建设工期影响因素的度量和计算标准上应具有一致性，便于多维度的比较与分析。

4. 可操作性原则

选取建设工期影响因素要符合城市快速路工程实际，要有利于数据的统计和计算。

5. 基于证据的风险评估原则

大多数大规模工程可用的系统数据库很少且信息有限，尤其是在项目构思、决策、策划、设计阶段。工程具体证据，尤其是建立在专家判断之上的证据的可靠性，对工程建设工期的有效风险管理是很关键的。

---

① Chapman R J, "The Controlling Influences on Effective Risk Identification and Assessment for Construction Design Management", *International Journal of Project Management*, Vol. 19, No. 3 (2001): 147-160.

② 〔美〕雅科夫·Y. 海姆斯：《风险建模、评估和管理》，胡平等译，西安交通大学出版社，2007。

6. 综合因素优先

若一个影响因素所具有的特性可概括多个影响因素所描述的特性，那么它就是其余几个影响因素的综合因素。构建城市快速路建设工期影响因素集要优先选择综合影响因素，以简化影响因素集的目的。

（二）城市快速路建设工期影响因素识别过程

影响因素识别不是简单地罗列每个可能发生的影响因素，而是要把对城市快速路建设工期可能产生影响的风险因子一一进行识别、分类和过滤，为后续的定性分析和定量分析奠定基础。从第一章的工期研究综述可知，针对城市快速路建设工期的影响因素识别的研究并不多，而对工期风险的研究更多是集中在对施工工期影响因素的识别与评价方面，未能针对项目建设全过程周期内的不同阶段进行分析与识别。因此，需要重新构建城市快速路建设工期风险识别的流程框架和辨识方法。

从上一章的影响因素识别方法的比较分析来看，目前对工期影响因素识别常用的方法是文献研究法、调查问卷法、案例研究法等，这些方法对城市快速路建设工期影响因素的识别是不够全面、系统的，可能会造成影响因素的缺失和遗漏，从而减弱识别效果，影响建设工期的预测和评价效果。城市快速路建设工期的影响因素涉及内部影响因素和外部影响因素，包含众多复杂的来自多方面因素的影响，需要系统性地从多方面进行全面影响因素识别，而等级全息模型（Hierarchical Holographic Modeling，HHM）提供了一个多方面多维度、多视角和多层级的分析工具，利用 HHM 去研究分析项目的整个系统，分析不同参与人、不同阶段、不同影响因素之间的相互关系，从而得到一个近乎完备的工期风险影响因子清单。[1]

随着工程规模和复杂性的日益增加，工程工期风险识别与评估管理已经超过了传统风险管理技术能力的范畴。而在某种程度上，项目复杂性进一步加深了风险管理的难度，也加大了风险的发生，使工程工期风险更难以识别、分析和管理。构建专家团队，借助于专家的工程系统结构和丰富的工程技术知识，将有助于项目建设工期风险的有效辨识。因此，本书对

---

[1]　颜功达、董鹏、余鹏、邵帅：《HHM 在舰船维修进度风险识别中的应用》，《舰船电子工程》2019 年第 2 期。

城市快速路建设工期影响因素的识别，首先是建立在相关文献资料研究的基础上，采用等级全息模型理论，建立城市快速路建设工期影响因素初步清单，然后通过专家问卷调查和专家权威度系数法，基于专家经验，进一步过滤建设工期风险因子，并对保留下来的建设工期影响因素进行专家量化评级和征询，最终确定建设工期影响因素集，具体识别过程如图 3-1 所示。

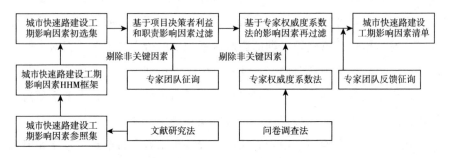

图 3-1 城市快速路建设工期影响因素识别过程

二 基于 HHM 城市快速路建设工期影响因素识别

（一）等级全息建模理论与适用性分析

1. 等级全息建模理论

等级全息模型是一种系统的思想和方法论，从多视角、多观点、多维度、多方面和多层级去捕捉和展现一个系统的内在不同特征和本质，把复杂系统逐级分解为多个子系统，每个子系统可以使用不同的分析框架模型，从而获得一个系统的、全方位的辨识风险来源的模型。HHM 已逐步被认同，并被应用到大型复杂项目的风险辨识领域，如国防基础设施项目、航空航天科技项目、大型水利设施项目等。[①]

等级全息模型中的"等级"是指在复杂系统的不同等级层面面临的风险。复杂系统本质上具有等级结构，基于不同决策者的视角，辨识风险

① 〔美〕雅科夫·Y.海姆斯：《风险建模、评估和管理》，胡平等译，西安交通大学出版社，2007。

的层级有所不同，不同层级的决策者需要关注的风险等级也有所不同，因此，为构建一个完整的 HHM 分析框架，风险分析团队成员需要来自各个不同层级。

等级全息模型中的"全息"则是指观察基于技术的复杂系统时，往往希望从多个视角和多个情境辨析风险源。不同视角的风险源包括但不限于政治、经济、技术、社会、环境、地理。为了获取一个全息的结果，风险辨识团队必须具有丰富的职业经验和专业知识。

将等级全息模型应用在项目风险辨识上，首先将一个项目划分成多个子系统，然后进一步细分每个子系统，子系统不仅可以是项目的组成部分，也可以是风险分析的对象或阶段。通过 HHM 框架，每个子系统可以使用不同的模型和情境辨识，当所有子系统的风险经过辨识后，就可以得到项目的整体风险清单。

因此，HHM 可以更便利地评估子系统的风险及其对整个系统风险的影响，尤其是在项目计划、设计阶段，对每一子系统风险建模和量化，使风险确定、量化和评估变得更加方便和有效。

2. HHM 的适用性分析

为了有效地识别风险因子和评估风险，必须尽可能地确定所有重要和相关的风险源。HHM 已被广泛应用于大规模的、复杂的、等级结构的系统建模，并证明是有用的、有效的，其应用价值在于可便利地识别子系统风险因素对整个系统风险的影响，能够充分考虑到项目或系统所涵盖的所有风险或不确定性因素，使风险识别建模变得直观、全面、可行，应用在项目或系统计划阶段的风险识别建模是最有意义的。[1]

本书对城市快速路建设工期的影响因素识别研究，是基于狭义项目建设全生命周期视角，在项目立项阶段或计划阶段，对涵盖前期项目构思和立项阶段、项目准备阶段、项目实施阶段和项目竣工交付使用阶段等四个不同时间所涉及的建设工期的影响因素进行全面有效的识别。建设工期的影响因素既有来自建设单位和施工单位的责任风险因素，也有来自政府部

---

[1] 〔美〕雅科夫·Y. 海姆斯：《风险建模、评估和管理》，胡平等译，西安交通大学出版社，2007。

门、设计单位、材料供应单位的影响因素；从影响因素的可控性来看，既有可控因素又有不可控因素；从系统性来看，既有项目内部的影响因素，又有来自项目外部的因素。因此，对城市快速路建设工期影响因素进行识别，需要一个多维度、多层级、多视角复杂系统的建模框架。

　　无论是城市快速路的改建还是新建，都面临着多方面的影响，社会影响面较广，在项目立项阶段或计划阶段，合理设置项目的建设工期将有利于项目的资源管理、成本控制与责任分配，提高项目的管理效率和社会效益。在项目实施阶段，做好工期风险评估和风险追踪，将有利于工期风险的控制，确保项目按期交付使用，以尽早发挥其建设功能，改善城市交通。就工程项目的工期风险因素识别而言，国内外对此的研究已不少，然而这些研究都比较笼统，不够具体，分析角度单一，因为工程项目大多建设周期长、投资大，涉及多个参与主体。如果仅从单一的视角分析，得出的风险因素可能是不够全面的，从而降低风险的评估与控制的效果。

　　综上，针对城市快速路建设工期影响因素的识别，利用 HHM 理论，构建识别框架是合适的、可行的，有利于便捷地获得全面、有效的建设工期影响因素。

（二）城市快速路建设工期影响因素的 HHM 辨识框架

1. 基于 HHM 城市快速路建设工期影响因素辨识框架设计

（1）城市快速路建设工期影响因素参照集构建

　　城市快速路建设工期影响因素的 HHM 识别框架拟采用头脑风暴法，通过业内专家、工程实践者和参与者来确定工期风险源。城市快速路建设投资规模大、牵涉范围广、涉及区域多、施工环境特殊、施工工艺复杂及多技术的交叉，使项目工期风险识别变得复杂。因此，为便于头脑风暴法的工作效率，本书首先构建城市快速路建设工期影响因素初步集，再通过专家头脑风暴法构建设工期风险 HHM 辨识框架。从第一章的文献综述可知，目前对全生命过程的城市快速路建设工期合理设置方面的研究相对缺乏，只能从与城市快速路具有显著共性的工程如高速公路、城市道路、城市地铁等工期风险识别的相关研究文献入手进行梳理。通过文献研究，本书汇总了 20 个影响因素，作为城市快速路建设工期影响因素参照集，如表 3-1 所示。

表 3-1　城市快速路建设工期影响因素参照集

序号	影响因素	文献来源
1	前期方案论证不足	罗维强（2007）、詹朝曦等（2017）
2	前期报批缓慢	罗维强（2007）、刘军等（2006）、刘洋（2018）、刘睿等（2007）、唐丹（2017）、巴廷延（2010）、周方明等（2011）、周琰（2014）、尚靖瑜（2014）、王爽（2012）、任琼琼（2017）
3	勘察不详	张丽丽（2017）、张云波（2003）、梁剑锋（2012）、陈锋（2010）、汪刘菲等（2015）、蔡丰（2007）、王家远（2006）、樊艳冬（2015）、赵辉（2014）、唐丹（2017）、周琰（2014）、张晓楠（2015）、李瀚文（2014）
4	施工准备不足	张云波（2003）、王兴元（1991）、陈锋（2010）、张丽文等（2012）、樊艳冬（2015）、尚靖瑜（2014）、李凡（2013）、李瀚文（2014）、张小云（2011）、任琼琼（2017）
5	设计进度安排不合理	王兴元等（1991）、陈锋（2010）、李凡（2013）、李瀚文（2014）
6	设计缺陷	张丽丽（2017）、田钰（2013）、罗维强（2007）、梁剑锋（2012）、王兴元等（1991）、刘军等（2006）、赵辉（2014）、唐丹（2017）、巴廷延（2010）、周琰（2014）、王爽（2012）、张晓楠（2015）、李瀚文（2014）、张小云（2011）、孙小宁（2016）、任琼琼（2017）、王秀增（2017）
7	组织管理协调不力	张丽丽（2017）、张云波（2003）、田钰（2013）、唐婕（2015）、罗维强（2007）、王兴元等（1991）、陈锋（2010）、汪刘菲等（2015）、蔡丰（2007）、刘军等（2006）、刘洋（2018）、唐丹（2017）、巴廷延（2010）、周方明等（2011）、周琰（2014）、王爽（2012）、张晓楠（2015）、李瀚文（2014）、张小云（2011）
8	甲供（控）材料不及时	张丽丽（2017）、张云波（2003）、田钰（2013）、项勇等（2014）、王兴元等（1991）、李万庆等（2007）、陈锋（2010）、张丽文等（2012）、汪刘菲等（2015）、张甲辉（2014）、李蒙（2012）、刘洋（2018）、刘睿等（2007）、赵辉（2014）、唐丹（2017）、巴廷延（2010）、周琰（2014）、李凡（2013）、王爽（2012）、李瀚文（2014）
9	建设资金不足	田钰（2013）、唐婕（2015）、王兴元等（1991）、汪刘菲等（2015）、蔡丰（2007）、李蒙（2012）、王家远（2006）、刘洋（2018）、杨诚（2016）、刘睿等（2007）、樊艳冬（2015）、赵辉（2014）、唐丹（2017）、巴廷延（2010）、陈岩（2006）、周琰（2014）、尚靖瑜（2014）、李万庆等（2007）、张甲辉（2014）、王爽（2012）、张晓楠（2015）、李瀚文（2014）、张小云（2011）、孙小宁（2016）、任琼琼（2017）、王秀增（2017）
10	施工进度缓慢	张丽丽（2017）、张丽文等（2012）、李凡（2013）

序号	影响因素	文献来源
11	合同纠纷	汪刘菲等（2015）、张甲辉（2014）、王家远（2006）、刘洋（2018）、赵辉（2014）、周方明等（2011）、周琰（2014）、尚靖瑜（2014）、李瀚文（2014）
12	总承包单位主动违约	张丽文等（2012）、张甲辉（2014）
13	竣工资料整理拖延	张丽丽（2017）、田钰（2013）、李万庆等（2007）、陈锋（2010）、张丽文等（2012）、刘军等（2006）、周方明等（2011）
14	验收整改拖延	王爽（2012）
15	自然环境不利影响	刘庆娟（2014）、张丽丽（2017）、田钰（2013）、唐婕（2015）、陈锋（2010）、张丽文等（2012）、罗维强（2007）、梁剑锋（2012）、蔡丰（2007）、刘睿等（2007）、张杰（2007）、樊艳冬（2015）、周方明等（2011）、周琰（2014）、尚靖瑜（2014）、李凡（2013）、王爽（2012）、张晓楠（2015）、李瀚文（2014）、张小云（2011）、孙小宁（2016）、任琼琼（2017）、王秀增（2017）
16	周边环境不利影响	刘庆娟（2014）、唐婕（2015）、唐丹（2017）、巴廷延（2010）、撖书培（2014）、王杨（2015）、王兴元等（1991）、张甲辉（2014）、蔡丰（2007）、李凡（2013）、张晓楠（2015）、李瀚文（2014）
17	征地拆迁不力	张甲辉（2014）、刘洋（2018）、樊艳冬（2015）、唐丹（2017）、李瀚文（2014）
18	社会性原因	刘庆娟（2014）、赵辉（2014）、唐丹（2017）、巴廷延（2010）、周方明等（2011）、尚靖瑜（2014）、王爽（2012）、张晓楠（2015）、李瀚文（2014）、张小云（2011）、孙小宁（2016）、任琼琼（2017）、王秀增（2017）
19	突发事故	张丽丽（2017）、田钰（2013）、唐婕（2015）、罗维强（2007）、汪刘菲等（2015）、张甲辉（2014）、刘洋（2018）、杨诚（2016）、樊艳冬（2015）、李凡（2013）、张晓楠（2015）、王秀增（2017）
20	不可抗力	张丽丽（2017）、田钰（2013）、项勇等（2014）、罗维强（2007）、陈锋（2010）、张丽文等（2012）、蔡丰（2007）、刘睿等（2007）、樊艳冬（2015）、赵辉（2014）、唐丹（2017）、陈岩（2006）、李凡（2013）、李瀚文（2014）

（2）基于证据的专家团队搭建

为高效实施 HHM 分析，需要构建城市快速路建设工期风险分析专家团队，团队成员必须来自不同层级，拥有广泛的职业经验和专业知识，同时还需要具备足够的统计知识和风险常识。本书邀请到五位专家组成 HHM 分析团队，其中两位分别是高校教授、硕士生导师，具备丰富的工程工期延误研究经历；两位是来自建设单位的教授级高工，长期从事市政工程建设的项目管理工作，具有丰富的工程实践经验；一位是来自施工单位的高工，从事市政工程施工管理二十五年，曾经历三个城市快速路的建设施工。

（3）城市快速路建设工期影响因素 HHM 识别框架

工程领域专家头脑风暴法是 HHM 风险辨识建模的有效方法。[①] 本书通过五人专家组分析团队，采用头脑风暴法，确定城市快速路的建设工期风险。经过专家们的"思维共振"，确定了十个子系统的工期风险识别框架：①项目相关者；②全生命周期；③可控性；④人为因素；⑤管理因素；⑥设备因素；⑦经济因素；⑧技术因素；⑨材料因素；⑩环境因素。[②] 如图 3-2 所示。

①项目相关者

城市快速路建设能够顺利进行，需要建设单位、代建单位、施工单位、设计勘察单位、监理单位、材料供应商和政府部门的共同努力、通力协作，甚至需要不同行政区域的政府职能部门的积极配合，如在项目用地的征迁工作方面。

②全生命周期

把城市快速路建设全生命周期当作一个整体，项目在前期阶段、项目施工阶段和项目竣工交付使用阶段的每个阶段里，都可能存在进度影响因素，影响本阶段的建设进度，进而影响整个建设工期。项目前期阶段主要包括项目立项、项目报批报建、项目方案论证、项目勘察设计、征地拆迁、"四通一平"、施工前准备等工作；项目施工阶段是指从项目正式破土开工到项目按设计要求完成合同施工任务；项目竣工交付使用阶段包括项目的试运行、项目竣工验收、交付前的准备及交付使用等。

③可控性

城市快速路建设工期影响因素众多且复杂，既有可控性的影响因素，又有不可控的影响因素，它们都直接或间接地影响工程项目的建设进度。可控性的影响因素是指人为的可以控制和改变的内部因素和外部因素，

---

① 〔美〕雅科夫·Y. 海姆斯：《风险建模、评估和管理》，胡平等译，西安：西安交通大学出版社，2007。

② 詹朝曦、王玉芳、祁神军、张进金、陈伟：《城市快速建设工期影响因素识别与对策》，《华侨大学学报》（自然科学版）2017 年第 6 期。

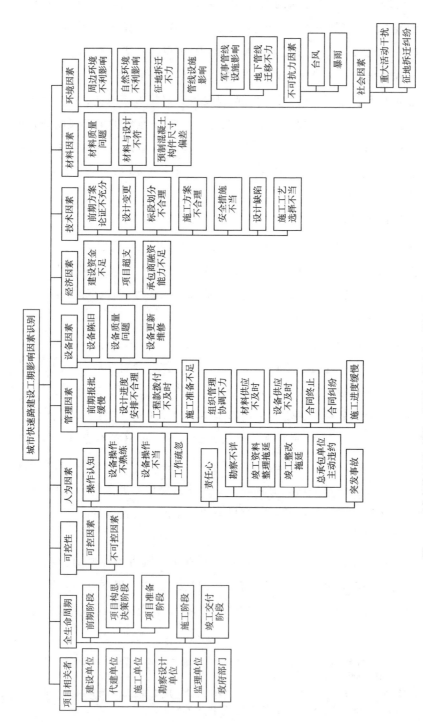

图3-2 城市快速路建设工期影响因素识别的HHM框架

如前期方案决策、项目报批报建、勘察设计、标段划分等；不可控的影响因素是指非人为的、不可控制或不是项目参与人可以控制改变的外部因素，如项目面临的征地拆迁不力、周边环境的不利影响、自然环境的不利影响、管线设施的限制因素等，还包括不可抗力影响因素（如地震、台风等）和社会重大活动的干扰、突发事故、征地拆迁纠纷等其他社会影响因素。

④人为因素

城市快速路在整个建设全过程周期里，其建设进度与不同单位不同人员在不同阶段参与工作的状态是密切相关的。参与人员的操作认知、工作的责任心和突发事故都会直接或间接地影响项目的建设进度，进而影响整个建设工期。操作认知包括设备操作不熟练、设备操作不当和工作疏忽等影响因素；工作人员的责任心包括勘察不详、竣工资料整理拖延、竣工整改拖延及合同方的主动违约等影响因素。

⑤管理因素

在项目建设全过程里，对建设工期产生影响的因素通常是管理组织过失或不当造成的。如前期手续报批缓慢、设计进度安排不合理、工程款拨付不及时、施工准备不足、组织管理协调不力、材料供应不及时、合同终止等因素。

⑥设备因素

施工设备质量问题、施工设备陈旧、设备未更新维修等，都会对项目施工工期产生某种程度的影响。

⑦经济因素

在经济层面上，可能会对城市快速路建设工期产生影响的因素有：建设资金不足、项目超支、承包商融资能力不足等。

⑧技术因素

城市快速路建设工期影响因素中源自技术因素的有方案论证、设计缺陷、设计变更、标段划分不合理、施工工艺选择不当、施工方案组织不当、安全措施不当等。

⑨材料因素

在项目施工期间，也可能是会由于材料质量问题、材料不符合设计施工要求、预制混凝土构件尺寸偏差等造成施工工期的偏差影响，进而影响项目的建设工期。

⑩环境因素

城市快速路在建设过程中，还会受到不同环境因素的影响，如城市快速路建设施工现场的周边环境不利、自然环境不利、项目用地的征地拆迁不力、管线设施的迁移影响、台风等不可抗力因素和重大社会活动的干扰及征地拆迁不当引起的社会纠纷等。

2. 基于HHM框架子系统的城市快速路建设工期影响因素辨识

基于HHM的城市快速路建设工期影响因素识别框架模型从不同视角、不同层次、不同维度对城市快速路建设工期影响因素进行了详细表征，在此基础上，可以通过迭代确定所有可能对建设工期产生影响的风险因素。

基于狭义项目建设全生命周期视角，项目建设工期划分为前期阶段、施工阶段和竣工交付使用阶段，三个不同建设阶段的工期影响因素不同，它们随着项目的内外环境的变化，在不同时间或不同程度影响建设工期；从风险源的可控性看，工期风险因子又可以划分为可控性影响因素和不可控性影响因素两类。因此，可从城市快速路的全过程周期和影响因素的可控性两个方面识别项目建设工期的影响因素，构建城市快速路建设工期影响因素的HHM框架识别模型，如图3-3所示。

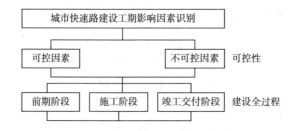

图3-3   城市快速路建设工期影响因素HHM框架识别模型

城市快速路建设工期影响因素识别也可以从项目的相关者（建设单位、代建单位、设计勘察单位、施工单位等）和人为因素（包括操作认知、责任心和突发事故等）两个方面的子系统构建城市快速路建设工期影响因素识别模型，还可以从项目建设全过程周期和管理因素层面两个子系统构建城市快速路建设工期影响因素识别模型，如图 3-4、图 3-5所示。

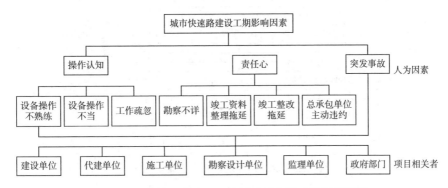

图 3-4 城市快速路建设工期影响因素子系统识别模型

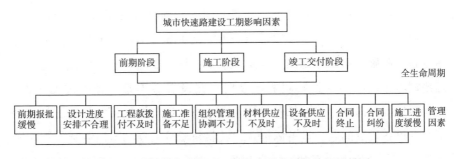

图 3-5 城市快速路建设工期影响因素子系统识别模型

3. 基于全生命周期的城市快速路建设工期影响因素初选清单

基于 HHM 城市快速路建设工期影响因素识别模型，从不同视角、不同维度和不同层次展现了城市快速路建设工期影响因素识别框架，不同的管理者可根据不同管理目标构建子系统识别模型，逐层解析建设工期影响因素。

本书是基于项目建设全过程周期的视角，立足第三方或建设单位，对城市快速路建设工期的合理性进行研究，因此，需要专家团队基于专家经验，从项目建设全过程周期视角、从系统内外影响因素的可控性及影响因素的不同类别构建城市快速路建设工期影响因素识别的 HHM 框架模型，如图 3-6 所示。

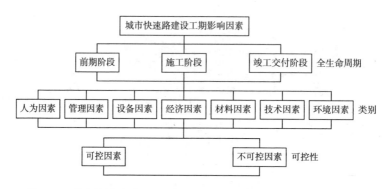

图 3-6 城市快速路建设工期影响因素多视角识别 HHM 框架模型

（1）基于狭义项目建设全生命周期和因素类别双视角识别

在项目前期阶段，城市快速路建设工期影响因素主要有：征地拆迁不力、地下管线迁移不力、前期方案论证不足、前期报批缓慢、勘察不详、标段划分不合理、设计进度安排不合理、施工准备不足 8 个影响因素；在项目施工阶段，影响工期的因素主要包括：设计缺陷、设计变更、组织管理协调不力、甲供（控）材料不及时、建设资金不足、施工进度缓慢、合同纠纷、合同终止、总承包单位主动违约、设备操作不熟练、设备操作不当、设备质量问题、设备陈旧、建筑材料质量问题、预制混凝土构件尺寸偏差、自然环境的不利影响、周边环境的不利影响、军事管线设施限制、社会性原因、不可抗力、突发事故 21 个影响因素；在项目竣工验收交付使用阶段，影响工期的因素主要包括竣工资料整理拖延和验收整改拖延。具体如表 3-2 所示。

表 3-2　基于狭义项目建设全生命周期和因素类别双视角工期影响因素识别

阶段	影响因素类别	原因描述
前期阶段	前期方案论证不足	对项目的投资环境和建设条件调研不足；对建设路线、建设等级、建设时序、技术方案、征地拆迁方案、管线迁移方案、地质水文条件等论证不足

续表

阶段	影响因素类别	原因描述
前期阶段	前期报批缓慢	项目报建、土地使用权证、土地规划许可证、设计审批、施工许可证等报批报建手续等前期手续报批缓慢，影响项目的启动时间
	勘察不详	水文地质资料不准确，地下文物资料不准确，勘查单位技术不足或工作不到位导致水文地质及地下文物、地下管线勘查不详
	标段划分不合理	在招标阶段，对不同标段的划分考虑不周或未能较好地考虑单项工程或单位工程之间的合理搭接和排序
	征地拆迁不力	项目用地征地拆迁不顺造成工期进度延迟
	设计进度安排不合理	设计单位缺乏有效的组织协调管理能力，导致工种之间衔接不合理、沟通不畅，影响设计进度的有效开展
	施工准备不足	准备时间短、开工急致使项目实施过程中实际情况与预先估计不符或实际困难超出了原先预想
	地下管线迁移不力	项目用地范围内地上、地下管线设施拆迁不顺，造成工期进度延迟
施工阶段	设计缺陷	设计人员缺乏城市快速路工程的设计经验，设计不合理、设计错漏等导致工期延误
	设计变更	由于设计缺陷、水文地质条件的改变、施工方案的改变、新技术的应用、业主单位提出新的需求导致设计变更
	施工进度缓慢	由于施工段的划分不合理、施工平面布置不合理、专项施工方案不合理、材料供应计划不合理、机械设备供应计划不合理、劳动力计划不匹配等导致的施工进度缓慢
	甲供（控）材料不及时	建设单位提供或者控制的材料不能按计划到位
	建设资金不足	由于建设单位原因引起的资金不能按计划到位
	总承包单位主动违约	总承包单位因经营管理不善而没有能力继续承建快速路导致的工期延误
	组织管理协调不力	由于参建主体之间的沟通协调不力或不顺造成工期进度延迟
	合同终止	项目合同双方的任一方符合合同约定的合同终止行为而被动终止合同，造成工期延迟
	合同纠纷	因合同纠纷造成工期延误
	设备操作不熟练	施工过程中由于工人对设备操作的不熟练，影响正常的劳动效率，造成工期延迟

续表

阶段	影响因素类别	原因描述
施工阶段	设备操作不当	施工工人设备操作不当，降低劳动效率，造成工期延迟
	设备质量问题	施工过程中由于设备质量问题，导致设备维修而降低劳动效率，造成工期延迟
	设备陈旧	因施工机械设备陈旧，导致工人劳动效率降低，造成工期延迟
	建筑材料质量问题	施工过程中购买的或甲控（供）材料质量出现问题，导致材料返回或返工，造成工期延迟
	预制混凝土构件尺寸偏差	施工过程中商购的预制混凝土构件尺寸出现偏差，导致安装效率降低或返工，造成工期延迟
	自然环境的不利影响	极端气候、复杂水文地质等造成的施工影响。比如台风多发季节、连续暴雨、酷暑等极端的气候影响工程施工的连续性；地质情况复杂，对基础施工的影响较大等项目面临自然环境的不利影响而导致工期延迟
	周边环境的不利影响	项目沿线与道路、铁路、立交桥等的交叉搭接，引起施工时间、工作面及交通流的限制
	军事管线设施限制	工程沿线存在军事管线设施的限制，造成工期延误或工程停工
	社会性原因	特殊节假日、重大社会活动等的交通管制、人员缺乏、施工干扰造成工期延误
	不可抗力	地震、台风、洪水、火灾、山体滑坡等不可抗力引起的工期延误
	突发事故	施工过程中人为行为导致的安全质量事故、施工事故（地下水涌、火灾、路面塌方、机械伤害等事故）、施工现场的交通事故及次生事故、大面积的停水停电等
竣工交付使用阶段	竣工资料整理拖延	施工单位编制竣工验收材料、备案材料计划不及时
	验收整改拖延	对竣工验收中发现的质量问题整改不到位、不及时

（2）基于项目建设全生命周期、可控性和因素类别的子系统识别

根据项目建设全生命周期内影响因素的可控性，项目建设工期的影响因素分为可控影响因素和不可控影响因素。把项目建设全生命周期、可控

性和因素类别等三个子系统相互迭代，最终得到 31 个建设工期影响因素的初步清单，如表 3-3 所示。

表 3-3　基于多视角的城市快速路建设工期影响因素初选集

可控性	建设工期影响因素	全过程周期
可控影响因素	前期方案论证不足	前期阶段
	前期报批缓慢	
	勘察不详	
	标段划分不合理	
	设计进度安排不合理	
	施工准备不足	
	设计缺陷	施工阶段
	设计变更	
	施工进度缓慢	
	甲供（控）材料不及时	
	建设资金不足	
	合同纠纷	
	组织协调不力	
	合同终止	
	总承包单位主动违约	
	设备操作不熟练	
	设备操作不当	
	设备质量问题	
	设备陈旧	
	建筑材料质量问题	
	预制混凝土构件尺寸偏差	
	竣工资料整理拖延	竣工交付使用阶段
	验收整改拖延	

续表

可控性	建设工期影响因素	全过程周期
不可控影响因素	征地拆迁不力（顺）	前期阶段
	管线设施迁移不力	
	自然环境的不利影响	施工阶段
	周边环境的不利影响	
	军事管线设施限制	
	社会性原因	
	不可抗力	
	突发事故	

可控影响因素是指人力可以控制和改变的内部因素和外部因素。项目前期阶段包括前期方案论证不足、前期报批缓慢、标段划分不合理、勘察不详等 6 个可控影响因素；项目施工阶段包括设计缺陷、设计变更、施工进度缓慢、甲供（控）材料不及时、建设资金不足、合同纠纷、组织协调不力、合同终止、总承包单位主动违约、设备操作不熟练、设备操作不当、设备质量问题、设备陈旧、建筑材料质量问题、预制混凝土构件尺寸偏差 15 个可控影响因素；项目竣工交付使用阶段包括竣工资料整理拖延、验收整改拖延等两个可控影响因素，在项目管理全生命周期内，共有 23 个可控影响因素。

不可控影响因素是指人力不可控制或改变的外部因素。项目前期阶段包括征地拆迁不力（顺）、管线设施迁移不力两个不可控影响；项目施工阶段包括自然环境的不利影响、周边环境的不利影响、军事管线设施限制、社会性原因、不可抗力和突发事故 6 个不可控影响因素，在项目建设全生命周期内，共有 8 个不可控影响因素。

三　城市快速路建设工期影响因素过滤

RFRM 是一个风险过滤、评级和管理的方法论框架，从不同角度辨识、分割、评级和管理风险，它通常通过八个基本流程，采用定性分析和定量分析相结合的方法，得到复杂系统内重要风险源清单。而 RFRM 的项目风险管理通常缩减为五个流程：①基于决策者情境过滤；②双重标准过滤；③多重标准过滤；④量化评级；⑤依赖性分析。[①] 本书借用 RFRM 法，通过基于专家意见的定性分析和定量分析，对城市快速路建设工期影响因素进行过滤、评级，以最终获得建设工期关键影响因素集。

（一）基于决策者情境迭代过滤

通过 HHM 框架的子系统情境风险辨识，容易产生过量风险源，需要进一步过滤。过滤依据是在项目前期策划阶段或项目立项阶段，对建设工期的设置主要基于建设单位甚至是政府主管部门的利益和职责考虑，过滤采用基于专家经验的征询方法。

1. 征询专家团队构成

专家团队成员共九人，在前期五人专家团队的基础上再增加四名专家，其中一名是本人的博士生导师、国家高层次留学归国人才、特聘教授、英国皇家测量协会 RICS 会员；一名是来自厦门市建设局项目建设督查处的高工，主要督导重点项目各责任单位，协调业主（代建）单位推进重点项目建设工作，督促重点项目实施过程中征地拆迁、管线迁改工作，熟悉城市快速路建设；另两名是分别来自城市快速路代建单位的项目负责人和监理单位的项目负责人，他们均拥有丰富的城市快速路建设项目管理经验。专家团队成员结构合理，具有丰富的职业经验、专业知识、统计知识和风险常识，如图 3-7 所示。

2. 影响因素迭代过滤

通过 HHM 框架的多视角辨识得到建设工期影响因素初选集，采用面对面的征询方式，向九人组的专家反复迭代、征询，对工期影响因素初选集的 31 个影响因素做进一步过滤。根据最终的专家组反馈意见和建议，过滤了 15 个城市快速路建设工期的影响因素，其中包括前期阶段的两个影响因素、施工阶段的 13 个影响因素，保留了 16 个影响因素。

（1）前期阶段过滤的影响因素

前期阶段过滤的影响因素分别是设计进度安排不合理和施工准备不足，理由是：城市快速路建设项目是线状工程，与房建工程相比，其工程

---

① Haimes Y Y, Kaplan S, Lambert J H, "Risk Filtering, Ranking, and Management Framework Using Hierarchical Holographic Modeling", *Risk Analysis*, Vol. 22, No. 2 (2002): 383-397.

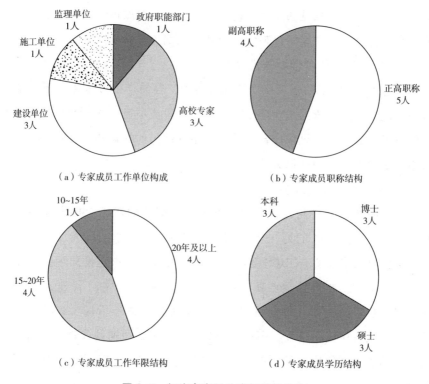

（a）专家成员工作单位构成   （b）专家成员职称结构

（c）专家成员工作年限结构   （d）专家成员学历结构

图3-7 征询专家团队成员结构分布

设计流程相对简单，易于安排，通常不影响工期进度；在施工准备方面，由于线状工程有严格的工序流程，施工准备周期相对较长且简易，因此对工期的影响较小。

（2）施工阶段过滤的影响因素

施工阶段被迭代过滤的影响因素相对较多，主要是设计变更、施工进度缓慢、甲供（控）材料不及时、建设资金不足、合同纠纷、合同终止、总承包单位主动违约、设备操作不熟练、设备操作不当、设备质量问题、设备陈旧、建筑材料质量问题和预制混凝土构件尺寸偏差13个影响因素。剔除设计变更的原因是，专家认为在城市快速路建设项目中设计变更通常是由于设计缺陷造成的，设计变更与设计缺陷两个影响因素在某种程度上重叠；过滤甲供（控）材料不及时、建设资金不足的原因，则是由于城市快速路建设项目是广大市民所重点关注的民生项目，通常是列为政府的重点工程项目，在建设资金上和甲供（控）材料的供应上通常不会出现影响工期的问题；对施工进度缓慢、合同纠纷、合同终止和总承包单位主动违约 4 个影响因素，专家认为在理论上这四个工期风险是存在的，但在项目实践中不常见——尤其是在施工招标中废除最低价中标后——故建议删除；设备操作不熟练、设备操作不当、设备质量问题、设备陈旧、建筑材料质量问题和预制混凝土构件尺寸偏差 6 个因素是施工机械设备和建筑材料质量问题，属于施工单位的工期风险管控问题，其可以通过加强自身内部管理而避免，在项目实践中即使有个别出现，也会通过内部的调整避免工期延迟，因此，站在项目建设单位的视角，建议删除过滤。

　　在专家对 HHM 框架的反复迭代、征询后，城市快速路建设工期影响因素剩下了 16 个，如表 3-4 所示。在此基础上设计问卷调查表，再进行尽可能广泛的专家问卷调查，并利用专家权威度系数法做进一步的风险源过滤。

表 3-4　城市快速路建设工期影响因素初选集

可控性	建设工期影响因素	全过程周期
可控影响因素 （K_1）	前期方案论证不足（K_1Q_1）	前期阶段（Q）
	前期报批缓慢（K_1Q_2）	
	标段划分不合理（K_1Q_3）	
	勘察不详（K_1Q_4）	
	设计缺陷（K_1S_1）	施工阶段（S）
	组织协调不力（K_1S_2）	
	竣工资料整理拖延（K_1J_1）	竣工交付使用阶段（J）
	验收整改拖延（K_1J_2）	
不可控影响因素 （K_2）	征地拆迁不力（顺）（K_2Q_1）	前期阶段（Q）
	管线设施迁移不力（K_2Q_2）	
	军事管线设施限制（K_2S_1）	施工阶段（S）
	自然环境的不利影响（K_2S_2）	
	周边环境的不利影响（K_2S_3）	
	社会性原因（K_2S_4）	
	不可抗力（K_2S_5）	
	突发事故（K_2S_6）	

（二）基于专家权威度系数法建设工期影响因素过滤

1. 问卷设计与发放

（1）问卷设计

为进一步过滤城市快速路建设工期的影响因素，本书的过滤方法采用半结构的专家问卷调查法。问卷调查法也是项目工期影响因素研究中采用最为普遍和常用的方法之一，其优势在于能快速有效地收集所需的数据、信息，在调查访谈中能及时修正、纠偏，同时，它的运用成本相较于其他方法不高、对受访者的干扰较小。[①]

①问卷设计原则

为确保访谈的信度和效度，本书的调查问卷设计遵循以下基本原则：一是简单明了原则，即问题直接、概念明确、用词中性规范，以便于受访者的回答；二是问卷适量原则，避免受访者厌烦而应付；三是尊重隐私原则，设计问卷尽量避免涉及受访者个人隐私问题，以免受访者抵触；四是五点式量表原则，影响因素量表设计采用李克特（Likert Scale）五点式量表，以便于受访者适度比较考量和选择。

②问卷设计

经过前期专家迭代、征询并过滤后，保留了16个城市快速路建设工期影响因素。在此基础上设计专家问卷调查表。

问卷调查表结构分为四部分：一是前言，主要是说明问卷意图和目的、隐私保护承诺等；二是问卷说明，包括问卷内容和结构的说明、五点量表的说明等；三是城市快速路建设工期影响因素的测量量表；四是受访者背景资料。问卷调查表详见附录A。

③量表设计

虽然专家具有一定的职业经验和专业知识、统计知识和风险常识，但为便于专家直接打分，先设计不同等级和工期风险效度。工期风险效度是由建设工期影响因素发生的可能性大小与该影响因素发生后对工期的影响程度进行相乘后得到的。[②] 同时，借鉴Roland等提出的风险严重等级矩阵

---

①　陈晓萍、徐淑英、樊景立：《组织与管理研究的实证方法》，北京大学出版社，2008。

②　侯学良、王毅：《工程项目管理理论与应用》，科学出版社，2017。

模型，把风险效度等级由低到高依次分为低风险、较低风险、中风险、高
风险和极高风险①，并分别对应赋值为 1、2、3、4 和 5，如图 3-8 所示。
然后再由专家针对每个建设工期影响因素，根据其工期风险效度直接
打分。

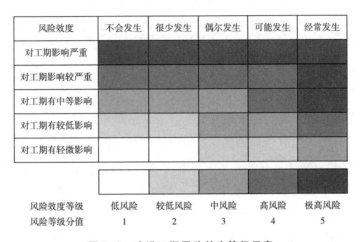

图 3-8　建设工期风险效度等级示意

（2）问卷发放与回收

专家问卷调查的运用效果不仅取决于问卷调查的设计合理度，也取决
于专家对象的合理选择。

①问卷调查对象选择

本书所做的城市快速路建设工期影响因素访谈问卷调查的对象包括市
政工程类相关单位从业人员和少部分高校科研人员，涵盖的行业主要是道
路桥梁、市政类，地域分布包括北京、上海、深圳、广州、武汉、郑州、
西安、珠海、福州和厦门等地。

②问卷调查方式与发放回收情况

本次问卷调查于 2016 年 5 月至 2016 年 8 月进行，采用电子邮件和实
地走访相结合的形式，对省外区域的企业采用事先发送电子邮件的方式，
省内访谈对象采用实地走访形式。本次调查共发放问卷 100 份，收回有效

---

① Harold E. Roland, *System Safety Engineering and Management*, New York: Wiley Press, 1990.

问卷 73 份。

2. 基于专家权威度系数法的建设工期影响因素过滤

（1）问卷数据分析方法选择

问卷数据分析方法很多，有对于回收的数据进行描述性统计分析、Cronbach'a 信度系数分析、探索性因子分析、验证性因子分析、结构方程模型分析等方法。本书研究对象是城市快速路建设工期，鉴于研究对象的特殊性和项目时间管理的复杂性，需要注重工程经验丰富程度或工程经历时间长短，因此，选用专家权威度系数法进行问卷筛选是合适的。

（2）权威性有效问卷的筛选

基于专家的证据与专家的权威性背景是呈正相关的，专家背景的权威度系数越高，表明其征询的意见越权威越趋于工程实际。因此，有必要对回收的 73 份有效问卷采用专家权威度系数法进行问卷筛选。根据专家权威度系数计算式（2.7），计算专家的判断系数 C_A，再按式（2.8）计算每个专家的专家权威度系数（C_r）。经过对专家权威度系数的计算，筛选出 20 份专家权威度系数大于等于 0.7 的专家问卷，这 20 份有效问卷的计算结果如表 3-5 所示。

（3）基于专家权威度系数法的建设工期影响因素过滤

①计算专家权威度系数权重

根据专家权威度系数值，采用权重统计法，计算各专家的权威度系数权重 W_j，计算结果见表 3-5。

②计算各影响因素的工期风险效度加权值和满分频率

按照式（2.9）和式（2.10），分别计算各影响因素的工期风险效度的加权均值 M_j 和满分频率 E_j，结果如表 3-6 所示。工期影响因素风险效度均值、满分频率值越大，其重要性越大。

③计算专家协调系数

专家意见的协调程度用变异系数 V_j 来表示，按照式（2.11）计算各影响因素的变异系数 V_j，计算结果如表 3-6 所示。影响因素的变异系数 V_j 越小，表明专家对该影响因素的评价分歧越小，即专家对该影响因素的评判意见的协调程度越高。

表 3-5　调查问卷表专家权威系数计算

专家编号	工作单位	专业	学历	工作年限	职称	理论分析系数	实践经验系数	行业同行了解系数	直觉系数	专家判断系数 C_A	熟悉程度系数 C_s	专家权威度系数 C_r	专家权威度权重 W_j
1	建设单位	桥梁	本科	16~20年	高工	0.2	0.5	0.1	0.1	0.9	0.7	0.800	0.0479
2	政府部门	其他	本科	21年以上	高工	0.2	0.5	0	0.1	0.8	0.9	0.850	0.0509
3	施工单位	桥梁	本科	21年以上	高工	0.2	0.5	0.1	0.1	0.9	0.9	0.900	0.0539
4	施工单位	市政	本科	21年以上	高工	0.2	0.5	0.1	0.1	0.9	0.9	0.900	0.0539
5	施工单位	市政	本科	21年以上	高工	0.2	0.5	0.1	0.1	0.9	0.9	0.900	0.0539
6	建设单位	市政	本科	16~20年	中级	0.2	0.4	0.1	0.1	0.8	0.7	0.750	0.0449
7	招投标部门	房建	博士	16~20年	助理工程师	0.3	0.5	0.05	0.1	0.95	0.7	0.825	0.0494
8	施工单位	道路	本科	21年以上	高工	0.2	0.5	0.1	0.1	0.9	0.9	0.900	0.0539
9	科研院所	桥梁	博士	11~15年	中级	0.3	0.4	0.1	0.1	0.9	0.5	0.700	0.0419
10	建设单位	房建	本科	16~20年	高工	0.2	0.5	0.05	0.1	0.85	0.7	0.775	0.0464
11	建设单位	房建	大专	21年以上	中级	0.1	0.5	0.05	0.1	0.75	0.9	0.800	0.0479
12	其他	其他	大专	21年以上	中级	0.1	0.5	0	0.1	0.7	0.9	0.800	0.0479
13	建设单位	房建	本科	21年以上	高工	0.2	0.5	0.05	0.1	0.85	0.9	0.875	0.0524
14	施工单位	房建	本科	21年以上	中级	0.2	0.5	0.05	0.1	0.85	0.9	0.875	0.0524
15	建设单位	市政	硕士	21年以上	高工	0.3	0.5	0.1	0.1	1	0.9	0.950	0.0569
16	建设单位	市政	硕士	16~20年	高工	0.3	0.5	0	0.1	1	0.7	0.850	0.0509
17	建设单位	其他	本科	21年以上	高工	0.2	0.5	0.1	0.1	0.8	0.9	0.850	0.0509
18	建设单位	市政	本科	11~15年	高级	0.2	0.5	0.1	0.1	0.9	0.5	0.700	0.0419
19	施工单位	其他	本科	21年以上	高级	0.2	0.5	0	0.1	0.8	0.9	0.850	0.0509
20	施工单位	桥梁	硕士	16~20年	高级	0.3	0.5	0.1	0.1	1	0.7	0.850	0.0509

表 3-6　基于专家权威度系数的影响因素过滤计算

专家编号	前期方案论证不足	前期报批缓慢	标段划分不合理	勘察不详	设计缺陷	组织管理协调不力	竣工资料整理拖延	验收整改拖延	征地拆迁不力（顺）	地下管线迁移不力	军事管线设施限制	自然环境的不利影响	周边环境的不利影响	社会性原因	不可抗力	突发事故
1	5	3	1	3	2	4	1	1	4	5	3	1	4	1	3	2
2	4	2	1	4	3	2	2	2	5	5	5	5	4	1	2	1
3	4	2	3	3	4	3	2	1	5	4	4	1	3	1	3	2
4	5	4	2	4	2	4	3	3	5	5	4	3	3	2	3	2
5	4	4	3	3	3	3	2	2	4	4	4	2	3	2	3	2
6	5	4	3	2	3	2	1	2	2	4	2	2	3	2	3	4
7	2	3	3	3	4	4	3	3	4	2	4	2	3	2	3	1
8	5	4	4	5	5	4	3	3	4	4	4	3	5	2	2	3
9	3	3	3	3	3	4	3	3	3	3	3	3	2	3	3	3
10	4	2	1	3	3	4	1	2	4	3	3	3	3	1	2	2
11	5	4	3	3	4	3	3	3	4	5	5	4	4	2	3	3
12	4	4	4	4	4	4	4	3	5	4	4	4	4	3	2	3
13	5	4	4	4	4	4	2	2	5	4	4	3	3	2	2	3
14	5	4	3	4	4	3	1	2	5	4	2	2	4	2	3	3
15	5	5	5	5	5	4	2	2	4	3	4	4	4	3	3	4
16	2	4	4	5	4	4	3	5	5	5	4	4	5	3	2	4

续表

专家编号	前期方案论证不足	前期报批缓慢	标段划分不合理	勘察不详	设计缺陷	组织管理协调不力	竣工资料整理拖延	验收整改拖延	征地拆迁不力（顺）	地下管线迁移不力	军事管线设施限制	自然环境的不利影响	周边环境的不利影响	社会性原因	不可抗力	突发事故
17	4	3	4	3	4	4	3	2	4	4	3	3	2	3	3	3
18	5	5	3	3	4	3	2	2	4	4	3	4	3	4	2	3
19	5	5	4	4	4	5	5	4	5	5	4	2	4	2	2	1
20	3	2	1	3	3	5	2	2	4	4	5	4	4	3	2	2
加权均值 M_j	4.2096	3.5554	2.9746	3.5869	3.6183	3.5689	2.3563	2.3982	4.2815	4.0584	3.6273	3.0479	3.5225	2.1841	2.5539	2.5434
满分频率 E_j	0.5000	0.1500	0.0500	0.1500	0.1000	0.1000	0.0500	0.0500	0.4000	0.3000	0.1500	0.0500	0.1000	0.0000	0.0000	0.0000
标准差	0.9798	0.9734	1.1611	0.8047	0.8020	0.8103	1.0897	0.9631	0.7671	0.8047	0.9169	1.0712	0.8184	0.8154	1.0231	0.9258
变异系数 V_j	0.2328	0.2738	0.3903	0.2243	0.2217	0.2270	0.4625	0.4016	0.1792	0.1983	0.2528	0.3515	0.2323	0.3733	0.4006	0.3640
影响因素编号	K_1Q_1	K_1Q_2	K_1Q_3	K_1Q_4	K_1S_1	K_1S_2	K_1J_1	K_1J_2	K_2Q_1	K_2Q_2	K_2S_1	K_2S_2	K_2S_3	K_2S_4	K_2S_5	K_2S_6

④影响因素或指标筛选

基于专家对各影响因素的工期风险效度定量评级，在专家权威度系数法的基础上，采用界值法进行建设工期影响因素过滤筛选。在前面计算出来的各影响因素加权均值和满分频率值的基础上，再计算它们各自的均值和标准差，然后按照"界值＝均值－标准差"分别计算加权均值和满分频率值的界值。而各影响因素的变异系数的界值则按照"界值＝均值＋标准差"计算，计算结果如表3-7所示。

表3-7　影响因素筛选界值计算

参数	均值	标准差	界值
加权均值（M_j）	3.2555	0.6860	2.5695
满分频率（E_j）	0.1344	0.1457	0.0113
变异系数（V_j）	0.2992	0.0899	0.3891

按照影响因素的筛选规则，各影响因素的加权均值、满分频率得分高于界值且各影响因素的变异系数得分低于界值的保留，反之则剔除。从表3-6和表3-7的计算结果来看，有10个影响因素的工期风险效度评级的加权均值、满分频率均超过界值2.5695、0.0114，同时其变异系数也均低于界值0.3891，表明专家对保留这10个影响因素的评判意见是一致的，按加权均值大小依次为：征地拆迁不力（顺）（K_2Q_1）、前期方案论证不足（K_1Q_1）、地下管线迁移不力（K_2Q_2）、军事管线设施限制（K_2S_1）、设计缺陷（K_1S_1）、勘察不详（K_1Q_4）、组织管理协调不力（K_1S_2）、前期报批缓慢（K_1Q_2）、周边环境的不利影响（K_2S_3）和自然环境的不利影响（K_2S_2）；标段划分不合理（K_1Q_3）的加权均值和满分频率均高于界值，但其变异系数为0.3903，大于界值0.3891的要求，表明专家对该影响因素意见有分歧，需要进一步修正；虽然竣工资料整理拖延（K_1J_1）和验收整改拖延（K_1J_2）两个影响因素的满分频率高于界值，但加权均值低于界值，其变异系数也高于界值，说明对这两个影响因素的评判意见不协调，因此这两个影响因素也需要进一步讨论与修正；不可抗力（K_2S_5）影响因素的加权均值和满分频率低于界值，表明应剔除，但其变

异系数却高于界值，为慎重起见，也列入进一步讨论范围；社会性原因（K_2S_4）和突发事故（K_2S_6）这两个影响因素的加权均值、满分频率和变异系数均符合剔除的界值要求，说明专家对剔除这两个建设工期影响因素的认识是一致的。

⑤结果反馈修正

选择填写这 20 份有效问卷的专家，即专家权威度系数超过 0.7 的问卷专家进行进一步的沟通反馈，以最终达到修正的目的。经过与 20 位专家的反复沟通讨论，最后达成一致意见。

第一，保留标段划分不合理。因为在项目招标前如果不能很好地考虑工序衔接和自然环境及周边环境对工程进度的影响，就会产生标段划分的不合理，从而影响整个项目的建设工期。因此，建议保留标段划分不合理（K_1Q_3）影响因素。

第二，保留竣工资料整理拖延和验收整改拖延。虽然竣工资料整理拖延（K_1J_1）、验收整改拖延（K_1J_2）的平均值均不符合要求，但在工程实践中，施工单位的主观认识经常会影响项目竣工验收工作的快速推进，导致工程交付使用延迟现象普遍存在，因此，应引起足够的重视，专家建议予以保留。

第三，剔除不可抗力。虽然不可抗力（K_2S_5）造成的后果是严重的，但发生的可能性非常小，同时从项目决策者的职责和利益的角度考虑，建议剔除。

⑥城市快速路建设工期影响因素过滤结果

综上，经专家定量评级、反馈后，最终得到了 13 个城市快速路建设工期的影响因素，如表 3-8 所示。在建设工期风险效度图中，可以用深黑色线作为保留工期风险源的临界线，如图 3-9 所示。

表 3-8　城市快速路建设工期影响因素集

可控性	建设工期影响因素	全过程周期
可控影响因素（K_1）	前期方案论证不足（K_1Q_1）	前期阶段（Q）
	前期报批缓慢（K_1Q_2）	
	标段划分不合理（K_1Q_3）	
	勘察不详（K_1Q_4）	

续表

可控性	建设工期影响因素	全过程周期
可控影响因素（K_1）	设计缺陷（K_1S_1）	施工阶段（S）
	组织管理协调不力（K_1S_2）	
	竣工资料整理拖延（K_1J_1）	竣工交付使用阶段（J）
	验收整改拖延（K_1J_2）	
不可控影响因素（K_2）	征地拆迁不力（顺）（K_2Q_1）	前期阶段（Q）
	地下管线迁移不力（K_2Q_2）	
	军事管线设施限制（K_2S_1）	施工阶段（S）
	自然环境的不利影响（K_2S_2）	
	周边环境的不利影响（K_2S_3）	

风险效度	极少发生	很少发生	偶尔发生	可能发生	经常发生
对工期影响严重				K_2Q_1	
对工期影响较严重			K_2Q_2	K_1Q_1	
对工期有中等影响	K_2S_5	K_2S_3	K_1S_2 K_1Q_4		
对工期有较低影响	K_2S_4 K_2S_6	K_2S_2 K_1Q_3	K_2S_1	K_1Q_2 K_1S_1	
对工期有低影响				K_1J_1 K_1J_2	

风险效度等级	低风险	较低风险	中风险	高风险	极高风险
风险等级分值	1	2	3	4	5

图3-9　基于建设工期风险效度过滤影响因素

四　本章小结

本章基于前文确定的城市快速路建设工期影响因素识别方法，依据城市快速路狭义项目管理全生命周期的理论内涵和现有研究文献，结合影响因素识别原则，设计影响因素的识别过程，通过专家调查法，获得较为完善的城市快速路建设工期影响因素集，为城市快速路建设工期的合理预测与评价奠定了基础。

首先，在文献研究的基础上，运用 HHM 理论构建城市快速路建设工期影响因素识别构架，通过专家团队的反复迭代，获得影响因素初步清单集，其中可控影响因素 23 个，不可控影响因素 8 个，共 31 个建设工期影响因素。在此基础上，应用 RFRM 法和专家权威度系数法，对初选因素集进行过滤、评级和反馈修正，最终获得了 13 个建设工期影响因素，其中，前期阶段包含前期方案论证不足、前期报批缓慢、标段划分不合理和勘察不详四个可控因素及征地拆迁不力、地下管线迁移不力两个不可控因素；施工阶段包括设计缺陷、组织协调不力两个可控因素和军事管线设施限制、自然环境的不利影响、周边环境的不利影响 3 个不可控因素；竣工交付使用阶段包括竣工资料整理拖延、验收整改拖延两个可控因素。

第四章 城市快速路建设工期预测
模型构建

一 城市快速路建设工期影响因素的权重及三角模糊数计算

结合上一章研究得出的城市快速路建设工期影响因素,以及本书第二章对影响因素权重计算方法的分析,本节研究采用熵权法和三角模糊数法计算各影响因素对建设工期的影响程度。

(一) 基于熵权法的建设工期影响因素权重计算模型

采用熵权法计算城市快速路建设工期影响因素权重的步骤如下。

第一步:计算第 i 个专家对第 j 个影响因素评估值的比重 P_{ij}。

$$p_{ij} = r_{ij} \Big/ \sum_{i=1}^{m} r_{ij} \tag{4.1}$$

第二步:计算第 j 个影响因素的熵值 e_j。

$$e_j = -k \sum_{i=1}^{m} p_{ij} \cdot \ln p_{ij} \tag{4.2}$$

其中, $k = 1/\ln m$。

第三步:计算第 j 个影响因素的熵权 w_j。

$$w_j = (1 - e_j) \Big/ \sum_{j=1}^{n} (1 - e_j) \tag{4.3}$$

(二) 基于三角模糊数建设工期影响因素的工期风险效度计算模型

1. 三角模糊数语言值

根据三角模糊数法,专家在现实工程中对风险进行评价时,常为具体打分疑惑，如针对某一风险因素评分，究竟是打"1分""2分"还是均可，不能具体明确。从实践经验来看，专家更倾向于"风险高""风险极高"等描述性更强的语言变量。语言变量是采用自然语言形式表达的词组或句子对变量进行赋值，采用模糊集来定义语言变量，是描述变量的一种近似表示方法。

根据城市快速路建设工期影响因素发生的风险效度等级标准，结合调查问卷的李克特五分制评分法，本书使用语言变量集合｛低风险，较低风险，中风险，高风险，极高风险｝来表示影响因素发生的工期风险效度模糊数的语言评价，以｛Ⅰ、Ⅱ、Ⅲ、Ⅳ、Ⅴ｝符号来对应，专家评判影响因素的工期风险效度时依据此语言值集进行评判。[①] 语言变量集合｛Ⅰ、Ⅱ、Ⅲ、Ⅳ、Ⅴ｝与对应的模糊数如下表4-1所示。

表4-1　三角模糊数的语言值对应

等级	1	2	3	4	5
可能性	低风险	较低风险	中风险	高风险	极高风险
语言值	Ⅰ	Ⅱ	Ⅲ	Ⅳ	Ⅴ
工期风险效度模糊数值	<0.0001	0.0001~0.001	0.001~0.01	0.01~0.1	>0.1

2. 模糊数的归一化

根据模糊集理论，假设每位专家的权重相同，则专家评分结果经加权后，可得到建设工期各影响因素的工期风险效度值，再将其转化为等腰三角模糊数。

3. 基于三角模糊数城市快速路建设工期影响因素的工期风险效度计算

假设：有 m 个访谈专家，n 个城市快速路建设工期影响因素，l_{ij} 表示第 i 个专家对第 j 个影响因素的最乐观估计三角模糊数；z_{ij} 表示第 i 个专家对第 j 个影响因素的最可能估计三角模糊数；b_{ij} 表示第 i 个专家对第 j 个影响因素的最悲观估计三角模糊数。则基于三角模糊数的建设工期影响因素

---

① 黄兴玲、曾广武、黎庆芬：《船舶下水安全性评估的模糊故障树方法》，《中国舰船研究》2006年第3期。

的工期风险效度计算步骤如下。

（1）计算各建设工期影响因素在各专家评估的工期风险效度三角模糊数

$$l_j = \sum_{i=1}^{m} l_{ij}/m \tag{4.4}$$

$$z_j = \sum_{i=1}^{m} z_{ij}/m \tag{4.5}$$

$$b_j = \sum_{i=1}^{m} b_{ij}/m \tag{4.6}$$

其中，$i = 1, 2\cdots, m$；$j = 1, 2\cdots, n$。

（2）计算建设工期影响因素基于专家评估的工期风险效度三角模糊加权值

$$L_j = w_j \cdot l_j \tag{4.7}$$

$$Z_j = w_j \cdot z_j \tag{4.8}$$

$$B_j = w_j \cdot b_j \tag{4.9}$$

其中，w_j 为第 j 个影响因素的熵权。

（3）计算城市快速路建设工期影响因素的总工期风险延迟程度三角模糊值

最乐观估计：

$$\alpha = \sum_{j=1}^{n} L_j \tag{4.10}$$

最可能估计：

$$\beta = \sum_{j=1}^{n} Z_j \tag{4.11}$$

最悲观估计：

$$\gamma = \sum_{j=1}^{n} B_j \tag{4.12}$$

二　城市快速路建设前期工期预测模型

(一) 模型假定

由上一章的研究结果可知，对城市快速路建设前期阶段的工期产生影响的因素有：前期方案论证不足、征地拆迁不力（顺）、前期报批报建缓慢、设计缺陷、勘察不详、标段划分不合理、军事管线设施限制和地下管线迁移不力等影响因素。城市快速路建设前期阶段的工作主要包括项目可行性研究批复、项目用地批复、项目征地拆迁、项目报建、项目勘察设计招标、项目勘察设计、项目设计审查报批和施工招标等工作。

为便于建设工期预测和合理性评价，本书的项目前期阶段以项目立项为起点。建设工期影响因素对项目前期阶段工作进度的影响权重，通过专家访谈和熵权法进行计算确定；建设工期影响因素对项目前期阶段的影响程度，则通过三角模糊数进行估计。

(二) 城市快速路建设前期工期预测模型构建

依照上述假定，构建城市快速路建设前期的工期（T_1）：

$$T_1 = \left(\sum W_i K_i + 1 \right) \times T_{QQ} \tag{4.13}$$

W_i、K_i 分别表示建设前期城市快速路影响因素的熵权、对整个建设前期的影响程度，具体影响因素包括：前期方案论证不足，前期报批缓慢、勘察不详、设计缺陷、标段划分不合理、征地拆迁不力、地下管线迁移不力、军事管线设施限制等。

$\sum W_i K_i$ 表示建设工期影响因素对城市快速路建设前期阶段所经历时间的影响程度。

T_{QQ} 表示项目立项后至项目开工前所经历的时间，一般情况下为 $300 \sim 360$ 天。

假设 $\sum W_i K_i$ 在最乐观、最可能、最悲观的情况下的系数分别为 α_1、β_1、γ_1，则城市快速路建设前期的工期分别为：

$$\text{最乐观估计} \quad T_1 = (1 + \alpha_1) \times T_{QQ} \tag{4.14}$$

$$\text{最可能估计} \quad T_1 = (1 + \beta_1) \times T_{QQ} \tag{4.15}$$

$$最悲观估计 \quad T_1 = (1 + \gamma_1) \times T_{QQ} \qquad (4.16)$$

三　城市快速路建设施工工期预测模型

（一）城市快速路建设施工工期预测模型基本假设

参考市政道路交通工程单位工程划分标准，城市快速路工程一般分为道路工程、桥梁工程（跨线桥、匝道桥、车行天桥等）、给排水管道工程、隧道工程、照明工程、交通设施工程、绿化工程等单位工程。施工阶段工期预测主要依据设计方案和工期定额，对各单位工程的基本工程量进行工期预测，同时结合工程施工要求和现场施工环境、施工条件进行弹性工期预留，结合前文所研究的建设工期影响因素，综合进行施工工期预测。

城市快速路是线性工程，其单位工程工期预测模型的构建需要考虑各单位工程之间的合理时间搭接，如图4-1所示。考虑城市快速路施工阶段的工期影响因素对施工工期的影响，可首先通过熵权法计算单个工期影响因素的权重，及采用三角模糊数计算各影响因素的工期风险效度值，进而构建城市快速路施工工期预测模型。①

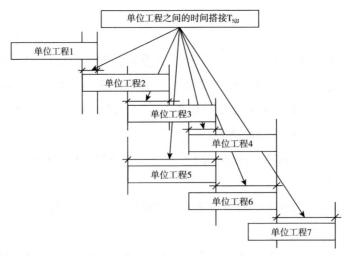

图4-1　单位工程施工搭接示意

---

① 杨旭：《基于物元分析法的堤防工程管理评价模型及应用》，《水土保持应用技术》2018年第3期。

预测工期=工程量决定的基本工期+实际工程的施工要求和地形条件所需要额外补偿工期+各种工期风险因素导致的工期延迟。可采用权重和施工工期延期的影响替代实际工程的施工要求和地形条件所需要额外增加的工期，所以，城市快速路建设实施阶段的工期为：

$$T_2 = \left(\sum W_i K_i + 1 \right) \times (1 + \ell) T_{JBGQ} \qquad (4.17)$$

其中：

$$T_{JBGQ} = T_{SN} + T_{LQ} + T_{GZQ} + T_{KJQ} + T_{GZRQ} + T_{KJRQ} + T_{DT} + T_{PG} +$$
$$T_{GG} + T_{SD} + T_{JSJ} + T_{LH} + T_{JTSS} + T_{ZM} + T_{SGD} + T_{XCTD} \qquad (4.18)$$

其中，T_2 为城市快速路建设施工工期预测值。

W_i、K_i 分别表示城市快速路施工阶段影响因素的权重及其对施工阶段工期的影响程度，具体影响因素包括：组织管理协调不力、自然环境的不利影响、周边环境的不利影响，还要适当考虑对社会性原因、不可抗力、突发事故等不可控因素的应急防范。

$\sum W_i K_i$ 表示影响因素对城市快速路施工阶段的影响程度。

T_{JBGQ} 为城市快速路建设施工基本工期，即根据市政道路工期定额得来的标准工期，标准工期是各单位工程定额工期的累加。

T_{SN}——水泥砼道路工期，是指城市快速路面是以水泥混凝土作为面层的道路单位工程施工工期。

T_{LQ}——沥青砼道路工期，是指城市快速路面是以沥青混凝土作为面层铺筑而成的道路单位工程施工工期。

T_{GZQ}——灌注桩基础梁式桥工期，是指城市快速路梁式桥的基础采用灌注桩结构的单位工程施工工期。

T_{KJQ}——扩大基础梁式桥工期，是指城市快速路梁式桥的基础采用明挖扩大基础的梁式桥的单位工程施工工期。

T_{GZRQ}——灌注桩基础人行天桥工期，是指城市快速路的基础采用灌注桩结构的人行天桥的单位工程施工工期。

T_{KJRQ}——扩大基础人行天桥工期，是指城市快速路明挖扩大基础的人行天桥的单位工程施工工期。

T_{DT}——地下通道工期，是指城市快速路为了不设红绿灯方便行人穿过快速路的地下通道的单位工程施工工期。

T_{PG}——排水管道工期，是指城市快速路汇集和排放污水、废水和雨水的管道及其附属设施组成的系统的单位工程施工工期。

T_{GG}——给水管道工期，是指城市快速路中给水管道的定线、开挖沟槽、下管、借口、覆土、试压、冲洗、消毒和工地清扫等单位工程施工工期。

T_{XCTD}——下穿通道工期，是指城市快速路与城市道路相交时采用下立交式方式的下穿通道单位工程施工工期。

T_{LH}——绿化工程工期，是指城市快速路道路两侧各种乔木、灌木、草坪、花卉等苗木种植的绿化单位工程施工工期。

T_{JTSS}——交通设施工程工期，是指路面画线、反光道钉、标志牌、护栏等全部内容的交通设施单位工程施工工期。

T_{ZM}——照明工程，是指城市快速路道路照明灯具（包括路灯、隧道灯、用于市政道路照明的庭院灯等）安装工程的照明单位工程施工工期。

T_{SD}——隧道工程，是指修建城市快速路穿越地下或水下或者山体中所铺设公路的隧道单位工程施工工期。

T_{JSJ}——表示各单位各分部分项的技术间歇时间，根据施工组织设计确定，在默认的情况下为 0。

T_{SGD}——表示各施工段的平行施工段的间歇时间，根据施工组织设计确定，在默认的情况下为 0。

ℓ——工期补偿系数，按工程的实际施工要求和地形条件所需要额外补偿的工期。根据原建设部《关于印发〈全国市政工程施工工期定额管理规定〉的通知》（建城字第 553 号文）中的规定：定额工期是按照一般城区环境测定的，若工程处于闹市区，因干扰因素较多，总工期可适当增加 5%~25%；若工程处于郊区，因干扰因素较少，总工期可适当减少 5%~15%。鉴于城市快速路通常是工程一部分在城市闹市区，一部分在城市郊区，因此，相互抵消，可假定其值为 0。

假设 $\Sigma W_i K_i$ 在最乐观、最可能、最悲观的情况下的系数分别为 α_2、β_2、γ_2，与建设前期的工期预测同理，可得到城市快速路建设最乐观、最可能、最悲观的施工工期。

最乐观施工工期为：

$$T_2 = (\alpha_2 + 1) \times (1 + \ell) T_{JBGQ} \tag{4.19}$$

最可能施工工期为：

$$T_2 = (\beta_2 + 1) \times (1 + \ell) T_{JBGQ} \tag{4.20}$$

最悲观施工工期为：

$$T_2 = (\gamma_2 + 1) \times (1 + \ell) T_{JBGQ} \tag{4.21}$$

（二）城市快速路单位工程施工标准工期预测模型构建——以厦门为例

由于地区不同，项目建设工期的影响因素和劳动生产率不尽相同，特别是水文地质条件也存在很大差异。理论上，为了揭示工期影响的内在机理，提高研究成果的应用范围，工期预测研究应覆盖全国各地，但显然这个分析研究的工作量是相当大的，需要投入较大的人力物力去搜集相关的基础资料。因此，针对城市快速路建设工期预测的研究以厦门地区为例展开。

1. 数据来源与处理

（1）数据来源可行性分析

根据《全国统一建筑安装工程工期定额》和《全国市政工程施工工期定额》，2011年广东省编制并发布了《广东省建设工程施工标准工期定额（2011 年）》[①]（简称广东定额），其中附录 C 为市政工程施工工期标准定额规范，涵盖了道路工程、桥梁工程、管道工程、天桥工程、隧道工程、照明工程、交通设施工程、绿化工程等单位工程，也涵盖了城市快速路建设项目的基本单位工程。

广东省和厦门市均属于亚热带季风气候区，且水文地质大体相似，故在本书中，以《广东省建设工程施工标准工期定额（2011 年）》为基础数据，在此基础上进行各单位工期预测模型的构建。

---

① 广东省住房和城乡建设厅：《广东省建设工程施工标准工期定额》，中国计划出版社，2011。

张云波教授（2004）在分析影响工期延误因素的基础上，就全国各地区自然建设条件的不同，利用神经网络对《全国统一建筑安装工程工期定额》进行定额地域分类，其中福建省和广东省属于Ⅰ类地区，说明两省工期定额编制基础在一定程度上具有相通性。深圳市和厦门市各自作为广东省和福建省的经济特区，社会经济地位相似、气候相近，从近几年两地气候、水文地质两方面的相关统计数据分析来看，具有较高的相似性，说明在预测或计算厦门城市快速路建设施工工期时，借鉴深圳定额是可行的。如表4-2和表4-3所示。

鉴于此，本书借鉴张云波教授的研究成果，对深圳市和厦门市在气候、水文地质两方面进行比较，说明借鉴《深圳市建设工程施工工期定额标准（2006年）》（以下简称深圳定额）数据的合理性，但因该定额发布日期为2006年，距离当前已有十多年时间。而广东定额于2011年颁布，更符合当前的经济发展水平和施工工艺水平。鉴于此，仅参考深圳定额部分数据，以弥补广东省定额的不足。

（2）数据处理方法

根据"广东定额"中道路工程、桥梁工程、排水管道工程等单位工程的施工工期定额，采用SPSS软件进行回归分析，建立各单位工程施工工期预测模型。

2. 单位工程施工标准工期预测模型构建

（1）道路工程施工工期预测模型构建

道路工程按封闭交通情况下、合理正常的施工条件进行编制，标准工期按单位工程考虑，包括：路基挖填土、机动车道、非机动车道、人行道、分隔带、护坡、雨水口、雨水支管、交通设施（指示牌、画线）及路灯的施工；道路范围内原有各类检查井的升降与旧路刨除等。按照道路等级又可以细分为沥青混凝土路面和水泥混凝土路面两类。

① 沥青混凝土道路工程施工标准工期预测模型构建

根据"广东定额"，沥青混凝土道路施工标准工期定额的基础数据如表4-4所示。

表 4-2　深圳和厦门在气候方面的比较

气候参数		1月	2月	3月	4月	5月	6月	7月	8月	9月	10月	11月	12月
平均温度（℃）	深圳市	14.9	15.5	18.7	22.5	25.7	27.8	28.6	28.2	27.2	24.6	20.4	16.4
	厦门市	12.5	12.4	14.6	18.7	22.6	25.8	27.8	27.6	26	23	19.2	14.6
平均最高温度（℃）	深圳市	19.6	19.8	22.5	26	29.3	31.2	32.2	32.0	31.1	28.9	25.1	21.5
	厦门市	17	16.8	18.8	23.1	26.5	29.7	32.3	32	30.4	27.4	23.4	19.3
极端最高温度（℃）	深圳市	29.1	28.9	32.0	33.3	35.8	36.8	38.7	37.1	36.9	33.7	33.1	29.3
	厦门市	27.2	26.8	29.5	32.6	35.4	35.7	37	37.1	35.3	36	31	27.4
平均最低温度（℃）	深圳市	11.8	12.7	15.9	19.9	23.1	25.1	25.7	25.5	24.3	21.5	17.0	13.0
	厦门市	9.8	10	11.9	16.1	20.1	23.5	25.2	25	23.6	20.5	16.2	11.9
极端最低温度（℃）	深圳市	2.2	1.9	3.4	9.1	14.8	19.9	20.0	21.1	18.1	9.3	4.9	1.7
	厦门市	2	2.6	2.5	6.4	12.2	16.3	20.7	21.4	16.7	13	7.5	1.5
平均降水量（毫米）	深圳市	29.8	44.0	67.4	173.6	238.5	296.5	339.4	366.0	238.2	99.3	37.4	34.0
	厦门市	34.2	99.4	125.2	157	161.8	187.2	138.4	209	141.4	36.2	31.1	28.2
降水天数（日）	深圳市	6.4	9.5	10.5	12.4	15.6	18.5	17.0	18.2	14.6	7.4	5.1	4.8
	厦门市	7.1	12	15.4	14.6	15.2	14.8	9.8	10.9	9	3.2	4	4.8
平均风速（米/秒）	深圳市	2.7	2.8	2.8	2.6	2.4	2.2	2.2	2.0	2.3	2.8	2.8	2.7
	厦门市	3.3	3.3	3.1	2.9	2.8	3.2	3	3	3.2	3.7	3.6	3.5

资料来源：中国天气网—气象数据。

表4-3 深圳市和厦门市两地在水文地质方面的比较

	岩土环境	水文环境
深圳	第四系全新统长乐组海陆交互相沉积层、东山组冲洪积层、上更新统龙海组冲洪积层、坡残积层、人工填土、残积层、冲积层	松散岩类孔隙水、隐伏碳酸盐类岩溶水、基岩裂隙水
厦门	第四系全新统长乐组海陆交互相沉积层、东山组冲洪积层、上更新统龙海组冲洪积层、坡残积层、人工填土	松散岩类孔隙水、风化残积孔隙裂隙水、基岩裂隙水

表4-4 沥青混凝土道路工程施工标准工期

编号	道路长度（m）	车道宽度（m）	标准工期（天）结构层厚度（cm）			编号	道路长度（m）	车道宽度（m）	标准工期（天）结构层厚度（cm）		
			≤40	≤70	>70				≤40	≤70	>70
C1-1	≤500	≤4	38	47	51	C1-28	≤2000	≤4	60	68	77
C1-2		≤8	43	51	55	C1-29		≤8	68	77	85
C1-3		≤12	47	55	60	C1-30		≤12	77	85	94
C1-4		≤16	51	60	64	C1-31		≤16	81	89	98
C1-5		≤20	55	64	68	C1-32		≤20	85	94	102
C1-6		≤24	60	68	72	C1-33		≤24	89	98	106
C1-7		≤28	64	72	77	C1-34		≤28	94	102	111
C1-8		≤32	68	77	81	C1-35		≤32	98	106	115
C1-9		≤36	72	81	85	C1-36		≤36	102	111	119
C1-10	≤1000	≤4	47	55	60	C1-37	≤2500	≤4	64	72	81
C1-11		≤8	51	60	64	C1-38		≤8	77	85	94
C1-12		≤12	60	68	72	C1-39		≤12	84	94	102
C1-13		≤16	64	72	77	C1-40		≤16	89	98	106
C1-14		≤20	68	77	81	C1-41		≤20	94	102	111
C1-15		≤24	72	81	85	C1-42		≤24	98	106	115
C1-16		≤28	77	85	89	C1-43		≤28	102	111	119
C1-17		≤32	81	89	94	C1-44		≤32	106	115	123
C1-18		≤36	85	94	98	C1-45		≤36	111	119	128
C1-18		≤36	85	94	98	C1-45		≤36	111	119	128
C1-19	≤1500	≤4	51	64	68	C1-46	≤3000	≤4	68	77	85
C1-20		≤8	60	72	77	C1-47		≤8	81	89	98
C1-21		≤12	68	81	85	C1-48		≤12	89	98	106
C1-22		≤16	72	85	89	C1-49		≤16	98	106	115
C1-23		≤20	77	89	94	C1-50		≤20	106	115	123
C1-24		≤24	81	94	98	C1-51		≤24	115	123	132
C1-25		≤28	85	98	102	C1-52		≤28	119	128	136
C1-26		≤32	89	102	106	C1-53		≤32	123	132	140
C1-27		≤36	94	106	111	C1-54		≤36	128	136	145

针对沥青混凝土道路施工标准工期定额的基础数据，选取道路长度、车道宽度和结构层厚度三个变量，利用 SPSS 软件进行多元线性回归计算三个变量与施工标准工期的关系，计算结果如表 4-5、表 4-6、表 4-7 所示。

表 4-5　模型汇总

模型	R	R^{2b}	调整后的 R^2	估计标准差
1	0.999[a]	0.998	0.998	3.87043

表 4-6　方差分析

模型	类别	平方和	Df	均方	F	Sig
1	回归	1323220.146	3	441073.382	29443.736	0.000[a]
	残差	2381.845	159	14.980		
	总计	1.326E6	162			

表 4-7　回归方程系数

模型	类别	非标准化系数		标准系数	t	Sig
		B	标准误差	试用版		
1	道路长度	0.019	0.000	0.405	57.179	0.000
	车道宽度	1.320	0.027	0.328	48.041	0.000
	结构层厚度	0.515	0.014	0.321	37.384	0.000

表 4-5 是对回归方程进行拟合优度检验，从计算结果可知，被解释变量和解释变量的复相关系数是 0.999、判定系数是 0.998、调整后的判定系数是 0.998、回归方程的估计标准差是 3.87043。由于调整的判定系数 0.998 较接近于 1，表明拟合优度较高，被解释变量可以被模型解释的部分较多，未被解释的部分较少。

表 4-6 是对回归方程的显著性检验，从计算结果可知，被解释变量的总离差平方和为 1.326E6，回归平方和及均方分别为 1323220.146 和 441073.382，残差平方和及均方分别为 2381.854 和 14.980，F 检验统计量的观测值为 29443.736，其相伴概率 p 值近似为 0。由于 p 值小于显著

性水平 0.05，应拒绝零假设，表明被解释变量与解释变量全体的线性关系是显著的，可建立线性模型。

表 4-7 各列数据项含义依次为：偏回归系数、偏回归系数的标准差误差、标准化偏回归系数、回归系数显著性检验中统计量的观测值和对应概率。依据该表可进行回归系数显著性检验，写出回归方程。

从表 4-7 可知，三个变量回归系数显著性检验的相伴概率 p 值都小于显著性水平 0.05，因此拒绝零假设，表明这些偏回归系数与零有显著差异，它们与被解释变量的线性关系显著，应该保留在模型中。

因此，沥青砼道路施工标准工期预测多元线性回归方程：

$$T_{LQ} = 0.019 \times 道路长度 + 1.32 \times 车道宽度 + 0.515 \times 结构层厚度 \qquad (4.22)$$

②水泥混凝土道路工程施工标准工期预测模型构建

根据"广东定额"，水泥混凝土道路工程施工标准工期定额的基础数据见表 4-8。

选取道路长度、车道宽度和结构层厚度三个变量，利用 SPSS 软件进行多元线性回归计算变量与施工标准工期的关系，计算结果如表 4-9 ~ 4-11 所示。

表 4-9 是对多元线性回归方程的拟合优度检验，从计算结果可知，被解释变量和解释变量的复相关系数为 0.987、判定系数为 0.973、调整的判定系数为 0.973、回归方程的估计标准差为 3.71036。依据该结果进行拟合优度检验，调整的判定系数 0.973 较接近于 1，拟合优度较高。

表 4-10 是回归方程显著性检验，从计算结果可知，被解释变量的总离差平方和为 81209.660，回归平方和及均方为 79034.505 和 26344.835，残差平方和及均方为 2175.156 和 13.767，F 检验统计量观测值为 1913.649，其相伴概率 p 值近似为 0。由于相伴概率 p 小于显著性水平 0.05，表明拒绝回归方程显著性检验的零假设，各回归系数不同时为 0，说明被解释变量与解释变量全体的线性关系是显著的，可建立线性模型。

表4-8　水泥混凝土道路工程施工标准工期

编号	道路长度（m）	车道宽度（m）	标准工期（天）结构层厚度（cm）			编号	道路长度（m）	车道宽度（m）	标准工期（天）结构层厚度（cm）		
			≤40	≤70	>70				≤40	≤70	>70
C1-55	≤500	≤4	47	55	60	C1-82	≤2000	≤4	68	77	85
C1-56		≤8	51	60	64	C1-83		≤8	77	85	94
C1-57		≤12	55	64	68	C1-84		≤12	85	94	102
C1-58		≤16	60	68	72	C1-85		≤16	89	98	106
C1-59		≤20	64	72	77	C1-86		≤20	94	102	111
C1-60		≤24	68	77	81	C1-87		≤24	98	106	115
C1-61		≤28	72	81	85	C1-88		≤28	102	111	119
C1-62		≤32	77	85	89	C1-89		≤32	106	115	123
C1-63		≤36	81	89	94	C1-90		≤36	111	119	128
C1-64	≤1000	≤4	55	64	68	C1-91	≤2500	≤4	72	81	89
C1-65		≤8	60	68	72	C1-92		≤8	85	94	102
C1-66		≤12	68	77	81	C1-93		≤12	94	102	111
C1-67		≤16	72	81	85	C1-94		≤16	98	106	115
C1-68		≤20	77	85	89	C1-95		≤20	102	111	119
C1-69		≤24	81	89	94	C1-96		≤24	106	115	123
C1-70		≤28	85	94	98	C1-97		≤28	111	119	128
C1-71		≤32	89	98	102	C1-98		≤32	115	123	132
C1-71		≤32	89	98	102	C1-98		≤32	115	123	132
C1-72		≤36	94	102	106	C1-99		≤36	119	128	136
C1-73	≤1500	≤4	60	68	72	C1-100	≤3000	≤4	77	85	94
C1-74		≤8	68	77	81	C1-101		≤8	89	98	106
C1-75		≤12	77	85	89	C1-102		≤12	98	106	115
C1-76		≤16	81	89	94	C1-103		≤16	106	115	123
C1-77		≤20	85	94	98	C1-104		≤20	115	123	132
C1-78		≤24	89	98	102	C1-105		≤24	123	132	140
C1-79		≤28	94	102	106	C1-106		≤28	128	136	145
C1-80		≤32	98	106	111	C1-107		≤32	132	140	149
C1-81		≤36	102	111	115	C1-108		≤36	136	145	153

表 4-9　模型汇总

模型	R	R^{2b}	调整后的 R^2	估计标准差
2	0.987[a]	0.973	0.973	3.71036

表 4-10　方差分析

模型		平方和	Df	均方	F	Sig
2	回归	79034.505	3	26344.835	1913.649	0.000[a]
	残差	2175.156	158	13.767		
	总计	81209.660	161			

表 4-11　回归方程系数

模型	变量	非标准化系数		标准系数	t	Sig
		B	标准误差	试用版		
2	（常量）	8.661	1.573		5.506	0.000
	道路长度	0.019	0.000	0.726	55.789	0.000
	车道宽度	1.323	0.028	0.610	46.816	0.000
	结构层厚度	0.495	0.024	0.271	20.799	0.000

从表 4-11 可知，道路长度、车道宽度和结构层厚度三个变量回归系数显著性相伴概率 p 值都小于显著性水平 0.05，因此拒绝零假设，认为这些偏回归系数与 0 有显著差异，它们与被解释变量的线性关系是显著的，应保留在模型中。

因此，得到水泥砼道路工程施工标准工期预测回归方程为：

$$T_{SN} = 8.661 + 0.019 \times 道路长度 + 1.323 \times 车道宽度 + 0.495 \times 结构层厚度 \quad (4.23)$$

（2）桥梁工程施工标准工期预测模型构建

桥梁工程按合理正常的施工条件进行编制，标准工期按单位工程考虑：人行天桥标准工程均考虑了夜间施工和不封闭交通条件施工因素，包括扩大基础、桩基础、墩柱、上部预制结构吊装、桥面铺装、扶梯、平台、栏杆及装饰施工等，但不含顶棚、隔声（光）屏、电梯等；梁式桥工程内容包括扩大基础、桩基础、承台、墩柱、盖梁、上部预制结构吊装或现浇桥板、桥面铺装、人行道、栏杆及附属设施施工等；地下人行通道工程的标准工期是按明挖现浇方法编制，包括挖填土、地基处理、结构预制及现浇混凝土、防水、接缝处理、排水、照明安装、结构装饰、附属设施等施工所需时间。

①钢筋混凝土灌注桩梁式桥工程施工标准工期预测模型

钢筋混凝土灌注桩梁式桥工程按结构形式分为预制安装和现浇两种。根据广东省钢筋混凝土灌注桩梁式桥施工标准工期定额，相关基础数据见表 4-12。

表 4-12 钢筋混凝土灌注桩梁式桥标准工期

编号	桥长（m）	桥面宽度（m）	标准工期（天）		编号	桥长（m）	桥面宽度（m）	标准工期（天）	
			上部结构形式					上部结构形式	
			预制安装	现浇				预制安装	现浇
C2-45	≤20	≤10	77	85	C2-60	≤200	≤10	166	187
C2-46		≤20	85	94	C2-61		≤20	179	200
C2-47	≤20	≤30	94	102	C2-62	≤200	≤30	191	217
C2-48		≤40	102	111	C2-63		≤40	204	234
C2-49		>40	111	119	C2-64		>40	217	251
C2-50		≤10	102	119	C2-65		≤10	208	230
C2-51		≤20	111	132	C2-66		≤20	221	242
C2-52	≤50	≤30	123	149	C2-67	≤300	≤30	234	259
C2-53		≤40	136	162	C2-68		≤40	247	276
C2-54		>40	145	170	C2-69		>40	259	293
C2-55		≤10	128	149	C2-70		≤10	242	264
C2-56		≤20	136	162	C2-71		≤20	255	276
C2-57	≤100	≤30	149	179	C2-72	≤400	≤30	268	293
C2-58		≤40	162	196	C2-73		≤40	281	310
C2-59		>40	170	208	C2-74		>40	293	327

a. 预制安装钢筋混凝土灌注桩梁式桥施工标准工期预测模型

利用 SPSS 软件进行数据处理，并进行多元线性回归，得到的计算结果如表 4-13、表 4-14、表 4-15 所示。

表 4-13　模型汇总

模型	R	R^{2b}	调整后的 R^2	估计标准差
3	0.992ª	0.984	0.982	8.49929

表 4-14　回归模型方差分析

模型		平方和	df	均方	F	Sig
	回归	117401.041	2	58700.521	821.599	0.000ª
3	残差	1950.425	27	72.238		
	总计	119351.467	29			

表 4-15　回归方程系数

模型		非标准化系数		标准系数	t	Sig
		B	标准误差	试用版		
	（常量）	57.572	4.652		12.366	0.000
3	桥长	0.442	0.011	0.959	38.974	0.000
	桥面宽度	1.485	0.144	0.254	10.307	0.000

表 4-13 是对回归方程拟合优度检验，从计算结果可知，被解释变量和解释变量的复相关系数为 0.992、判定系数为 0.984、调整后的判定系数为 0.982、回归方程的估计标准差为 8.49929。由于调整的判定系数 0.982 较接近于 1，因此认为拟合优度较高。

表 4-14 是对多元线性回归显著性检验，从计算结果可知，被解释变量的总离差平方和为 119351.467，回归平方和及均方为 117401.041 和 58700.521，残差平方和及均方为 1950.425 和 72.238，F 检验统计量的观测值为 821.599，其相伴概率 p 值近似为 0。由于 p 值小于显著性水平 0.05，应拒绝回归方程显著性检验的零假设，表明各回归系数不同时为 0，被解释变量与解释变量全体的线性关系是显著的，可建立线性回归模型。

从表 4-15 中可以看到，桥长和桥面宽度两个变量的回归系数显著性水平 t 检验的相伴概率 p 值都小于显著性水平 0.05，应拒绝零假设，认为这些偏回归系数与 0 有显著差异，它们与被解释变量的线性关系是显著的，应该保留在模型中。

因此，灌注桩基础梁桥-预制安装施工标准工期预测回归方程为：

$$T_{GZQ} = 57.527 + 0.442 \times 桥长 + 1.485 \times 桥面宽度 \tag{4.24}$$

b. 现浇钢筋混凝土灌注桩梁式桥施工标准工期预测模型

同理，利用 SPSS 软件进行线性回归，得到灌注桩基础梁式桥-现浇施工标准工期预测回归方程为：

$$T_{GZQ} = 66.815 + 0.469 \times 桥长 + 1.831 \times 桥面宽度 \tag{4.25}$$

②扩大基础梁式桥工程施工标准工期预测模型

扩大基础梁式桥有预制钢梁和现浇两种上部结构形式，其施工标准工期定额分别见表 4-16。

表 4-16　扩大基础梁式桥标准工期

编号	桥长（m）	桥面宽度（m）	标准工期（天）		编号	桥长（m）	桥面宽度（m）	标准工期（天）	
			上部结构形式					上部结构形式	
			预制钢梁	现浇				预制钢梁	现浇
C2-15	≤20	≤10	60	72	C2-30	≤200	≤10	136	153
C2-16		≤20	64	77	C2-31		≤20	149	170
C2-17		≤30	68	81	C2-32		≤30	162	187
C2-18		≤40	72	89	C2-33		≤40	174	204
C2-19		>40	77	98	C2-34		>40	183	217
C2-20	≤50	≤10	85	102	C2-35	≤300	≤10	170	191
C2-21		≤20	94	111	C2-36		≤20	183	208
C2-22		≤30	102	123	C2-37		≤30	196	225
C2-23		≤40	111	136	C2-38		≤40	208	242
C2-24		>40	119	149	C2-39		>40	217	255
C2-25	≤100	≤10	106	123	C2-40	≤400	≤10	200	221
C2-26		≤20	115	136	C2-41		≤20	212	238
C2-27		≤30	123	153	C2-42		≤30	225	255
C2-28		≤40	132	170	C2-43		≤40	238	272
C2-29		>40	140	183	C2-44		>40	247	288

a. 预制钢梁扩大基础梁式桥施工标准工期预测模型

利用 SPSS 软件进行数据处理，并进行线性回归，得到的结果如表
4-17、表 4-18、表 4-19 所示。

表 4-17　模型汇总

模型	R	R^{2b}	调整后的 R^2	估计标准差
4	0.984[a]	0.968	0.966	10.38258

表 4-18　方差分析

模型		平方和	df	均方	F	Sig
4	回归	89188.653	2	44594.326	413.684	0.000a
	残差	2910.547	27	107.798		
	总计	92099.200	29			

表 4-19　回归方程系数

模型	变量	非标准化系数		标准系数	t	Sig
		B	标准误差	试用版		
4	（常量）	43.253	5.683		7.611	0.000
	桥长	0.387	0.014	0.954	27.894	0.000
	桥面宽度	1.235	0.176	0.240	7.091	0.000

表 4-17 是对回归方程拟合优度检验，从计算结果可知，被解释变量
和解释变量的复相关系数为 0.984、判定系数为 0.968、调整后的判定系
数为 0.966、回归方程的估计标准差为 10.38258。由于调整的判定系数
0.966 较接近于 1，表明拟合优度较高。

表 4-18 是对回归方程显著性检验，从计算结果可知，被解释变量的
总离差平方和为 92099.200，回归平方和及均方为 89188.653 和
2910.547，残差平方和及均方为 2910.547 和 107.798，F 检验统计量的观
测值为 413.684，相伴概率 p 值近似为 0。依据该表可进行二元回归方程
的显著性检验，由于 p 值小于显著性水平 0.05，应拒绝回归方程显著性
检验的零假设，认为各回归系数不同为 0，被解释变量与解释变量全体的

线性关系是显著的，可建立线性模型。

表 4-19 是对回归系数显著性检验，从计算结果可知，两个变量的回归系数显著性水平 t 检验的相伴概率 p 值都小于显著性水平 0.05，表明拒绝零假设，认为这些偏回归系数与 0 有显著差异，它们与被解释变量的线性关系是显著的，应该保留在模型中。

因此，扩大基础梁式桥-预制钢梁施工标准工期预测回归方程为：

$$T_{KJQ} = 43.253 + 0.387 \times 桥长 + 1.235 \times 桥面宽度 \qquad (4.26)$$

b. 现浇钢梁扩大基础梁式桥施工标准工期预测模型

同理，利用 SPSS 软件进行数据处理，并进行线性回归，得到扩大基础梁式桥-现浇施工标准工期预测回归方程为：

$$T_{KJQ} = 48.525 + 0.416 \times 桥长 + 1.785 \times 桥面宽度 \qquad (4.27)$$

③钢筋砼灌注桩人行天桥工程施工标准工期预测模型

钢筋砼灌注桩人行天桥施工方式有预制钢梁和预制混凝土梁两种，根据广东省钢筋混凝土灌注桩梁式桥施工标准工期定额，相关基础数据见表 4-20。

表 4-20　钢筋混凝土灌注桩人行天桥标准工期

编号	桥长（含梯道及坡道斜长）（m）	单跨长度（m）	标准工期（天）	
			上部结构形式	
			预制钢梁（钢结构）	预制混凝土梁
C2-8	≤50	≤20	64	68
C2-9	≤100	≤20	77	81
C2-10		≤30	81	85
C2-11	≤200	≤20	111	115
C2-12		≤30	115	119
C2-13	≤300	≤20	140	149
C2-14		≤30	145	153

a. 预制钢梁钢筋砼灌注桩人行天桥施工标准工期预测模型

根据施工标准工期定额的相关基础数据，利用 SPSS 软件进行线性回归，得到的结果如表 4-21、表 4-22、表 4-23 所示。

表 4-21　模型汇总

模型	R	R²ᵇ	调整后的 R²	估计标准差
5	0.997ᵃ	0.995	0.993	9.21834

表 4-22　方差分析

模型		平方和	df	均方	F	Sig
5	回归	82332.111	2	41166.56	484.433	0.000ᵃ
	残差	424.889	5	84.978		
	总计	82757.000ᵇ	7			

表 4-23　回归方程系数

模型	变量	非标准化系数		标准系数	t	Sig
		B	标准误差	试用版		
5	桥长	0.329	0.038	0.608	8.676	0.000
	单跨长度	1.829	0.308	0.417	5.946	0.002

表 4-21 是对回归方程拟合优度检验，结果显示，被解释变量和解释变量的复相关系数 0.997、判定系数 0.995、调整后的判定系数为 0.993、回归方程的估计标准差为 9.21834。由于调整的判定系数 0.993 较接近于 1，认为拟合优度较高。

表 4-22 是对回归方程显著性检验，结果显示，被解释变量的总离差平方和为 82757.000，回归平方和及均方为 82332.111 和 41166.56，残差平方和及均方为 424.889 和 84.978，F 检验统计量的观测值为 484.433，其相伴概率 p 值近似为 0。由于 p 值小于显著性水平 0.05，应拒绝回归方程显著性检验的零假设，认为各回归系数不同为 0，被解释变量与解释变量全体的线性关系是显著的，可建立线性模型。

表 4-23 是对回归系数显著性检验，桥长和单跨长度两个变量的回归系数显著性水平 t 检验的概率 p 值都小于显著性水平 0.05，因此拒绝零假

设，偏回归系数与 0 有显著差异，它们与被解释变量的线性关系是显著的，应该保留在模型中。

因此，钢筋砼灌注桩人行天桥-预制钢梁施工标准工期预测回归方程为：

$$T_{GZRQ} = 0.329 \times 桥长 + 1.829 \times 单跨长度 \qquad (4.28)$$

b. 预制混凝土梁的钢筋砼灌注桩人行天桥施工标准工期预测模型

同理，钢筋砼灌注桩人行天桥-预制混凝土梁施工标准工期预测回归方程为：

$$T_{GZRQ} = 0.350 \times 桥长 + 1.890 \times 单跨长度 \qquad (4.29)$$

④扩大基础人行天桥工程施工标准工期预测模型

扩大基础人行天桥包括预制钢梁结构和预制混凝土梁结构两种结构形式，根据广东省扩大基础人行天桥施工标准工期定额，相关基础数据见表4-24。

表 4-24　扩大基础人行天桥标准工期

编号	桥长（含梯道及坡道斜长）（m）	单跨长度（m）	标准工期（天）	
			上部结构形式	
			预制钢梁（钢结构）	预制混凝土梁
C2-1	≤50	≤20	60	64
C2-2	≤100	≤20	68	72
C2-3		≤30	72	77
C2-4	≤200	≤20	98	102
C2-5		≤30	102	106
C2-6	≤300	≤20	123	128
C2-7		≤30	128	132

a. 预制钢梁扩大基础人行天桥施工标准工期预测模型

根据工期定额相关基础数据，利用 SPSS 软件进行线性回归，结果如表4-25、表4-26、表4-27所示。

表 4-25　模型汇总

模型	R	R^2b	调整后的 R^2	估计标准差
6	0.997[a]	0.994	0.992	8.84408

表 4-26　方差分析

模型		平方和	df	均方	F	Sig
6	回归	64537.911	2	32268.956	412.553	0.000[a]
	残差	391.089	5	78.218		
	总计	64929.000[b]	7			

表 4-27　回归方程系数

模型		非标准化系数		标准系数	t	Sig
		B	标准误差	试用版		
6	桥长	0.282	0.036	0.589	7.756	0.001
	单跨长度	1.695	0.295	0.436	5.743	0.002

　　表 4-25 是对回归方程拟合优度检验，从计算结果看，被解释变量和解释变量的复相关系数为 0.997、判定系数为 0.994、调整后的判定系数为 0.992、回归方程的估计标准差为 8.84408。由于调整的判定系数 0.992 较接近于 1，认为拟合优度较高。

　　表 4-26 显示对回归方程的显著性检验结果，被解释变量的总离差平方和为 64929.000，回归平方和及均方为 64537.911 和 32268.956，残差平方和及均方为 391.089 和 78.218，F 检验统计量的观测值为 412.553，其相伴概率 p 值近似为 0。由于 p 值小于显著性水平 0.05，应拒绝回归方程显著性检验的零假设，认为各回归系数不同时为 0，被解释变量与解释变量全体的线性关系是显著的，可建立线性模型。

　　表 4-27 对回归系数显著性检验，结果显示，桥长和单跨长度这两个变量的回归系数显著性水平 t 检验的相伴概率 p 值都小于显著性水平 0.05，因此拒绝零假设，认为这些偏回归系数与 0 有显著差异，表明它们与被解释变量的线性关系是显著的，应该保留在模型中。

　　因此，扩大基础人行天桥-预制钢梁施工标准工期预测回归方程为：

$$T_{KJRQ} = 0.282 \times 桥长 + 1.695 \times 单跨长度 \quad (4.30)$$

b. 预制混凝土梁扩大基础人行天桥施工标准工期预测模型

同理，利用 SPSS 软件进行线性回归，得到扩大基础人行天桥-预制混凝土梁施工标准工期预测回归方程为：

$$T_{KJRQ} = 0.285 \times 桥长 + 1.848 \times 单跨长度 \quad (4.31)$$

⑤地下人行通道工程施工标准工期预测模型

地下人行通道施工方式采用明挖现浇，其标准工期定额如表 4-28 所示。

表 4-28　地下人行通道标准工期表

编号	长度（m）	宽度（m）	标准工期（天）
C2-75	≤15	≤5	64
C2-76		≤10	77
C2-77		≤15	85
C2-78	≤30	≤5	85
C2-79		≤10	102
C2-80		≤15	115
C2-81	≤45	≤5	89
C2-82		≤10	106
C2-83		≤15	123
C2-84	≤60	≤5	94
C2-85		≤10	111
C2-86		≤15	128

利用 SPSS 软件进行数据处理，选取地下人行通道工程的长度和宽度两个变量进行线性回归，计算结果如表 4-29、表 4-30、表 4-31 所示。

表 4-29　模型汇总

模型	R	R^{2b}	调整后的 R^2	估计标准差
7	0.946^a	0.895	0.871	6.92265

表 4-30   方差分析

模型		平方和	df	均方	F	Sig
7	回归	3662.942	2	1831.471	38.217	0.000ª
	残差	431.308	9	47.923		
	总计	4094.250ᵇ	11			

表 4-31   回归方程系数

模型		非标准化系数		标准系数	t	Sig
		B	标准误差	试用版		
7	（常量）	40.417	6.923		5.838	0.000
	长度	0.749	0.119	0.680	6.285	0.000
	宽度	2.975	0.490	0.658	6.078	0.000

表 4-29 是对回归方程拟合优度检验，结果显示：被解释变量和解释变量的复相关系数为 0.946、判定系数为 0.895、调整后的判定系数为 0.871、回归方程的估计标准差为 6.92265。由于调整的判定系数 0.895 较接近于 1，认为拟合优度较高。

表 4-30 是对回归方程显著性检验，结果显示，被解释变量的总离差平方和为 4094.250，回归平方和及均方为 3662.942 和 1831.471，残差平方和及均方为 431.308 和 47.923，F 检验统计量的观测值为 38.217，其相伴概率 p 值近似为 0。由于 p 值小于显著性水平 0.05，应拒绝回归方程显著性检验的零假设，认为各回归系数不同时为 0，被解释变量与解释变量全体的线性关系是显著的，可建立线性模型。

表 4-31 对回归系数显著性检验，从结果可知，两个变量的回归系数显著性水平 t 检验的相伴概率 p 值都小于显著性水平 0.05，因此拒绝零假设，认为这些偏回归系数与 0 有显著差异，它们与被解释变量的线性关系是显著的，应该保留在模型中。

因此，地下人行通道明挖现浇施工标准工期预测回归方程为：

$$T_{DT} = 40.417 + 0.749 \times 长度 + 2.975 \times 宽度 \tag{4.32}$$

（3）排水管道工程标准工期预测模型构建

排水标准工期定额包括工程挖槽前各种材料的防腐、构件与管件的加工以及管道冲洗消毒、焊口探伤、阴极保护、功能性试验等所需的时间。排水管道工程按材料不同，分为钢筋砼管和塑料管两类。

①钢筋砼管敷设施工标准工期预测模型

根据"广东定额"，钢筋砼管敷设施工标准工期定额数据见表4-32。

表 4-32　钢筋砼管敷设标准工期表

编号	管径（mm）	槽深（mm）	标准工期（天）长度（m）			
			500 以内	1000 以内	1500 以内	1500 以外
C3-23	800 以内	4 以内	38	55	77	94
C3-24		6 以内	51	77	98	119
C3-25		6 以外	72	106	123	145
C3-26	1200 以内	4 以内	43	64	85	102
C3-27		6 以内	60	89	107	128
C3-28		6 以外	81	119	136	157
C3-29	1600 以内	4 以内	51	72	89	111
C3-30		6 以内	68	98	119	136
C3-31		6 以外	89	132	149	170
C3-32	2000 以内	4 以内	55	81	102	119
C3-33		6 以内	77	111	132	153
C3-34		6 以外	102	149	170	187
C3-35	2400 以内	4 以内	60	89	111	128
C3-36		6 以内	85	123	145	162
C3-37		6 以外	111	166	183	204
C3-38	2600 以内	4 以内	68	102	119	136
C3-39		6 以内	85	136	153	174
C3-40		6 以外	123	179	200	217
C3-41	2600 以外	4 以内	77	111	132	153
C3-42		6 以内	102	153	170	187
C3-43		6 以外	140	200	217	238

利用 SPSS 软件进行数据处理，选取钢筋砼管的管径、槽深和长度三个变量进行线性回归，得到的结果如表 4-33、表 4-34、表 4-35 所示。

表 4-33　模型汇总

模型	R	R^{2b}	调整后的 R^2	估计标准差
8	0.977^a	0.955	0.953	9.70423

表 4-34　方差分析

模型		平方和	df	均方	F	Sig
8	回归	159428.643	3	53142.881	564.316	0.000^a
	残差	7533.774	80	94.172		
	总计	166962.417^b	83			

表 4-35　回归方程系数

模型	模型	非标准化系数		标准系数	t	Sig
		B	标准误差	试用版		
8	（常量）	-179.025	7.869		-22.752	0.000
	管径	0.734	0.002	0.491	20.565	0.000
	槽深	31.089	1.297	0.569	23.794	0.000
	长度	0.075	0.003	0.625	26.297	0.000

表 4-33 是对线性回归方程的拟合优度检验，结果显示，被解释变量和解释变量的复相关系数为 0.977、判定系数为 0.955、调整的判定系数为 0.953、回归方程的估计标准差为 9.70423。由于调整的判定系数 0.953 较接近于 1，因此认为回归方程拟合优度较高。

表 4-34 是对线性回归方程的显著性检验，结果显示，被解释变量的总离差平方和为 166962.417，回归平方和及均方为 159428.643 和 53142.881，残差平方和及均方为 7533.774 和 94.172，F 检验统计量的观测值为 564.316，对应的概率 p 值近似为 0。由于相伴概率 p 值小于显著性水平 0.05，应拒绝回归方程显著性检验的零假设，认为各回归系数不同时为 0，被解释变量与解释变量全体的线性关系是显著的，可建立线性

模型。

表 4-35 是对回归系数的显著性检验，结果显示，钢筋砼管的管径、槽深和长度等三个变量的回归系数显著性水平 t 检验的相伴概率 p 值都小于显著性水平 0.05，因此拒绝零假设，认为这些偏回归系数与 0 有显著差异，它们与被解释变量的线性关系是显著的，应该保留在模型中。

因此，排水管道-钢筋砼管施工标准工期预测回归方程为：

$$T_{PG} = -179.025 + 0.734 \times 管径 + 31.089 \times 槽深 + 0.075 \times 长度 \qquad (4.33)$$

②塑料管敷设施工标准工期预测模型

塑料管敷设施工标准工期定额基础数据如表 4-36 所示。利用 SPSS 软件进行数据处理，选取塑料管的管径、槽深和长度三个变量进行线性回归，得到的结果如表 4-37、表 4-38、表 4-39 所示。

表 4-36　塑料管敷设标准工期

编号	管径（mm）	槽深（mm）	标准工期（天）			
			长度（m）			
			500 以内	1000 以内	1500 以内	1500 以外
C3-44	600 以内	4 以内	30	47	60	77
C3-45		4 以外	43	60	73	89
C3-46	800 以内	4 以内	34	51	64	81
C3-47		6 以内	51	68	81	102
C3-48		6 以外	68	89	106	128
C3-49	1000 以内	4 以内	38	55	68	89
C3-50		6 以内	55	72	85	106
C3-51		6 以外	77	98	115	136
C3-52	1000 以外	4 以内	47	64	77	102
C3-53		6 以内	64	81	94	119
C3-54		6 以外	85	111	123	149

表 4-37　模型汇总

模型	R	R^{2b}	调整后的 R²	估计标准差
9	0.963ᵃ	0.927	0.922	7.84779

表 4-38　方差分析

模型		平方和	df	均方	F	Sig
9	回归	31427.034	3	10475.678	170.093	0.000ᵃ
	残差	2463.512	40	61.588		
	总计	33890.545ᵇ	43			

表 4-39　回归方程系数

模型		非标准化系数		标准系数	t	Sig
		B	标准误差	试用版		
9	（常量）	−131.862	10.685		−12.341	0.000
	管径	0.081	0.009	0.401	9.399	0.000
	槽深	17.668	1.387	0.544	12.750	0.000
	长度	0.052	0.003	0.687	16.105	0.000

表 4-37 是对线性回归方程的拟合优度检验，结果显示，被解释变量和解释变量的复相关系数为 0.963、判定系数为 0.927、调整的判定系数为 0.922、回归方程的估计标准差为 7.84779。由于调整的判定系数 0.922 较接近于 1，因此认为拟合优度较高。

表 4-38 是对线性回归方程的显著性检验，结果显示，被解释变量的总离差平方和为 33890.545，回归平方和及均方为 31427.034 和 10475.678，残差平方和及均方为 2463.512 和 61.588，F 检验统计量的观测值为 170.093，其相伴概率 p 值近似为 0。由于 p 值小于显著性水平 0.05，应拒绝回归方程显著性检验的零假设，认为各回归系数不同时为 0，被解释变量与解释变量全体的线性关系是显著的，可建立线性模型。

表 4-39 是对回归系数的显著性检验，管径、槽深和长度三个变量的回归系数显著性水平 t 检验的相伴概率 p 值都小于显著性水平 0.05，因此拒绝零假设，可以认为这些偏回归系数与 0 有显著差异，它们与被解释变

量的线性关系是显著的，应该保留在方程中。

因此，排水管道-塑料管施工标准工期预测回归方程为：

$$T_{PG} = -131.862 + 0.081 \times 管径 + 17.668 \times 槽深 + 0.052 \times 长度 \qquad (4.34)$$

（4）给水管道工程标准工期预测模型构建

给水管道工程施工标准工期定额包括工程挖槽前各种材料的防腐、构件与管件的加工以及管道冲洗消毒、焊口探伤、阴极保护、功能性试验等所需时间。给水管道按材料不同分铸铁管、砼管，以及钢管、塑料管两大类。

①铸铁管、砼管施工标准工期预测模型构建

给水管道工程按铸铁管、砼管敷设，其施工标准工期定额如表 4-40 所示。利用 SPSS 软件进行数据处理，选取给水管的管径、槽深和长度三个变量进行线性回归，得到的结果如表 4-41、表 4-42、表 4-43 所示。

表 4-41　铸铁管、砼管敷设标准工期

单位：天

长度（m）			
500 以内	1000 以内	1500 以内	1500 以外
21	34	43	55
26	43	51	64
38	60	68	72
34	55	72	77
51	81	94	106
38	64	72	85
55	89	102	115

表 4-42　模型汇总

模型	R	R^{2b}	调整后的 R^2	估计标准差
10	0.966^a	0.932	0.924	6.78166

表 4-42 是对线性回归方程的拟合优度检验，结果显示，被解释变量和解释变量的复相关系数为 0.966、判定系数为 0.932、调整的判定系数为 0.924、回归方程的估计标准差为 6.78166。由于调整的判定系数 0.924

较接近于 1，因此认为拟合优度较高。

表 4-43　方差分析

模型		平方和	df	均方	F	Sig
10	回归	15235.182	3	5078.394	110.422	0.000ᵃ
	残差	1103.782	24	45.991		
	总计	16338.964	27			

表 4-43 是对线性回归方程的显著性检验，结果显示，被解释变量的总离差平方和为 16338.964，回归平方和及均方为 15235.182 和 5078.394，残差平方和及均方为 1103.782 和 45.991，F 检验统计量的观测值为 110.422，其相伴概率 p 值近似为 0。由于 p 值小于显著性水平 0.05，应拒绝回归方程显著性检验的零假设，认为各回归系数不同时为 0，被解释变量与解释变量全体的线性关系是显著的，可建立线性模型。

表 4-44　回归方程系数

模型		非标准化系数		标准系数	t	Sig
		B	标准误差	试用版		
10	（常量）	-112.434	11.600		-9.692	0.000
	管径	0.011	0.016	0.383	6.856	0.000
	槽深	25.790	1.930	0.457	8.184	0.000
	长度	0.045	0.003	0.682	12.864	0.000

表 4-44 是对线性回归系数的显著性检验，结果显示，管径、槽深和长度三个变量的回归系数显著性水平 t 检验的相伴概率 p 值都小于显著性水平 0.05，因此拒绝零假设，认为这些偏回归系数与 0 有显著差异，它们与被解释变量的线性关系是显著的，应该保留在模型中。

因此，给水管道-铸铁、砼管施工标准工期预测回归方程为：

$$T_{GG} = -112.434 + 0.011 \times 管径 + 25.790 \times 槽深 + 0.045 \times 长度 \quad (4.35)$$

②钢管、塑料管敷设施工标准工期预测

钢管、塑料管敷设施工标准工期定额见表 4-45。利用 SPSS 软件进行数据处理，选取管径、槽深和长度三个变量进行线性回归，得到的结果如表 4-46、表 4-47、表 4-48 所示。

表 4-45　钢管、塑料管敷设标准工期

单位：天

槽深（m）	长度（m）			
	500 以内	1000 以内	1500 以内	1500 以外
2 以内	30	47	60	77
4 以内	43	77	89	106
4 以外	68	94	123	136
4 以内	51	85	98	111
4 以外	72	102	136	145
4 以内	60	98	111	123
4 以外	81	119	149	162
4 以内	72	111	123	136
4 以外	98	136	166	179
4 以内	81	115	128	140
4 以外	98	157	179	187
4 以内	89	128	145	153
4 以外	111	179	196	204
4 以内	102	145	162	179
4 以外	123	191	204	217

表 4-46　模型汇总

模型	R	R[2b]	调整后的 R^2	估计标准差
11	0.981[a]	0.962	0.960	8.90485

表 4-47　方差分析

模型		平方和	df	均方	F	Sig
11	回归	112914.252	3	37638.084	474.651	0.000[a]
	残差	4440.598	56	79.296		
	总计	117354.850	50			

表 4-48 回归方程系数

模型		非标准化系数		标准系数	t	Sig
		B	标准误差	试用版		
11	（常量）	−122.300	7.452		−16.412	0.000
	管径	0.049	0.002	0.553	20.778	0.000
	槽深	30.764	1.927	0.425	15.963	0.000
	长度	0.073	0.003	0.611	23.518	0.000

表 4-46 是对线性回归方程的拟合优度检验，结果显示，被解释变量和解释变量的复相关系数为 0.981、判定系数为 0.962、调整的判定系数为 0.960、回归方程的估计标准差为 8.90485。由于调整的判定系数 0.960 较接近于 1，因此认为拟合优度较高。

表 4-47 是对线性回归方程的显著性检验，结果显示，被解释变量的总离差平方和为 117354.850，回归平方和及均方为 112914.252 和 37638.084，残差平方和及均方为 4440.598 和 79.296，F 检验统计量的观测值为 474.651，其相伴概率 p 值近似为 0。由于 p 值小于显著性水平 0.05，应拒绝回归方程显著性检验的零假设，认为各回归系数不同时为 0，被解释变量与解释变量全体的线性关系是显著的，可建立线性模型。

表 4-48 是对回归系数的显著性检验，结果显示，管径、槽深和长度三个变量的回归系数显著性水平 t 检验的相伴概率 p 值都小于显著性水平 0.05，因此拒绝零假设，认为这些偏回归系数与 0 有显著差异，它们与被解释变量的线性关系是显著的，应该保留在模型中。

因此，给水管道-钢管、塑料管施工标准工期预测回归方程为：

$$T_{GG} = -122.30 + 0.049 \times 管径 + 30.764 \times 槽深 + 0.073 \times 长度 \tag{4.36}$$

（5）下穿通道施工标准工期预测模型

"广东定额"未涉及下穿通道，经查阅相关研究后，本书认为下穿通道工程与市政道路中车行下立交工程十分相似，故采用《深圳市建设工程施工工期定额标准（2006 年）》中车行下立交工程施工标准工期定额。

下穿通道工程施工内容包括：打桩、挖土、地基处理、配合道路加固、箱体机构浇筑或预制、顶进、接缝处理、引道及挡土墙、排水管道、泵站及机电设备安装，结构装饰等。

根据工期定额，下穿通道工程施工标准工期基础数据如表 4-49 所示。

表 4-49　下穿通道施工标准工期定额

编号	箱涵长度（m）	箱涵宽度（m）	工期天数（天）	
			明挖现浇	顶进
B2-217	≤15	≤10	194	204
B2-218		10～≤15	203	214
B2-219		15～≤20	213	224
B2-220		20～≤25	218	230
B2-221		25～≤30	223	235
B2-222		30～≤35	228	240
B2-223		35～≤40	233	245
B2-224		>40	237	250
B2-225	≤20	≤10	203	214
B2-226		10～≤15	214	225
B2-227		15～≤20	224	236
B2-228		20～≤25	230	242
B2-229		25～≤30	235	248
B2-230		30～≤35	241	253
B2-231		35～≤40	247	259
B2-232		>40	251	264
B2-233	≤25	≤10	213	224
B2-234		10～≤15	224	236
B2-235		15～≤20	236	249
B2-236		20～≤25	242	255
B2-237		25～≤30	248	261
B2-238		30～≤35	253	267
B2-239		35～≤40	260	274
B2-240		>40	266	280

编号	箱涵长度（m）	箱涵宽度（m）	工期天数（天）	
			明挖现浇	顶进
B2-241	≤30	≤10	223	235
B2-242		10~≤15	235	248
B2-243		15~≤20	248	261
B2-244		20~≤25	254	268
B2-245		25~≤30	261	275
B2-246		30~≤35	267	281
B2-247		35~≤40	273	287
B2-248		>40	280	294
B2-249	≤35	≤10	228	240
B2-250		10~≤15	241	253
B2-251		15~≤20	253	267
B2-252		20~≤25	261	275
B2-253		25~≤30	267	281
B2-254		30~≤35	274	288
B2-255		35~≤40	281	295
B2-256		>40	286	302
B2-257	≤40	≤10	233	245
B2-258		10~≤15	247	259
B2-259		15~≤20	260	274
B2-260		20~≤25	267	281
B2-261		25~≤30	273	287
B2-262		30~≤35	281	295
B2-263		35~≤40	286	302
B2-264		>40	294	309

续表

编号	箱涵长度（m）	箱涵宽度（m）	工期天数（天）	
			明挖现浇	顶进
B2-265	≤45	≤10	237	250
B2-266		10~≤15	251	264
B2-267		15~≤20	266	280
B2-268		20~≤25	273	287
B2-269		25~≤30	280	294
B2-270		30~≤35	286	302
B2-271		35~≤40	294	309
B2-272		>40	300	316
B2-273	≤50	≤10	242	255
B2-274		10~≤15	257	270
B2-275		15~≤20	271	286
B2-276		20~≤25	279	293
B2-277		25~≤30	286	301
B2-278		30~≤35	293	309
B2-279		35~≤40	300	316
B2-280		>40	308	324
B2-281	>50	≤10	247	260
B2-282		10~≤15	263	276
B2-283		15~≤20	277	292
B2-284		20~≤25	285	300
B2-285		25~≤30	292	308
B2-286		30~≤35	299	315
B2-287		35~≤40	307	323
B2-288		>40	315	332

①明挖现浇法施工标准工期预测模型

利用 SPSS 软件进行数据处理，选取涵箱长度和涵箱宽度进行线性回归计算，结果如表 4-50、表 4-51、表 4-52 所示。

表 4-50   模型汇总

模型	R	R^{2b}	调整后的 R^2	估计标准差
12	0.982^a	0.964	0.963	5.429

表 4-51   方差分析

模型		平方和	df	均方	F	Sig
12	回归	55035.035	2	27518.518	933.661	0.000^b
	残差	2033.617	69	29.473		
	总计	57068.653	71			

表 4-52   回归方程系数

模型		非标准化系数		标准系数	t	Sig
		B	标准误差	试用版		
12	（常量）	157.084	2.403		65.357	0.000
	涵箱长度	1.628	0.050	0.746	32.848	0.000
	涵箱宽度	1.568	0.056	0.638	28.007	0.000

表 4-50 是对线性回归方程拟合优度检验，结果显示，被解释变量和解释变量的复相关系数为 0.982、判定系数为 0.964、调整的判定系数为 0.963、回归方程的估计标准差为 5.429。由于调整的判定系数 0.963 较接近于 1，因此认为拟合优度较高。

表 4-51 是对线性回归方程的显著性检验，结果显示，被解释变量的总离差平方和为 57068.653，回归平方和及均方为 55035.035 和 27518.518，残差平方和及均方为 2033.617 和 29.473，F 检验统计量的观测值为 933.661，其相伴概率 p 值近似为 0。由于 p 值小于显著性水平 0.05，应拒绝回归方程显著性检验的零假设，认为各回归系数不同时为 0，被解释变量与解释变量全体的线性关系是显著的，可建立线性模型。

表 4-52 是对回归系数的显著性检验，结果显示，涵箱长度和涵箱宽度两个变量的回归系数显著性水平 t 检验的相伴概率 p 值都小于显著性水平 0.05，因此拒绝零假设，认为这些偏回归系数与 0 有显著差异，它们与被解释变量的线性关系是显著的，应该保留在模型中。

因此，明挖现浇法下穿通道施工标准工期预测回归方程为：

$$T_{XCTD} = 157.084 + 1.628 \times 涵箱长度 + 1.568 \times 涵箱宽度 \tag{4.37}$$

②明挖顶进法施工标准工期预测模型

根据明挖顶进法施工标准工期定额的基础数据，利用 SPSS 软件，选取涵箱长度和涵箱全宽进行线性回归分析。

同理，可得到顶进法施工的下穿通道施工标准工期预测回归方程为：

$$T_{XCTD} = 165.438 + 1.649 \times 涵箱长度 + 1.712 \times 涵箱宽度 \tag{4.38}$$

下穿通道工程施工标准工期是按涵箱长度，涵箱内分孔，采用明挖现浇或一次顶进编制标准施工工期定额，若涵箱分孔且分别顶进时，其施工标准工期应乘以相应系数，参照表 4-53 对应的系数。

表 4-53　涵箱分孔、分别顶进时工期相应的系数

涵箱孔数	二孔	三孔	四孔
系数	1.10	1.15	1.20

当工程采用井点降水或钢板桩支撑措施时，均可增加基本工期 5% 的工期；若两种措施同时采用时，可以增加基本工期 10% 的工期。

（6）绿化工程施工标准工期预测模型

绿化工程施工内容主要包括：各种乔木、灌木、草坪、花卉等苗木的种植、绿地喷灌等施工期内的苗木养护及非季节所发生的全部内容，不含工程竣工后的苗木养护。其标准施工工期依据设计尺寸以平方米计算，如表 4-54 所示。

表 4-54　绿化工程施工标准工期定额

编号	面积（m²）	工期（天）
4-8	≤10000	75
4-9	≤20000	95
4-10	≤50000	115
4-11	≤100000	130
4-12	>100000	150

根据绿化工程标准施工工期定额基础数据，利用 SPSS 软件进行多种函数模型回归，结果如表 4-55 所示。

表 4-55　模型估计及参数评估

方程式	模型摘要						参数评估	
	R^2	F	df_1	df_2	显著性	常数	b_1	b_2
线性	0.928	38.924	1	3	0.008	81.203	0.000	
对数	0.985	194.606	1	3	0.001	-164.148	25.967	
二次曲线模型	0.963	25.1016	2	2	0.037	72.840	0.001	-2.519E-9
指数模式	0.869	19.815	1	3	0.021	82.603	4.316E-6	
Logistic 分配	0.869	19.815	1	3	0.021	0.012	1.000	

从表 4-55 中可以看出线性回归、对数曲线模型、二次曲线模型、指数模型和 Logistic 分配模型的 R^2 分别为 0.928、0.985、0.963、0.869 和 0.869，其中对数模型的 R^2 最大，表示对数模型的拟合度最好，被解释变量可以被模型解释的部分较多，未被解释的部分较少，而且 F 检验统计量的观测值为 194.606，其相伴概率 p 值近似为 0.001，小于显著性水平 0.05，应拒绝回归方程显著性检验的零假设，认为各回归系数不同时为 0，被解释变量与解释变量全体的对数曲线关系是显著的，可建立对数曲线模型。

因此，道路工程中绿化工程施工标准工期预测模型为：

$$T_{LH} = 25.967 \times \ln(\text{绿化面积}) - 164.148 \tag{4.39}$$

（7）交通设施工程施工标准工期预测模型

交通安全设施工程施工内容包括：路面画线、反光道钉、标志牌、护栏等。交通安全设施区分道路的车道数，根据不同的道路长度可查表得出施工基本工期，限额长度为 4km，超过限额长度的不再增加工期。

鉴于数据量少，可以直接查询相应施工标准工期定额，如表 4-56、表 4-57 和表 4-58 所示。

表 4-56　交通安全设施工程工期定额

编号	道路车道数量	每公里道路工期（天）
B9-33	双向六车道以上	16
B9-34	双向四车道以上	11
B9-35	双向二车道以上	9
B9-36	二车道以下	7

表 4-57　单独施工路面标线工期定额

编号	道路车道数量	每公里道路工期（天）
B9-37	双向四车道以上	2
B9-38	双向两车道及以下	1

表 4-58　交通信号设施工程

编号	施工内容	十字交叉路口数量（个）		
		2	4	6
B9-39	交通灯	22	40	50
B9-40	电子警察	4	7	9

（8）照明工程施工标准工期预测模型

照明工程施工标准工期适用于城市道路照明灯具（包括路灯、隧道灯、用于市政道路照明的庭院灯等）安装工程的施工工期计算，不适用于美化、广告等特殊照明工程工期计算。

路灯工程工作范围包括路灯基础、附属线路制作安装及其土方工作、灯杆灯具的安装调试、电缆敷设与连接、电源的安装调试、系统整体调试等。未包括通常在路面形成前的预埋工作。城市道路照明一般有：普通路灯、半高杆灯、高杆灯、隧道灯具和庭院灯，其施工标准工期定额分别如表 4-59、表 4-60、表 4-61 和表 4-62 所示。

表 4-59　单臂普通路灯工期定额

编号	列数	总数量（根）	工期（天）
B9-1	1	10	15
B9-2	2	20	18

编号	列数	总数量（根）	工期（天）
B9-3	3	30	21
B9-4	4	40	22
B9-5	1	30	21
B9-6	2	60	30
B9-7	3	90	36
B9-8	4	120	38
B9-9	1	60	36
B9-10	2	120	58
B9-11	3	180	67
B9-12	4	240	72
B9-13	1	90（N_0）	39
B9-14	2	180（N_0）	69
B9-15	3	270（N_0）	83
B9-16	4	360（N_0）	89

表 4-60　高杆灯工期定额

编号	总数量（根）	工期（天）
B9-17	4	20
B9-18	8（N_0）	30

表 4-61　庭院灯工期定额

编号	列数	总数量（根）	工期（天）
B9-19	1	10	9
B9-20	2	20	11
B9-21	1	30	13
B9-22	2	60	18
B9-23	1	60	22
B9-24	2	120	35
B9-25	1	90（N_0）	23
B9-26	2	180（N_0）	42

表 4-62　隧道灯工期定额

编号	列数	总数量	工期（天）		
			安装高度 m		
			4 以内	10 以内	10 以上
B9-27	2	20	11	21	23
B9-28	4	40	13	26	28
B9-29	2	60	18	35	39
B9-30	4	120	22	45	49
B9-31	2	120 （N_0）	33	66	72
B9-32	4	240 （N_0）	42	81	93

路灯工程施工标准工期计算规则如下。

一是对于不同的灯具均给出控制工期的限额数量 N_0，并可按不同的路灯数给出不同的 N_0 值作为计算标准工期的依据。

二是当路灯总数量在规定限额数量（N_0）范围以内，其基本工期（T_a）由路灯工期标准表直接查取。

三是路灯施工总数量小于标准列值最小值时，一律按表中最小值计取工期；当路灯施工总数量在表列值之间时，以内插法计取工期值。

四是当路灯总数量大于规定的限额数量（N_0）时，对于超出限额数量部分的路灯，仅计取一定比例的基本工期，作为多作业队分段同时施工的"协调工期"，以"协调系数"控制工期总水平。其基本工期的一般计算模式如下：

$$T_{ZM} = T_1 + 0.15 \times T_2 + 0.1 \times T_3 + 0.05 \times T_4 \qquad (4.40)$$

式（4.40）中：T_1、T_2、T_3 及 T_4 分别为第一至第四个限额数量范围内路灯的基本工期。

当路灯总数量超过四倍限额数量时，超出部分不再计取工期，其基本工期为：

$$T_{ZM} = 1.3 \times T_0 \qquad (4.41)$$

T_0 为一个限额数量值所对应的基本工期，称"限额工期"。

五是当连续施工的路灯中含有两种形式的灯具时，其基本工期计算如下。

当施工总数量（N）≤限额数量（N_0）时，其基本工期按下式计算：

$$T_{ZM} = (T_1 N \times N_1 + T_2 N \times N_2)/N \tag{4.42}$$

式（4.42）中：N_1 与 N_2 分别为两种形式路灯的数量，$T_1 N$ 与 $T_2 N$ 分别为两种形式路灯均按总数量（$N=N_1+N_2$）查取的基本工期。

当施工总数量（N）>限额数量（N_0）时，且两种形式路灯数量 N_1 与 N_2 均小于限额数量时，分别查取两种形式路灯的限额工期为 T_{01} 与 T_{02}。

若 $T_{01}>T_{02}$ 时，则式（4.42）中 $T_1 = T_{02} + (T_{01}-T_{02}) \times N_1/N_0$

T_2 按 N_2 段形式路灯及剩余数量（$N-N_0$）查取基本工期。

若 $T_{01} \leqslant T_{02}$ 时，则式（4.42）中 $T_1 = T_{01} + (T_{02}-T_{01}) \times N_2/N_0$

T_2 按 N_1 段形式路灯及剩余数量（$N-N_0$）查取基本工期。

当其中一种形式路灯数量（N_1）大于或者等于限额数量，另一种形式路灯数（N_1）小于限额数量时，分别查取两种形式路灯的限额工期为 T_{01} 与 T_{02}。

a. 若 $T_{01}>T_{02}$ 时，则按 N_1 段形式路灯和路灯总数量计算基本工期。

b. 若 $T_{01} \leqslant T_{02}$ 时，则按式（4.42）中 $T_1 = T_{01} + (T_{02}-T_{01}) \times N_2/N_0$

T_2 或 T_3、T_4 按 N_1 段形式路灯计取基本工期。

当两种形式路灯数量均大于限额数量时，则取限额工期较长的一种形式作为计算全部路灯工期的依据。

（9）隧道工程施工标准工期预测模型

因"广东定额"中未涉及隧道工程，在查阅相关隧道工期文献的基础上，本课题根据各围岩等级的长度确定隧道工程工期。因围岩等级不具有区域性，只跟围岩等级的划分有关，故本课题在隧道工程上借鉴《山岭隧道群工期保障方案研究》中的数据，[1] 如表4-63所示。

---

① 陈仁东：《山岭隧道群工期保障方案研究》，《公路隧道》2015年第4期。

表 4-63 月进度指标估算

工作面	工况	围岩等级			
		V	IV	III	II 及以上
主洞进、出口	1 循环/天	30	60	75	90
	1.5 循环/天	30	90	112.5	135

在表 4-63 数据的基础上，可得隧道工程施工标准工期预测模型为：

$$T_{SD} = T_0 + L_1/S_1 + L_2/S_2 + \cdots + L_5/S_5 \tag{4.43}$$

T_{SD} 表示隧道总工期；T_0 表示洞口工程所需时间。其中，洞口工程的工作内容包括进洞前边、仰坡削整与防护、超前地层加固等，并综合考虑左右线双洞间相互影响，先后错开进洞，按每端洞口 1.5 个月计。

L_i（i=1，2，3，4，5）表示隧道内各类围岩长度。

S_i（i=1，2，3，4，5）表示隧道内各类围岩长度段的施工进度。

四 城市快速路建设竣工验收阶段工期预测模型

竣工验收阶段工期是指施工单位按设计文件要求完成施工合同任务到项目交付使用所经历的时间。考虑竣工验收阶段的工期影响因素的影响程度，城市快速路建设竣工验收阶段工期的预测模型为：

$$T_3 = \left(\sum W_i K_i + 1 \right) \times T_{YS} \tag{4.44}$$

W_i、K_i 分别表示竣工验收阶段城市快速路影响因素的权重、对整个竣工验收阶段工期的影响程度，具体影响因素包括：竣工资料整理，验收整改拖延。

$\Sigma W_i K_i$ 表示影响因素对城市快速路竣工验收阶段的影响程度。

T_{YS} 表示竣工验收阶段，一般为 1 个月，不得超过 3 个月，故为 30~90 天。

假设 $\Sigma W_i K_i$ 在最乐观、最可能、最悲观的情况下的系数分别为 α_3、β_3、γ_3，与建设前期的工期预测同理，可得到城市快速路建设最乐观、最可能、最悲观的竣工验收阶段工期。

最乐观竣工验收交付工期为:

$$T_3 = (\alpha_3 + 1) \times T_{YS} \qquad (4.45)$$

最可能竣工验收交付工期为:

$$T_3 = (\beta_3 + 1) \times T_{YS} \qquad (4.46)$$

最悲观竣工验收交付工期为:

$$T_3 = (\gamma_3 + 1) \times T_{YS} \qquad (4.47)$$

五　考虑影响因素的城市快速路建设工期预测模型构建

(一)　基于熵权法的影响因素权重计算

1. 问卷设计

在第三章对城市快速建设工期影响因素进行辨识、过滤、定量评级之后,保留了 13 个城市快速路建设工期影响因素。在附录 A 的问卷调查表的基础上进行修改,删除社会原因、不可抗力和突发事故等三个影响因素,对保留的 13 个影响因素,按各影响因素对建设工期影响的重要程度重新设计专家问卷调查表。为便于受访者适度比较考量和选择,量表设计仍采用李克特(Likert Scale)五点式量表,按工期影响因素对建设工期影响的重要程度设计相应分值:"极重要、较重要、重要、一般和不重要",对应分值:"5、4、3、2 和 1"。具体见表 4-64。

表 4-64　城市快速路建设工期影响因素重要度指数

重要度指数	一级	二级	三级	四级	五级
重要度估值	1	2	3	4	5
描述说明	不重要	一般	重要	比较重要	非常重要

2. 问卷发放与回收

为了能客观真实地反映厦门市城市快速路建设工期的影响程度和延迟的可能性,对目前在厦门市有参与过市政道路业务的相关单位,如中铁十七局集团第六工程有限公司、中铁二十二局集团第三工程有限公司、中国四海工程有限公司福建分公司、中铁第十七工程局厦门工程处、福建省交建集团工程有限公司、福建省第一公路工程有限公司、大成工程股份有限公司、厦门市政工程有限公司、厦门市第二市政工程公司、厦门市百城建设有限公司、厦门轨道交通集团有限公司、厦门市亿雄建设集团有限公司和厦门路桥建设集团有限公司共13家单位的总工和项目负责人，进行半结构专家问卷调查。本次共发放问卷26份，回收20份有效问卷。

3. 基于熵权法的影响因素权重计算

针对回收的有效问卷，采用熵权法计算城市快速路建设工期各影响因素的权重。按照式（4.1）、式（4.2）和式（4.3）分别计算各影响因素的熵权，得到前期阶段各影响因素权重，由大到小依次是征地拆迁不力的权重为0.3877、地下管线拆移不力为0.1736、前期方案论证不足的权重为0.1345、勘察不详的权重为0.1332、前期报批缓慢的权重为0.0927和标段划分不合理的权重为0.0783；施工阶段各因素权重分别为：组织管理协调不力的权重为0.1553、设计缺陷的权重为0.2956、军事管线设施限制的权重为0.3106、自然环境不利影响的权重为0.0913、周边环境不利影响的权重为0.1471；竣工验收阶段各影响因素的权重分别为：竣工资料整理拖延的权重为0.5484、验收整改拖延的权重为0.4516，计算结果如表4-65、表4-66和表4-67所示。

表4-65　前期阶段影响因素熵权计算

专家编号	前期方案论证不足（K_1Q_1）	前期报批缓慢（K_1Q_2）	标段划分不合理（K_1Q_3）	勘察不详（K_1Q_4）	征地拆迁不力（K_2Q_1）	地下管线迁移不力（K_2Q_2）
专家1	0.0429	0.0617	0.0471	0.0595	0.0169	0.0423
专家2	0.0571	0.0617	0.0588	0.0476	0.0169	0.0282
专家3	0.0429	0.0494	0.0588	0.0476	0.0508	0.0282
专家4	0.0571	0.0617	0.0588	0.0595	0.0339	0.0563
专家5	0.0429	0.0494	0.0471	0.0476	0.0508	0.0563
专家6	0.0286	0.0494	0.0235	0.0595	0.0508	0.0563
专家7	0.0429	0.0247	0.0471	0.0238	0.0508	0.0423

续表

专家编号	前期方案论证不足 (K_1Q_1)	前期报批缓慢 (K_1Q_2)	标段划分不合理 (K_1Q_3)	勘察不详 (K_1Q_4)	征地拆迁不力 (K_2Q_1)	地下管线迁移不力 (K_2Q_2)
专家8	0.0714	0.0494	0.0471	0.0595	0.0678	0.0563
专家9	0.0429	0.0370	0.0353	0.0357	0.0508	0.0423
专家10	0.0286	0.0370	0.0471	0.0476	0.0169	0.0282
专家11	0.0429	0.0617	0.0471	0.0595	0.0508	0.0563
专家12	0.0571	0.0494	0.0588	0.0476	0.0678	0.0563
专家13	0.0571	0.0494	0.0588	0.0595	0.0678	0.0563
专家14	0.0571	0.0494	0.0588	0.0595	0.0508	0.0563
专家15	0.0714	0.0370	0.0471	0.0595	0.0847	0.0704
专家16	0.0714	0.0617	0.0588	0.0238	0.0678	0.0563
专家17	0.0429	0.0494	0.0471	0.0476	0.0678	0.0423
专家18	0.0429	0.0494	0.0471	0.0595	0.0508	0.0704
专家19	0.0571	0.0617	0.0588	0.0595	0.0678	0.0704
专家20	0.0429	0.0494	0.0471	0.0357	0.0169	0.0282
熵值 e_j	0.9897	0.9929	0.9940	0.9898	0.9703	0.9867
$1-e_j$	0.0103	0.0071	0.006	0.0102	0.0297	0.0133
熵权	0.1345	0.0927	0.0783	0.1332	0.3877	0.1736

表 4-66　施工阶段影响因素熵权计算

专家编号	组织管理协调不力 (K_1S_2)	设计缺陷 (K_1S_1)	军事管线设施限制 (K_1S_1)	自然环境的不利影响 (K_2S_2)	周边环境的不利影响 (K_2S_3)
专家1	0.0417	0.0286	0.0164	0.0597	0.0580
专家2	0.0694	0.0429	0.0820	0.0597	0.0290
专家3	0.0556	0.0571	0.0164	0.0448	0.0435
专家4	0.0556	0.0286	0.0492	0.0448	0.0580
专家5	0.0556	0.0429	0.0328	0.0299	0.0435
专家6	0.0278	0.0429	0.0328	0.0299	0.0290

专家编号	组织管理协调不力 (K_1S_2)	设计缺陷 (K_1S_1)	军事管线设施限制 (K_1S_1)	自然环境的不利影响 (K_2S_2)	周边环境的不利影响 (K_2S_3)
专家 7	0.0278	0.0714	0.0328	0.0448	0.0435
专家 8	0.0556	0.0714	0.0492	0.0597	0.0580
专家 9	0.0417	0.0429	0.0492	0.0448	0.0435
专家 10	0.0417	0.0143	0.0492	0.0448	0.0580
专家 11	0.0694	0.0571	0.0656	0.0597	0.0435
专家 12	0.0556	0.0571	0.0656	0.0597	0.0580
专家 13	0.0556	0.0571	0.0492	0.0448	0.0580
专家 14	0.0278	0.0714	0.0656	0.0448	0.0435
专家 15	0.0556	0.0714	0.0656	0.0597	0.0290
专家 16	0.0556	0.0714	0.0656	0.0597	0.0580
专家 17	0.0417	0.0571	0.0492	0.0448	0.0580
专家 18	0.0417	0.0286	0.0656	0.0448	0.0435
专家 19	0.0556	0.0571	0.0328	0.0597	0.0725
专家 20	0.0694	0.0286	0.0656	0.0597	0.0725
熵值 e_j	0.9886	0.9783	0.9772	0.9933	0.9892
$1-e_j$	0.0114	0.0217	0.0228	0.0067	0.0108
熵权	0.1553	0.2956	0.3106	0.0913	0.1471

表 4-67　竣工验收阶段影响因素熵权法计算

专家编号	竣工资料整理拖延 (K_1J_1)	验收整改拖延 (K_1J_2)
专家 1	0.0222	0.0233
专家 2	0.0222	0.0233
专家 3	0.0222	0.0233
专家 4	0.0667	0.0698
专家 5	0.0444	0.0465
专家 6	0.0222	0.0465
专家 7	0.0444	0.0233

专家编号	竣工资料整理拖延（K_1J_1）	验收整改拖延（K_1J_2）
专家 8	0.0667	0.0698
专家 9	0.0667	0.0698
专家 10	0.0222	0.0465
专家 11	0.0667	0.0698
专家 12	0.0889	0.0698
专家 13	0.0444	0.0465
专家 14	0.0222	0.0465
专家 15	0.0444	0.0465
专家 16	0.0667	0.1163
专家 17	0.0667	0.0465
专家 18	0.0444	0.0465
专家 19	0.1111	0.0233
专家 20	0.0444	0.0465
熵值 e_j	0.9615	0.9683
$1-e_j$	0.0385	0.0317
熵权	0.5484	0.4516

（二）基于三角模糊数的工期风险效度计算

1. 问卷设计

在附录 A 问卷调查表的基础上直接删除社会原因、不可抗力和突发事故 3 个影响因素，对保留的 13 个影响因素的工期风险效度进行调查问卷设计。为便于专家直接打分，量表设计仍采用李克特五点式量表。风险效度等级按工期影响因素发生对建设工期的损失比率由低到高进行分级，依次分为低风险、较低风险、中风险、高风险和极高风险，并分别对应赋值为 1、2、3、4 和 5，如表 4-68 所示。工期损失是指影响因素发生造成建设工期损失时间与计划总建设工期之间的比率，根据工程实践经验，取

1%~30%。①

表 4-68 建设工期影响因素风险效度模糊语言描述

等级	估值	描述	工期损失 TR
一级	1	低风险	≤1%
二级	2	较低风险	$1\% < TR \leq 10\%$
三级	3	中等风险	$10\% < TR \leq 20\%$
四级	4	高风险	$20\% < TR \leq 30\%$
五级	5	极高风险	>30%

2. 问卷发放与回收

为了能客观真实地反映厦门市城市快速路建设项目工期的影响程度和延迟的可能性，本轮调查对象选择限定在上轮问卷调查的 13 家单位和九人专家组中进行半结构专家问卷调查。本次共发放问卷 26 份，回收 22 份问卷，其中有效问卷 20 份。

3. 基于三角模糊数的工期风险效度计算

根据回收的 20 份有效问卷的数据进行整理，把 20 位专家对各影响因素工期风险效度进行评价的分值归集，如表 4-69 所示。

表 4-69 专家对各影响因素发生工期风险效度评分值

	专家编号																				求和
	1	2	3	4	5	6	7	8	9	10	11	12	13	14	15	16	17	18	19	20	
前期方案论证不足	5	4	4	5	4	4	2	5	3	4	5	5	5	5	5	2	4	5	5	3	84
前期报批缓慢	4	2	3	4	3	2	3	4	3	4	3	4	4	3	2	4	4	3	5	5	69
标段划分不合理	1	1	3	2	3	3	4	3	1	3	4	4	4	5	4	4	3	4	4	1	59
勘察不详	3	4	3	4	3	4	3	5	3	4	2	4	4	5	3	5	3	3	4	3	70
设计缺陷	3	2	2	4	3	4	3	4	3	4	3	4	3	3	4	3	5	5	5	2	71

---

① 靳慧斌、赵振武：《基于三角模糊的航空公司安全评估研究》，《电子科技大学学报》（社科版）2009 年第 4 期。

续表

	专家编号																				求和
	1	2	3	4	5	6	7	8	9	10	11	12	13	14	15	16	17	18	19	20	
组织管理协调不力	2	3	4	2	3	3	5	5	3	1	4	4	4	5	5	5	4	2	4	2	70
竣工资料整理拖延	1	1	1	3	2	2	1	3	3	2	3	3	2	2	2	5	2	2	1	2	43
验收整改拖延	1	1	1	3	2	1	2	3	3	1	3	4	2	1	2	3	3	2	5	2	45
征地拆迁不力	4	5	5	5	4	2	4	4	3	4	4	5	5	5	4	5	4	4	5	4	85
地下管线迁移不力	5	5	4	5	4	2	2	4	3	3	5	4	4	3	3	5	4	4	5	4	81
军事管线设施限制	3	5	4	4	4	2	2	5	3	4	4	2	4	2	4	4	3	3	4	5	72
自然环境的不利影响	1	5	1	3	2	2	2	3	3	4	4	4	3	4	4	4	3	4	2	4	61
周边环境的不利影响	4	4	3	3	2	2	3	4	3	3	4	4	3	3	4	4	3	3	4	4	67

首先，根据第四章第一节基于三角模糊数法的建设工期影响因素工期风险效度，按照三角模糊数的计算式（4.4）、式（4.5）和式（4.6），计算各影响因素的工期风险效度三角模糊数 l_j、z_j 和 b_j，如表4-70所示。

其次，按式（4.7）、式（4.8）和式（4.9），利用上一节计算的各影响因素权重与各相应的影响因素的三角模糊数相乘，计算各影响因素导致城市快速路建设工期延迟程度值，计算结果如表4-71、表4-72和表4-73所示。

最后，根据式（4.10）、式（4.11）和式（4.12），按三个阶段各自的影响因素对工期延迟影响系数值进行累加，得到不同阶段的城市快速路建设工期影响系数值，计算结果如表4-74~4-76所示。

表4-70　影响系数对城市快速路建设工期延迟三角模糊数的计算

序号	前期方案论证不足发生可能性			前期报批缓慢发生可能性			标段划分不合理发生可能性			勘察不详发生可能性			设计缺陷发生可能性		
	l_{i1}	z_{i1}	b_{i1}	l_{i2}	z_{i2}	b_{i2}	l_{i3}	z_{i3}	b_{i3}	l_{i4}	z_{i4}	b_{i4}	l_{i5}	z_{i5}	b_{i5}
1	0.1000	0.55	1	0.0100	0.055	0.1000	0	0.000055	0.0001	0.0010	0.0055	0.0100	0.0010	0.0055	0.0100
2	0.0100	0.055	0.1000	0.0001	0.00055	0.0010	0	0.000055	0.0001	0.0100	0.055	0.1000	0.0001	0.00055	0.0010
3	0.0100	0.055	0.1000	0.0010	0.0055	0.0100	0.0010	0.0055	0.0100	0.0010	0.0055	0.0100	0.0001	0.00055	0.0010
4	0.1000	0.55	1	0.0100	0.055	0.1000	0.0001	0.00055	0.0010	0.0100	0.055	0.1000	0.0100	0.055	0.1000
5	0.0100	0.055	0.1000	0.0010	0.0055	0.0100	0.0010	0.0055	0.0100	0.0010	0.0055	0.0100	0.0100	0.055	0.1000
6	0.1000	0.55	1	0.0001	0.00055	0.0010	0.0010	0.0055	0.0100	0.0001	0.00055	0.0010	0.0100	0.055	0.1000
7	0.0001	0.00055	0.0010	0.0010	0.0055	0.0100	0.0010	0.0055	0.0100	0.0010	0.0055	0.0100	0.0010	0.0055	0.0100
8	0.1000	0.55	1	0.0100	0.055	0.1000	0.0100	0.055	0.1000	0.1000	0.55	1	0.0100	0.055	0.1000
9	0.0010	0.0055	0.0100	0.0010	0.0055	0.0100	0.0010	0.0055	0.0100	0.0010	0.0055	0.0100	0.0010	0.0055	0.0100
10	0.0100	0.055	0.1000	0.0100	0.055	0.1000	0	0.000055	0.0001	0.0001	0.00055	0.0010	0.0001	0.00055	0.0010
11	0.1000	0.55	1	0.0100	0.055	0.0100	0.0010	0.0055	0.0100	0.0010	0.0055	0.0100	0.0100	0.055	0.1000
12	0.0100	0.055	0.1000	0.0100	0.055	0.1000	0.0100	0.055	0.1000	0.0100	0.055	0.1000	0.0100	0.055	0.1000
13	0.1000	0.55	1	0.0100	0.055	0.1000	0.0010	0.055	0.1000	0.0100	0.055	0.1000	0.0010	0.055	0.1000
14	0.1000	0.55	1	0.0001	0.00055	0.0010	0.0010	0.0055	0.0100	0.0100	0.055	1	0.0100	0.055	0.1000
15	0.1000	0.55	1	0.0100	0.055	0.1000	0.0100	0.55	1	0.1000	0.55	1	0.1000	0.55	1
16	0.0001	0.00055	0.0010	0.0100	0.055	0.1000	0.0100	0.055	0.1000	0.1000	0.55	1	0.0100	0.055	0.1000
17	0.0100	0.055	0.1000	0.0100	0.055	0.0100	0.0010	0.055	0.1000	0.0010	0.0055	0.0100	0.0010	0.0055	0.0100
18	0.1000	0.55	1	0.0010	0.0055	1	0.0100	0.0055	0.0100	0.0100	0.055	0.0100	0.1000	0.55	1
19	0.1000	0.55	1	0.1000	0.55	1	0	0.055	0.1000	0.0010	0.0055	0.1000	0.1000	0.55	1
20	0.0010	0.0055	0.0100	0.1000	0.55		0	0.000055	0.0001	0.0010	0.0055	0.0100	0.0001	0.00055	0.0010
均值	0.0531	0.2921	0.5311	0.0144	0.0790	0.1437	0.0084	0.0462	0.0841	0.0185	0.1015	0.1846	0.0197	0.1085	0.1972

续表

序号	组织管理协调不力发生可能性			竣工资料整理拖延发生可能性			验收整改拖延发生可能性			征地拆迁不力发生可能性		
	l_{i6}	z_{i6}	b_{i6}	l_{i7}	z_{i7}	b_{i7}	l_{i8}	z_{i8}	b_{i8}	l_{i9}	z_{i9}	b_{i9}
1	0.0001	0.00055	0.0010	0	0.000055	0.0001	0	0.000055	0.0001	0.0100	0.055	0.1000
2	0.0010	0.0055	0.0100	0	0.000055	0.0001	0	0.000055	0.0001	0.1000	0.55	1
3	0.0100	0.055	0.1000	0	0.000055	0.0001	0.0010	0.000055	0.0001	0.1000	0.55	1
4	0.0001	0.00055	0.0010	0.0010	0.0055	0.0100	0.0001	0.0055	0.0100	0.1000	0.55	1
5	0.0010	0.0055	0.0100	0.0001	0.00055	0.0010	0	0.00055	0.0010	0.0100	0.055	0.1000
6	0.0010	0.0055	0.0100	0.0001	0.00055	0.0010	0.0001	0.000055	0.0001	0.0001	0.00055	0.0010
7	0.1000	0.55	1	0	0.000055	0.0001	0.0010	0.00055	0.0010	0.0100	0.055	0.1000
8	0.1000	0.55	1	0.0010	0.0055	0.0100	0.0010	0.0055	0.0100	0.0100	0.055	0.1000
9	0.0010	0.0055	0.0100	0.0010	0.0055	0.0100	0	0.0055	0.0100	0.0010	0.0055	0.0100
10	0	0.000055	0.0001	0.0001	0.00055	0.0010	0	0.000055	0.0001	0.0100	0.055	0.1000
11	0.0100	0.055	0.1000	0.0010	0.0055	0.0100	0.0010	0.0055	0.0100	0.0100	0.055	0.1000
12	0.0100	0.055	0.1000	0.0010	0.0055	0.0100	0.0100	0.055	0.1000	0.1000	0.55	1
13	0.0100	0.055	1	0.0001	0.00055	0.0010	0.0001	0.00055	0.0010	0.1000	0.55	1
14	0.1000	0.55	1	0.0001	0.00055	0.0010	0	0.000055	0.0001	0.1000	0.55	1
15	0.1000	0.55	1	0.0001	0.00055	0.0010	0.0001	0.0055	0.0010	0.0100	0.055	0.1000
16	0.1000	0.55	1	0.1000	0.55	1	0.0010	0.0055	0.0100	0.1000	0.55	1
17	0.0100	0.055	0.1000	0.0001	0.00055	0.0010	0.0010	0.0055	0.0100	0.0100	0.055	0.1000
18	0.0001	0.00055	0.0010	0.0001	0.00055	0.0010	0.0001	0.00055	0.0010	0.0100	0.055	0.1000
19	0.0100	0.055	0.1000	0	0.000055	0.0001	0.1000	0.55	1	0.1000	0.55	1
20	0.0001	0.00055	0.0010	0.0001	0.00055	0.0010	0.0001	0.00055	0.0010	0.0100	0.055	0.1000
均值	0.0282	0.1552	0.2822	0.0053	0.0291	0.0530	0.0058	0.0321	0.0583	0.0451	0.2478	0.4506

续表

序号	地下管线迁移不力发生可能性			军事管线设施限制可能性			自然环境不利影响可能性			周边环境不利影响可能性		
	l_{i10}	z_{i10}	b_{i10}	l_{i11}	z_{i11}	b_{i11}	l_{i12}	z_{i12}	b_{i12}	l_{i13}	z_{i13}	b_{i13}
1	0.1000	0.55	1	0.0010	0.0055	0.0100	0	0.000055	0.0001	0.0100	0.055	0.1000
2	0.1000	0.55	1	0.1000	0.55	1	0.1000	0.55	1	0.0100	0.055	0.1000
3	0.0100	0.055	0.1000	0.0100	0.055	0.1000	0	0.000055	0.0001	0.0010	0.0055	0.0100
4	0.1000	0.55	1	0.0100	0.055	0.1000	0.0010	0.0055	0.0100	0.0010	0.0055	0.0100
5	0.0100	0.055	0.1000	0.0100	0.055	0.1000	0.0001	0.00055	0.0010	0.00055	0.00055	0.0010
6	0.0100	0.055	0.1000	0.0001	0.00055	0.0010	0.0001	0.00055	0.0010	0.00055	0.00055	0.0010
7	0.0001	0.00055	0.0010	0.0001	0.00055	0.0010	0.0001	0.00055	0.0010	0.0010	0.0055	0.0100
8	0.0100	0.055	0.1000	0.0100	0.055	0.1000	0.0010	0.0055	0.0100	0.0100	0.055	0.1000
9	0.0010	0.0055	0.0100	0.0010	0.0055	0.0100	0.0010	0.0055	0.0100	0.0010	0.0055	0.0100
10	0.0010	0.0055	0.0100	0.0010	0.0055	0.0100	0.0010	0.0055	0.0100	0.0100	0.055	0.1000
11	0.1000	0.55	1	0.1000	0.55	1	0.0100	0.055	0.1000	0.0100	0.055	0.1000
12	0.0100	0.055	0.1000	0.0100	0.055	0.1000	0.0100	0.055	0.1000	0.0100	0.055	0.1000
13	0.0100	0.055	0.1000	0.0100	0.055	0.1000	0.0010	0.0055	0.0100	0.0010	0.0055	0.0100
14	0.0100	0.055	0.1000	0.0001	0.00055	0.0010	0.0010	0.0055	0.0100	0.0010	0.0055	0.0100
15	0.0010	0.0055	0.0100	0.0100	0.055	0.1000	0.0100	0.055	0.1000	0.0100	0.055	0.1000
16	0.1000	0.55	1	0.0100	0.055	0.1000	0.0100	0.055	0.1000	0.0100	0.055	0.1000
17	0.0100	0.055	0.1000	0.0010	0.0055	0.0100	0.0010	0.0055	0.0100	0.0010	0.0055	0.0100
18	0.0100	0.055	0.1000	0.0010	0.0055	0.0100	0.0010	0.055	0.0100	0.0010	0.0055	0.0100
19	0.1000	0.55	1	0.1000	0.55	0.1000	0.0001	0.00055	0.0010	0.0100	0.055	0.1000
20	0.0100	0.055	0.1000	0.1000	0.55	1	0.0100	0.055	0.1000	0.0100	0.055	0.1000
均值	0.0352	0.1934	0.3516	0.0198	0.1087	0.1977	0.0088	0.0485	0.0882	0.0050	0.0273	0.0496

表 4-71　前期阶段影响因素对城市快速路建设工期延迟的模糊值计算

	前期方案论证不足对工程延期程度			前期报批缓慢对工程延期程度			标段划分不合理对工程延期程度		
	l_1	z_1	b_1	l_2	z_2	b_2	l_3	z_3	b_3
建设工期延迟模糊值	0.0531	0.2921	0.5311	0.0144	0.0790	0.1437	0.0084	0.0462	0.0841
工期影响因素权重		0.1345			0.0927			0.0783	
影响因素工期损失值	0.0071	0.0393	0.0714	0.0013	0.0073	0.0133	0.0007	0.0036	0.0066

	勘察不详对工程延期程度			征地拆迁不力对工程延期程度			地下管线迁移不力对工程延期程度		
	l_4	z_4	b_4	l_9	z_9	b_9	l_{10}	z_{10}	b_{10}
建设工期延迟模糊值	0.0185	0.1015	0.1846	0.0451	0.2478	0.4506	0.0352	0.1934	0.3516
工期影响因素权重		0.1332			0.3877			0.1736	
影响因素工期损失值	0.0025	0.0135	0.0246	0.0175	0.0961	0.1747	0.0061	0.0336	0.0610

表 4-72 施工阶段影响因素对城市快速路建设工期延迟的模糊值计算

	设计缺陷对工程延期程度			组织管理协调不力对工程延期程度			军事管线设施限制对工期延期程度		
	l_5	z_5	b_5	l_6	z_6	b_8	l_{11}	z_{11}	b_{11}
建设工期延迟模糊值	0.0197	0.1085	0.1972	0.0282	0.1552	0.2822	0.0198	0.1087	0.1977
工期影响因素权重		0.2956			0.1553			0.3106	
影响因素工期损失值	0.0058	0.0321	0.0583	0.0044	0.0241	0.0438	0.0061	0.0338	0.0614

	自然环境的不利影响对工程延期可能性			周边环境的不利影响对工程延期可能性		
	l_{12}	z_{12}	b_{12}	l_{13}	z_{13}	b_{13}
建设工期延迟模糊值	0.0088	0.0485	0.0882	0.0050	0.0273	0.0496
工期影响因素权重		0.0913			0.1471	
影响因素工期损失值	0.0008	0.0044	0.0081	0.0007	0.0040	0.0073

表 4-73 竣工验收阶段影响因素对城市快速路建设工期延迟的模糊值计算

	竣工资料整改拖延对工程延期程度			验收整改拖延对工程延期程度		
	l_7	z_7	b_7	l_8	z_8	b_8
建设工期延迟模糊值	0.0053	0.0291	0.0530	0.0058	0.0321	0.0583
工期影响因素权重		0.5484			0.4516	
影响因素工期损失值	0.0029	0.0160	0.0291	0.0026	0.0145	0.0263

表 4-74 前期阶段影响因素计算

	最乐观估计 α_1	最可能估计 β_1	最悲观估计 γ_1
影响系数	0.0352	0.1934	0.3517

表 4-75 实施阶段影响因素计算

	最乐观估计 α_2	最可能估计 β_2	最悲观估计 γ_2
影响系数	0.0179	0.0984	0.1789

表 4-76 竣工阶段影响因素计算

	最乐观估计 α_3	最可能估计 β_3	最悲观估计 γ_3
影响系数	0.0055	0.0305	0.0554

（三）考虑影响因素的城市快速路项目建设工期预测模型构建

1. 考虑影响因素的城市快速路项目建设工期预测模型

根据上面的分析，以及在项目前期阶段、施工阶段和竣工验收阶段的工期预测模型的构建基础上，可得城市快速路建设工期（T）预测模型为：

$$T = T_1 + T_2 + T_3 \tag{4.48}$$

其中：T_1、T_2、T_3 分别为项目的前期阶段工期、施工阶段工期和竣工验收阶段工期。

把 T_1 的预测模型（4.15）~（4.17）、T_2 的预测模型（4.19）、（4.20）和 T_3 的预测模型（4.45）~（4.47）分别代入式（4.48），可得基于考虑影响因素和三角模糊数的城市快速路项目建设工期预测模型，具体如下。

最乐观建设工期预测模型为：

$$T_{最乐观} = (\alpha_1 + 1) \times T_{QQ} + (\alpha_2 + 1) \times (1 + \ell)T_{JBGQ} + (\alpha_3 + 1) \times T_{YS} \tag{4.49}$$

最可能建设工期预测模型为：

$$T_{最可能} = (\beta_1 + 1) \times T_{QQ} + (\beta_2 + 1) \times (1 + \ell)T_{JBGQ} + (\beta_3 + 1) \times T_{YS} \tag{4.50}$$

最悲观建设工期预测模型为：

$$T_{最悲观} = (\gamma_1 + 1) \times T_{QQ} + (\gamma_2 + 1) \times (1 + \ell) T_{JBGQ} + (\gamma_3 + 1) \times T_{YS} \quad (4.51)$$

再把表 4-74、表 4-75 和表 4-76 的计算结果代入预测模型式（4.49）、式（4.50）和式（4.51）中，最终可得计入工期影响因素的城市快速路项目建设工期三角模糊预测模型。

最乐观估计预测模型为：

$$T_{最乐观} = 1.0352 T_{QQ} + 1.0179(1 + \ell) T_{JBGQ} + 1.0055 T_{YS} \quad (4.52)$$

最可能估计预测模型为：

$$T_{最可能} = 1.1934 T_{QQ} + 1.0984(1 + \ell) T_{JBGQ} + 1.0305 T_{YS} \quad (4.53)$$

最悲观估计预测模型为：

$$T_{最悲观} = 1.3517 T_{QQ} + 1.1789(1 + \ell) T_{JBGQ} + 1.0554 T_{YS} \quad (4.54)$$

其中：

T_{QQ} 为城市快速路建设前期阶段工期；

T_{JBGQ} 为城市快速路施工阶段的标准基本工期；

T_{YS} 为城市快速路竣工验收阶段工期；

ℓ 为工期补偿系数，若工程处于郊区，由于干扰因素较少，总工期可适当减少 5%~15%，鉴于城市快速路工程通常是一部分在城市闹市区，一部分在城市郊区，因此，相互抵消，可假定其值为 0。

2. 基于技术进步对建设工期的影响修正

城市快速路施工工期预测模型的构建基础，是 2011 年广东省的市政定额，该定额距今将近十年。过去的十年正是中国科技大发展的时代，工程领域大量的新材料、新技术和新工艺得到运用，对工程的施工起到了不可忽视的推进和改进作用，尤其是施工新技术、新工艺的应用，使有些分项工程的工期得到大幅度的缩短。因此，在构建城市快速路建设工期的预测模型时，需要对此进行相应的修正。

针对技术进度对施工工期的影响程度，本书采用电话征询专家的调研方法来获知工程经验参数。专家调研后有如下发现。

（1）"三新"应用对工期的影响总体是正面效应

施工新技术新工艺新材料的应用，总体上的效应是缩短了施工工期，但也不是完全正效应。因为工人对"三新"的应用需要过程，只有熟练掌握后才显现积极效果。

（2）"三新"应用对工期影响的经验值

"三新"应用经熟练掌握后，对工程项目施工工期的影响是显著的，最多能缩短施工工期时间达到25%左右。但在不熟练应用前，也可能反而拖延工期，为总工期的1%~8%。

因此，基于技术进步对建设工期的影响修正，本书综合专家的意见后认为，会缩短工期5%~20%，即经修正后的城市快速路建设工期的预测模型如下。

最乐观估计预测模型为：

$$T_{最乐观} = 1.0352T_{QQ} + 1.0179(1 + \ell)\varphi T_{JBGQ} + 1.0055T_{YS} \tag{4.55}$$

最可能估计预测模型为：

$$T_{最可能} = 1.1934T_{QQ} + 1.0984(1 + \ell)\varphi T_{JBGQ} + 1.0305T_{YS} \tag{4.56}$$

最悲观估计预测模型为：

$$T_{最悲观} = 1.3517T_{QQ} + 1.1789(1 + \ell)\varphi T_{JBGQ} + 1.0554T_{YS} \tag{4.57}$$

其中：φ 取 0.80 和 1.05 之间的数，具体数字可根据工程采用"三新"的实际情况而定。

3. 建设工期预测加权

皇家特许建造学会编著的《大型复杂项目时间管理实用指南》提出，工程项目工期的预测，可以通过施工职业专家或项目管理人员依据职业经验，做出最乐观完成时间、最可能完成时间和最悲观完成时间三个预测值后，按加权公式估算工作时间。[①]

---

① 〔英〕皇家特许建造学会编著《大型复杂项目时间管理实用指南》，蓝毅译，中国建筑工业出版社，2018。

预测工期＝（最理想工期＋4 最可能工期＋最悲观的工期）/6

$$T_{期望} = \frac{(T_{最乐观} + 4T_{最可能} + T_{最悲观})}{6}$$
(4.58)

六　本章小结

本章在上一章城市快速路建设工期影响因素识别的基础上，构建基于考虑影响因素的城市快速路建设工期预测模型。采用熵权法和三角模糊数法分别计算各影响因素对建设工期的影响权重值和工期风险效度，对城市快速路建设工期的前期阶段、施工阶段和竣工交付使用阶段分别构建预测模型，再结合地区差异和技术进步的影响进行修正，最后进行加权得到建设工期预测模型。

本章先对建设工期涵盖的三个阶段进行标准基本工期的预测，认为城市快速路建设前期阶段的标准基本工期为 300~360 天；竣工交付使用阶段的标准基本工期为 30~90 天；施工阶段的标准基本工期由于地区的差异性，选择以厦门地区工程项目为例，结合广东省施工工期标准定额的基础数据计算施工阶段标准基本工期。经专家调查并采用专家权威度系数法计算得出前期阶段影响因素对建设工期的最乐观、最可能和最悲观的影响系数值分别为 0.0352、0.1934 和 0.3517；施工阶段的影响因素对建设工期的最乐观、最可能和最悲观的影响系数值分别为 0.0179、0.0984 和 0.1789；竣工交付使用阶段的影响因素对建设工期的最乐观、最可能和最悲观的影响系数值分别为 0.0055、0.0305 和 0.0554。技术进步对建设工期的影响修正系数为 0.80~1.05。

第五章　城市快速路建设工期合理性评价模型构建

一　城市快速路建设工期合理性评价指标选取

（一）评价指标选取原则与思路

在工程项目实施中，实际工期不一定与预测工期或工期目标相吻合，无论预测的工期如何合理，仍可能由于施工技术、施工条件和外部环境的影响和变化，以及各参建单位之间的利益冲突，导致实际工期存在一定的差异。实际工期是否合理或在可控风险范围内，需要及时以预测工期为基本目标，构建一套针对城市快速路项目建设工期的合理性评价模型，以便及时发现工期风险，提出预警和防控措施。鉴于此，本章提出了城市快速路建设工期合理性评价体系。

1. 评价指标选取原则

合理性评价指标选择是否合理，能否准确反映出评价城市快速路工期合理性的真实情况，关键在于合理性评价指标是否遵循指标选取原则。严谨、科学的指标选取应当遵循以下几大原则。

（1）系统性原则

评价指标既要反映各个阶段的内容，又要反映各指标的内在联系，使其组成一个完整的体系，通过该评价指标体系能充分和全面地反映出被评价项目建设工期合理性的综合水平。

（2）实用性原则

充分考虑工程地理、人文环境，从指标的实用性出发，突出选取对城市快速路项目建设工期合理性评价有一定应用价值的指标。

（3）代表性原则

被选指标要充分反映城市快速路建设工期的现状与未来的发展方向，尽可能准确反映城市快速路建设工期的综合特点。

（4）简明性原则

城市快速路工期与很多因素相关，这些因素包括自然因素、社会因素、人为因素，从不同角度分析可能会有很多潜在的评价指标。从理论上讲，指标越多越细越全面，反映客观现实就越准确。但是，随着指标量的增加，带来的数据收集和加工处理的工作量将成倍增长，若评价指标过细过多，难免发生指标重叠，甚至相互对立的现象，这反而给综合评价的应用带来不便。因此应有针对性地选取评价指标，遵循"去繁求简"的原则。

（5）可操作性原则

在各工期合理性评价指标子系统中，可能存在较多难以定量、精确计算或获取的数据。因此，在构建评价指标体系时，应挑选一些易于计算、容易取得并且能够在要求水平上较好地反映工期合理性的指标，使得所构建的指标体系具有较强的可操作性。

（6）基于利益相关者的原则

项目时间管理涉及项目各利益相关者的目标、策略和利益，因此，为识别更多且有效的建设工期合理性评价指标，在进行专家调查时，受访对象应覆盖城市快速路建设项目各利益相关者。

2. 评价指标选取思路

本书首先梳理了建设工期合理性评价的相关参考文献，并查阅工期定额规范标准，结合城市快速路建设工期影响因素集，获得城市快速路建设工期合理性评价指标初选集；接着，对城市快速路建设单位的工程技术负责人、管理者和专家进行问卷调查，采用专家权威度系数法，构建城市快速路建设工期合理性评价指标体系。评价指标构建过程如图5-1所示。

本书基于城市快速路建设管理狭义全生命周期理论，研究其建设工期合理性评价问题。项目管理工作涉及项目实施的全过程，包括项目立项阶段、设计准备阶段、设计阶段、施工阶段、通车前期准备阶段和保修期（招投标阶段分散在设计前期准备阶段、设计阶段和施工阶段，故没有单

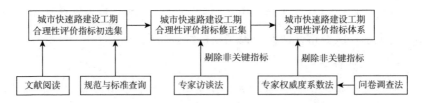

图 5-1 城市快速路建设工期合理性评价指标构建思路

列招投标阶段）。在前文分析城市快速路项目建设工期影响因素时，本书把项目建设全过程周期划分为三个阶段：项目前期阶段、施工阶段和竣工交付使用阶段。为了使城市快速路项目建设工期合理性评价指标更为简洁直观，本部分研究仍将评价指标准则层按此阶段划分，但为了便于对施工阶段进行更为细致和合理的评价，将施工阶段再进一步细分为施工组织设计和施工保障措施两方面进行评价。

（二）城市快速路建设工期合理性评价指标初选

按照城市快速路建设工期合理性评价指标选取思路，在参考前人研究的基础上，按项目建设管理全过程周期的四个划分阶段，选取了 28 个评价指标，形成了城市快速路建设工期合理性评价指标初选集，如表 5-1所示。

表 5-1 城市快速路建设工期合理性评价初步指标体系

目标层	准则层	指标层
城市快速路建设工期合理性评价指标	项目前期阶段工期设置安排合理性	前期调研及论证充分性
		标段划分合理性
		报批报建计划合理性
		设计进度计划合理性
		拆迁计划安排合理性
		水文地质及管线勘察详细程度
		招标计划合理性

目标层	准则层		指标层
城市快速路建设工期合理性评价指标	项目施工阶段进度安排合理性	施工组织设计合理性	施工平面图布置合理性
			施工区段划分合理性
			施工组织合理性
			专项施工方案合理性
			工程款拨付计划合理性
			施工工期计划合理性
			地下管线迁移计划合理性
			军事管线设施迁移计划合理性
		施工保障措施合理性	人员保障措施合理性
			机械设备供应保障措施合理性
			物资采购保障措施合理性
			质量保障措施合理性
			安全保障措施合理性
			现场后勤保障措施合理性
			周边交通影响应急保障措施合理性
			社会突发事件防范机制合理性
			不可抗力因素防范机制合理性
	项目竣工验收交付阶段进度安排合理性		竣工验收资料整理计划合理性
			验收整改计划合理性
			验收进度计划合理性
			试通车计划合理性

1. 前期阶段

（1）前期调研及论证充分性

主要从城市建设、社会经济发展、人口增长、城市交通规划、投资效益等方面进行城市快速路项目建设论证。

（2）标段划分合理性

在考虑合同规模、技术标准规格分类要求、项目工程量以及合同履行期限等因素的基础上，合理地划分某项建设工程。

（3）报批报建计划合理性

是否针对城市快速路项目的特点制定前期报建工作方案和计划，统筹并有针对性地开展项目前期相关报批报建工作。

（4）设计进度计划合理性

主要从城市快速路项目设计内容、设计深度及设计变更来考察设计的合理性。

（5）拆迁计划安排合理性

是否坚持"以人为本、和谐拆迁、依法拆迁"的原则，是否实施合理的拆迁补偿计划，是否按时推动拆迁安置工作等。

（6）水文地质及管线勘察详细程度

对城市快速路工程施工场地水文地质条件及管线分布状况做出评价，给路基基础设计、基础施工、基础处理和不良地质作用的防治提出依据。

（7）招标计划合理性

是否针对城市快速路建设特点，制订合理有序的招标计划，以及可能的招标异常应急预案，防止招标关键时间节点出现延迟。

2. 施工组织设计合理性

（1）施工平面图布置合理性

在施工期间，城市快速路工程的平面规划是否合理，其内容主要包括施工占地面积、施工场地利用率、临时设施投资率、场内主要运输工作量、现场布置综合效果、施工作业面等。

（2）施工区段划分合理性

是否综合考虑交通路网结构的整体性、工程量、专业工种对工作面的要求、施工工期以及劳动力安排等，合理地划分施工区段，以实现组织流水施工。

（3）施工组织合理性

建设总体目标、施工组织机构及职责分工、施工队伍部署和任务划分、开竣工日期及总工期、总体施工顺序及主要阶段工期安排、施工技术准备、征地拆迁和协调方案、工程的接口及配合等内容规划是否合理。

（4）专项施工方案合理性

是否针对危险性较大的分部分项工程单独进行分解与剖析，重点是安全措施、风险辨识与应急预案是否合理。

（5）工程款拨付计划合理性

工程款拨付计划是否与施工进度计划协调，避免缺款影响施工进度或提前拨款而造成不必要的浪费。

（6）施工工期计划合理性

是否合理预测从正式开工至完成承包工程全部设计内容达到国家验收标准的全部有效天数，包括预留给不可控因素（自然因素、突发因素等）发生而额外增加的工期。

（7）地下管线迁移计划合理性

针对地下勘察和市政地下管线历史资料，是否制定了周密的迁移计划，并建立相应责任制度和应急措施。

（8）军事管线设施迁移计划合理性

针对城市快速路设计路线和地下国防军事管线设施，是否提前办理了相关迁移手续并做好迁移计划，建立了相应责任制度和应急措施。

3. 施工保障措施合理性

（1）人员保障措施合理性

各个参建单位的人员配备、职能设置及人员数量等是否合理，参建人员之间的协作程度、信息的交流及共享程度等是否良好。

（2）机械设备供应保障措施合理性

是否编制合理的机械设备供应计划；是否认真执行施工机械安全管理的有关规定与安全操作规程；是否对相关人员持证上岗情况进行监管，定期检查，整改落实等。

（3）物资采购保障措施合理性

是否制定合理的物资采购计划、仓储物资及危险品安全管理的有关规定，做好危险品用、管、修过程中的安全监管工作等。

（4）质量保障措施合理性

在分部分项工程施工工序上严格把关，从根本上实现工程质量目标，如原材料质量控制措施、技术标准是否完善及明确、质量管理制度是否健全等。

（5）安全保障措施合理性

职工安全教育和安全知识培训、安全技术交底是否落实；消防、机械作业及用电作业等的安全措施、安全救援应急预案是否到位等。

（6）现场后勤保障措施合理性

工地后勤保障制度是否合理，且认真执行，包括生活区管理制度、卫生管理制度、办公区管理制度等。

（7）周边交通影响应急保障措施合理性

针对城市快速路的施工条件和面临的周边交通环境，是否制定了相关应急保障措施、建立了相关责任制度和纠正机制。

（8）社会突发事件防范机制合理性

社会突发事件发生的概率虽然较低，但一旦发生，影响的后果是严重的，是否制定了相关防范应急机制。

（9）不可抗力因素防范机制合理性

一般的不可抗力因素在施工标准工期里都会考虑，但对一些特殊的不可抗力因素是否建立了有效防范应急机制。

4. 竣工验收交付阶段进度安排合理性

（1）竣工验收资料整理计划合理性

对项目的竣工验收材料、备案材料是否制定合理的计划。

（2）验收整改计划合理性

针对竣工验收过程中发现的质量问题，是否制定合理的整改计划。

（3）验收进度计划合理性

随着施工单位按设计文件要求完成合同任务，城市快速路工程就进入竣工验收交付阶段，这一阶段的工作计划是否安排合理有序。

（4）试通车计划合理性

试通车计划涉及多部门协调合作，其计划安排是否合理、紧凑、有序。

（三）问卷设计及发放

本书的第三章针对城市快速路建设工期影响因素进行了问卷调查。从问卷调查结果来看，实现了预期目标。这也显示了问卷的设计、咨询修正、问卷发放、问卷回收、问卷分析等研究过程是合理有序的，所采用的方法也是有效的。因此，针对城市快速路建设工期合理性评价模型的构建继续采用同样的方法。

1. 问卷设计原则

本轮调查问卷设计仍遵循简洁明了原则、篇幅适量原则、隐私保护原则、五点式量表原则等，以确保访谈的信度和效度。

2. 问卷设计的过程

首先，初步设计，形成问卷初稿；其次，问卷初稿咨询，包括学术咨询和工程实务界咨询，提高问卷设计的质量和规范；最后，问卷定稿。

根据咨询反馈结果，对问卷设计初稿进行修正，保留了 20 个评价指标，删除了 8 个评价指标。其中，项目前期阶段工期设置合理性评价指标 1 个：招标计划合理性；施工组织设计合理性评价指标两个：地下管线迁移计划合理性和军事管线设施迁移计划合理性；施工保障措施合理性评价指标 3 个：周边交通影响应急保障机制合理性、社会突发事件应急机制合理性和不可抗力因素防范机制合理性；竣工验收交付使用阶段进度安排合理性评价指标两个：验收进度计划合理性和试通车计划合理性。

3. 问卷设计的内容

问卷调查共有四部分：前言、问卷说明、城市快速路建设工期设置合理性评价指标重要度选择和受访者背景资料等内容。详见附录 B。

4. 问卷发放

（1）问卷调查对象选择

结合上次问卷调查分析结果，为加快指标筛选进度，选取福建省区域内共 20 份专家问卷，进行城市快速路建设工期合理性评价指标的筛选调查。

（2）问卷调查方式与发放回收情况

本次问卷调查于 2016 年 9 月发放问卷，并回收了 20 份。

（四）城市快速路建设工期合理性评价指标筛选

1. 问卷筛选

针对本次回收的 20 份问卷，采用专家权威度系数法进行回收问卷数据的计算分析。根据第二章式（2.7）计算 C_A，再按式（2.8）计算专家权威度系数（C_r）。经过对专家权威度系数的计算，筛选出 14 份有效问卷，即专家权威度系数值（C_r）大于等于 0.7 的问卷。

2. 基于专家权威度系数法的建设工期合理性评价指标筛选

（1）计算专家权威度系数权重

根据专家权威度系数值，采用权重统计法，计算各专家的权威度系数权重 W_j，结果见表 5-2。

表 5-2　指标均值及变异系数计算结果

序号	专家权威系数 C_r	专家权威权重 W_j	前期阶段								施工组织设计			
			前期调研及论证充分性	标段划分合理性	报批报建计划合理性	设计进度计划合理性	拆迁计划安排合理性	水文地质及管线勘察详细程度	施工平面图布置合理性	施工区段划分合理性	施工组织合理性	专项施工方案合理性	工程款拨付计划合理性	施工工期计划合理性
1	0.8	0.072	4	3	3	4	4	5	4	4	4	3	3	3
2	0.9	0.081	5	3	2	4	5	4	3	3	4	4	5	4
3	0.7	0.063	3	3	3	3	5	5	3	4	4	4	4	3
4	0.9	0.081	2	3	3	4	5	5	4	3	5	4	5	4
5	0.7	0.063	5	3	4	4	5	4	4	4	4	3	4	4
6	0.75	0.068	4	3	3	3	4	5	5	3	4	4	4	2
7	0.9	0.081	4	4	1	4	5	3	3	4	4	5	3	5
8	0.7	0.063	4	3	2	3	3	4	4	3	5	4	5	4
9	0.85	0.077	5	4	4	4	4	4	4	4	4	4	4	4
10	0.8	0.072	5	3	2	4	4	3	4	4	4	4	3	3
11	0.7	0.063	5	3	3	3	4	4	4	4	5	5	5	5
12	0.7	0.063	3	3	3	3	3	3	3	3	4	3	3	3
13	0.8	0.072	5	3	3	4	4	5	4	4	4	5	4	4
14	0.9	0.081	5	4	4	4	5	5	5	4	4	5	5	4
加权平均值 M_j			4.221	3.239	2.779	3.680	4.324	4.221	3.788	3.644	4.207	4.081	4.081	3.738
满分频率 E_j			0.500	0	0	0	0.429	0.429	0.143	0	0.286	0.286	0.357	0.143
标准差			0.975	0.426	0.893	0.497	0.727	0.802	0.699	0.497	0.579	0.730	0.829	0.825
变异系数 V_j			0.231	0.131	0.321	0.135	0.168	0.190	0.185	0.136	0.138	0.179	0.203	0.221

续表

序号	专家权威系数 C_r	专家权威权重 W_j	施工保障措施						施工验收	施工验收
			人员保障措施合理性	机械设备供应及保障措施合理性	物资采购保障措施合理性	质量保障措施合理性	安全保障措施合理性	现场后勤保障措施合理性	竣工验收资料整理计划合理性	验收整改计划合理性
1	0.8	0.072	4	4	3	4	4	2	3	3
2	0.9	0.081	3	3	3	2	2	1	2	2
3	0.7	0.063	3	4	4	4	4	3	3	3
4	0.9	0.081	4	4	4	3	3	3	3	4
5	0.7	0.063	3	2	2	2	2	4	3	3
6	0.75	0.068	3	3	4	5	5	3	3	3
7	0.9	0.081	4	4	4	3	3	1	3	3
8	0.7	0.063	3	5	5	4	4	2	3	3
9	0.85	0.077	4	4	4	4	4	3	3	4
10	0.8	0.072	3	3	3	4	4	2	3	3
11	0.7	0.063	5	4	4	4	4	2	4	3
12	0.7	0.063	3	3	3	3	3	3	3	4
13	0.8	0.072	4	4	5	4	5	4	5	3
14	0.9	0.081	5	5	5	5	5	4	4	4
加权平均值 M_j			3.671	3.734	3.802	3.636	3.708	2.406	3.207	3.221
满分频率 E_j			0.143	0.143	0.214	0.143	0.214	0	0.143	0
标准差			0.745	0.825	0.893	0.929	0.994	1.016	0.699	0.579
变异系数 V_j			0.203	0.221	0.235	0.255	0.268	0.422	0.218	0.180

（2）计算各合理性评价指标加权值和满分频率

按照式（2.9）和式（2.10），分别计算各合理性评价指标加权均值 M_j 和满分频率 E_j，计算结果如表 5-2 所示。合理性评价指标加权均值、满分频率值越大，其重要性就越大。

（3）计算专家协调系数

变异系数 V_j 反映专家意见的协调程度，按照式（2.11）计算各合理性评价指标的变异系数 V_j，计算结果如表 5-2 所示。合理性评价指标的变异系数 V_j 越小，表明专家对该合理性评价指标的评判分歧越小，即专家对该合理性评价指标的评判意见的协调程度越高。

（4）建设工期合理性评价指标筛选

基于专家对各建设工期合理性评价指标重要性的定量评级，结合专家权威度系数法，采用界值法进行建设工期合理性评价指标筛选。

在前面计算的各合理性评价指标加权均值和满分频率值基础上，再计算它们各自的均值和标准差，最后按照"界值=均值-标准差"分别计算加权均值和满分频率值的界值；而各合理性评价指标的变异系数的界值，则按照"界值=均值+标准差"计算，经计算，加权均值的界值为 3.173、满分频率界值为 0.019、变异系数的界值为 0.281，如表 5-3 所示。

表 5-3　建设工期合理性评价指标筛选界值计算

参数	均值	标准差	界值
加权均值（M_j）	3.670	0.497	3.173
满分频率（E_j）	0.179	0.160	0.019
变异系数（V_j）	0.212	0.069	0.281

按照建设工期合理性评价指标筛选规则，各评价指标的加权均值、满分频率得分高于界值且各评价指标的变异系数得分低于界值的保留，反之则剔除。依照表 5-2 的计算结果来看，有包括拆迁计划安排合理性等 15 个建设工期合理性评价指标的加权均值、满分频率和变异系数均符合筛选规则要求，因此应保留这 15 个评价指标；设计进度合理性、施工段划分合理性和标段划分合理性这 3 个指标的加权均值和变异系数符合相应界值要求，但满分频率低于界值要求，符合三条筛选规则中的两条，因此需要

进一步与专家讨论；报批报建计划合理性和施工现场后勤保障措施合理性等两个指标的加权均值、满分频率和变异系数均不符合界值要求，因此应剔除。

（5）结果反馈修正

把结果反馈给填写了这14份有效问卷的专家，即专家权威度系数超过0.7的问卷专家，进行沟通反馈，以最终达到修正的目的。经过与专家的反复沟通讨论，最后专家一致认为：设计进度合理性、施工段划分合理性和标段划分合理性这3个指标的加权均值分别为3.680、3.644和3.239，高于界值3.172，其变异系数分别为0.135、0.136和0.131，表明这3个指标重要程度较高且专家意见的协调性较高，而满分频率只是反映专家对指标打满分的次数，未满分并不代表不重要，因此建议保留这三个评价指标。

（6）城市快速路建设工期合理性评价指标筛选结果

综上，经专家定量评级、反馈筛选后，最终得到了18个城市快速路建设工期合理性评价指标，如表5-4所示。

表5-4　城市快速路建设工期合理性评价指标体系

准则层（S_i）	指标层（S_{ij}）
前期阶段（S_1）	前期调研及论证充分性（S_{11}）
	标段划分合理性（S_{12}）
	设计进度计划合理性（S_{13}）
	拆迁计划安排合理性（S_{14}）
	水文地质及管线勘察详细程度（S_{15}）
施工组织设计（S_2）	施工平面图布置合理性（S_{21}）
	施工区段划分合理性（S_{22}）
	施工组织合理性（S_{23}）
	专项施工方案合理性（S_{24}）
	工程款拨付计划合理性（S_{25}）
	施工工期计划合理性（S_{26}）

续表

准则层（S_i）	指标层（S_{ij}）
施工保障措施（S_3）	人员保障措施合理性（S_{31}）
	机械设备供应保障措施合理性（S_{32}）
	物资采购保障措施合理性（S_{33}）
	质量保障措施合理性（S_{34}）
	安全保障措施合理性（S_{35}）
竣工验收阶段（S_4）	竣工验收资料整理计划合理性（S_{41}）
	验收整改计划合理性（S_{42}）

二　城市快速路建设工期合理性评价指标权重计算

（一）评价指标权重专家调查问卷分析

1. 问卷设计

在上一轮对城市快速路建设工期合理性评价指标进行专家调查筛选后，保留了 18 个城市快速路建设工期合理性评价指标。在附录 B 的问卷调查表的基础上，删除报批报建计划合理性和施工现场后勤保障合理性评价指标，对保留的 18 个合理性评价指标，按其对建设工期合理性评价的重要程度，重新设计专家问卷调查表。

指标层指标共包括 18 个合理性评价指标，量表按李克特（Likert Scale）五点式量表设计，分值设计按重要程度依次为："5、4、3、2 和 1"，即"非常重要"、"比较重要"、"重要"、"稍重要"和"一般"，如表 5-5 所示。准则层指标一共有 4 个指标：前期阶段进度合理性、施工组织设计合理性、施工保障措施合理性和竣工验收阶段计划合理性，量表设计按重要程度排序：最重要为"1"、次重要为"2"、第三重要为"3"、第四重要为"4"，专家根据指标重要性进行比较排序后选择相应分值。

表 5-5　城市快速路建设工期合理性评价指标重要度指数

重要度指数	一级	二级	三级	四级	五级
重要度估值	1	2	3	4	5
描述说明	一般	稍重要	重要	比较重要	非常重要

2. 问卷发放与回收

（1）问卷调查对象选择

结合上次问卷调查分析的结果，选取共 14 份有效问卷对应的专家，在此基础上再选取 70 位专家，调研的对象包括与市政建设相关单位的从业人员和部分高校科研人员，涵盖行业主要是市政类、交通工程类，专家分布地域以北京、上海、深圳、广州、武汉、郑州、西安、珠海、福州和厦门等地为主。

（2）问卷调查方式与发放回收情况

本次问卷调查于 2016 年 10 月进行，采用电子邮件和实地走访相结合的形式，对省外区域的企业采用事先发送电子邮件的方式，省内访谈对象采用实地走访和座谈的形式。本次问卷调查共发放问卷 84 份，收回 66 份。

3. 问卷分析

研究人员针对这 66 份问卷进行了有效分析，并按被调查者的背景进行了如下统计。从被调查者的工作年限来看，工作 15 年以上的有 11 人，占总受访者的 17%；工作 10 年以上的有 36 人，占总受访人数的 55%。从职称来看，中级及以上的有 47 人，占比 71%。高级职称的有 25 人，占比 38%。从学历来看，本科及以上的有 60 人，占比 91%。硕士及以上的有 21 人，占比是 32%。从受访者从事的工程类别来看，市政的有 43 人，占比 65%。见表 5-6、表 5-7、表 5-8 和表 5-9。从结果来看，分布符合要求。

表 5-6　按被调查者工作年限统计

单位：人，%

工作年限	20 年以上	16~20 年	11~15 年	6~10 年	5 年以下	合计
人数	6	5	25	18	12	66
人数累计	6	11	36	54	66	—
比例	0.09	0.08	0.38	0.27	0.18	1.00
比例累计	0.09	0.17	0.55	0.82	1.00	—

表 5-7　按被调查者职称统计

单位：人，%

职称	高级	中级	初级	助理工程师	合计
人数	25	22	6	13	66
人数累计	25	47	53	66	—
比例	0.38	0.33	0.09	0.20	1.00
比例累计	0.38	0.71	0.80	1.00	1.00

表 5-8　按被调查者学历统计

单位：人，%

学历	博士	硕士	本科	大专	其他	合计
人数	5	16	39	5	1	66
人数累计	5	21	60	65	66	—
比例	0.08	0.24	0.59	0.075	0.015	1.00
比例累计	0.08	0.32	0.91	0.985	1.00	—

表 5-9　按被调查者从事行业统计

单位：人，%

从事行业	市政	房建	其他	合计
人数	43	11	12	66
比例	0.65	0.17	0.18	1.00

4. 问卷筛选

针对 66 份有效问卷，采用专家权威度系数法进行筛选。根据第二章的式（2.7）计算 C_A，再按式（2.8）计算专家权威度系数（C_r），专家权威度系数的计算过程如表 5-10 所示。

一般来说，专家权威度系数大于 0.7 的问卷为有效问卷。根据表 5-10 的计算结果可知，专家权威度系数大于 0.7 的问卷有 27 份，即有效问卷为 27 份，但由于其中 3 份问卷内容填写不完整，因此，最终有效问卷为 24 份。对专家权威度系数达到 0.7 的受访者进行统计发现，他们的职称至少为中级，工作年限在 10 年以上，学历本科及以上，如表 5-11 所示。因此，本书筛选出的问卷可认为是较权威的问卷。

表5-10 调查问卷专家权威度系数计算

专家编号	工作单位	专业	学历	工作年限	职称	理论分析系数 Ca_1	实践经验系数 Ca_2	业内同行了解系数 Ca_3	直觉系数 Ca_4	判断系数 Ca	熟悉程度系数 Cs	专家权威度系数 Cr
1	其他	桥梁	本科	16~20年	高工	0.2	0.5	0.10	0.1	0.9	0.7	0.800
2	施工单位	房建	本科	6~10年	中级	0.2	0.4	0.05	0.1	0.75	0.3	0.525
4	科研院所及高校	其他	博士	6~10年	高级	0.3	0.5	0	0.1	0.90	0.3	0.600
5	其他	房建	本科	11~15年	中级	0.2	0.4	0.05	0.1	0.75	0.5	0.625
6	其他	其他	大专	11~15年	初级	0.1	0.3	0	0.1	0.50	0.5	0.500
7	施工单位	房建	大专	6~10年	初级	0.1	0.3	0.05	0.1	0.55	0.3	0.425
8	咨询单位	市政	本科	6~10年	初级	0.2	0.3	0.10	0.1	0.70	0.3	0.500
9	施工单位	市政	本科	11~15年	中级	0.2	0.4	0.10	0.1	0.80	0.5	0.650
10	施工单位	桥梁	本科	20年以上	高工	0.2	0.5	0.10	0.1	0.90	0.9	0.900
11	施工单位	市政	本科	11~15年	高工	0.2	0.5	0.10	0.1	0.90	0.5	0.700
12	施工单位	其他	本科	6~10年	中级	0.2	0.4	0	0.1	0.70	0.3	0.500
13	设计单位	市政	硕士	6~10年	中级	0.3	0.4	0.10	0.1	0.90	0.3	0.600
14	其他	其他	大专	11~15年	初级	0.1	0.3	0	0.1	0.50	0.5	0.500
15	施工单位	道路	本科	6~10年	初级	0.2	0.3	0.10	0.1	0.70	0.3	0.500
16	施工单位	市政	本科	20年以上	高工	0.2	0.5	0.10	0.1	0.90	0.9	0.900
17	施工单位	桥梁	本科	6~10年	助理工程师	0.2	0	0.10	0.1	0.40	0.3	0.350
18	施工单位	道路	本科	11~15年	高级	0.2	0.5	0.1	0.1	0.9	0.5	0.700

续表

专家编号	工作单位	专业	学历	工作年限	职称	理论分析系数 Ca_1	实践经验系数 Ca_2	业内同行了解系数 Ca_3	直觉系数 Ca_4	判断系数 Ca	熟悉程度系数 Cs	专家权威度系数 Cr
19	施工单位	道路	本科	6~10年	助理工程师	0.2	0	0.1	0.1	0.4	0.3	0.350
20	施工单位	其他	本科	16~20年	高工	0.2	0.5	0	0.1	0.8	0.7	0.750
21	施工单位	道路	本科	20年以上	高级	0.2	0.5	0.1	0.1	0.9	0.9	0.900
22	施工单位	桥梁	本科	11~15年	高工	0.2	0.5	0.1	0.1	0.9	0.5	0.700
23	施工单位	道路	本科	20年以上	中级	0.2	0.4	0.1	0.1	0.8	0.9	0.850
24	施工单位	道路	本科	11~15年	中级	0.2	0.4	0.1	0.1	0.8	0.5	0.650
25	施工单位	道路	大专	20年以上	中级	0.1	0.4	0.1	0.1	0.7	0.9	0.800
26	施工单位	市政	本科	11~15年	高级	0.2	0.5	0.1	0.1	0.9	0.5	0.700
27	科研院所及高校	桥梁	博士	11~15年	中级	0.3	0.4	0.1	0.1	0.9	0.5	0.700
28	施工单位	道路	本科	6~10年	中级	0.2	0.4	0.1	0.1	0.8	0.3	0.550
29	设计单位	其他	本科	6~10年	其他	0.2	0	0	0.1	0.3	0.3	0.300
30	科研院所及高校	房建	硕士	5年以下	助理工程师	0.3	0	0.05	0.1	0.45	0.1	0.275
31	其他	市政	本科	5年以下	助理工程师	0.2	0	0.1	0.1	0.4	0.1	0.250
32	其他	其他	本科	5年以下	助理工程师	0.2	0	0	0.1	0.3	0.1	0.200
33	科研院所及高校	道路	硕士	5年以下	助理工程师	0.3	0	0.1	0.1	0.5	0.1	0.300
34	其他	房建	其他	5年以下	助理工程师	0.1	0	0.05	0.1	0.25	0.1	0.175

续表

专家编号	工作单位	专业	学历	工作年限	职称	理论分析系数 Ca_1	实践经验系数 Ca_2	业内同行了解系数 Ca_3	直觉系数 Ca_4	判断系数 Ca	熟悉程度系数 Cs	专家权威度系数 Cr
35	施工单位	房建	本科	5年以下	助理工程师	0.2	0	0.05	0.1	0.35	0.1	0.225
36	咨询单位	房建	大专	5年以下	助理工程师	0.1	0	0.05	0.1	0.25	0.1	0.175
37	施工单位	房建	本科	5年以下	助理工程师	0.2	0	0.05	0.1	0.35	0.1	0.225
38	施工单位	房建	本科	5年以下	助理工程师	0.2	0	0.05	0.1	0.35	0.1	0.225
39	施工单位	其他	本科	5年以下	助理工程师	0.2	0	0	0.1	0.3	0.1	0.200
40	建设单位	市政	本科	16~20年	高级	0.2	0.5	0.1	0.1	0.9	0.7	0.800
41	施工单位	市政	本科	20年以上	高级	0.2	0.5	0.1	0.1	0.9	0.9	0.900
42	施工单位	桥梁	本科	6~10年	中级	0.2	0.3	0.1	0.1	0.7	0.3	0.500
43	建设单位	市政	硕士	6~10年	高级	0.3	0.5	0.1	0.1	1	0.3	0.650
44	建设单位	其他	本科	16~20年	中级	0.2	0.4	0	0.1	0.7	0.7	0.700
45	科研院所	其他	博士	6~10年	高工	0.3	0.5	0	0.1	0.9	0.3	0.600
46	施工单位	道路	本科	16~20年	高工	0.2	0.5	0.1	0.1	0.9	0.7	0.800
47	施工单位	市政	本科	11~15年	中级	0.2	0.4	0.1	0.1	0.8	0.5	0.650
48	建设单位	隧道	硕士	6~10年	高工	0.3	0.5	0.1	0.1	1	0.3	0.650
49	施工单位	隧道	硕士	11~15年	高工	0.3	0.5	0.1	0.1	1	0.5	0.750
50	设计单位	其他	硕士	6~10年	高工	0.3	0.5	0	0.1	0.9	0.3	0.600

续表

专家编号	工作单位	专业	学历	工作年限	职称	理论分析系数 Ca_1	实践经验系数 Ca_2	业内同行了解系数 Ca_3	直觉系数 Ca_4	判断系数 Ca	熟悉程度系数 Cs	专家权威度系数 Cr
51	建设单位	市政	本科	11~15年	高工	0.2	0.5	0.1	0.1	0.9	0.5	0.700
52	设计单位	市政	硕士	11~15年	高级	0.3	0.5	0.1	0.1	1	0.5	0.750
53	设计单位	市政	硕士	5年以下	中级	0.3	0.4	0.1	0.1	0.9	0.3	0.600
54	设计部门	道路	硕士	5年以下	中级	0.3	0.4	0.1	0.1	0.9	0.3	0.600
55	政府部门	市政	硕士	11~15年	高级	0.3	0.4	0.1	0.1	0.9	0.5	0.700
56	设计单位	道路	硕士	11~15年	中级	0.3	0.5	0.1	0.1	1	0.5	0.750
57	设计单位	市政	本科	11~15年	中级	0.2	0.4	0.1	0.1	0.8	0.5	0.650
58	设计单位	市政	本科	11~15年	中级	0.2	0.4	0.1	0.1	0.8	0.5	0.650
59	设计单位	市政	硕士	11~15年	高级	0.3	0.4	0.1	0.1	0.9	0.5	0.700
60	政府部门	市政	本科	11~15年	中级	0.2	0.5	0.1	0.1	0.9	0.5	0.700
61	政府部门	市政	硕士	11~15年	中级	0.3	0.4	0.1	0.1	0.9	0.5	0.700
62	建设单位	道路	硕士	11~15年	中级	0.3	0.4	0.1	0.1	0.9	0.5	0.700
63	咨询单位	道路	硕士	11~15年	高级	0.3	0.5	0.1	0.1	1	0.5	0.750
64	科研院所及高校	其他	博士	6~10年	高工	0.3	0.5	0	0.1	0.9	0.3	0.600
65	咨询单位	市政	本科	11~15年	中级	0.2	0.4	0.1	0.1	0.8	0.5	0.650
66	施工单位	房建	本科	11~15年	高工	0.2	0.5	0.1	0.1	0.85	0.5	0.700

表 5-11　有效问卷受访者背景统计

单位：%

工作年限	5 年以下	6~10 年	11~15 年	16~20 年	20 年以上	
比例	0	0	66.7	12.5	20.8	
职称	助理工程师	初级	中级	高级		
比例	0	0	29.2	70.8		
学历	大专	本科	硕士	博士	其他	
比例	4.2	58.3	33.3	4.2	0	
工作单位	政府部门	设计单位	施工单位	咨询单位	科研高校	其他
比例	20.8	12.5	54.2	4.2	4.2	4.2
从事行业	市政	房建	其他			
比例	100	0	0			

（二）基于结构熵权法准则层指标权重计算

1. 根据专家评分，形成"典型排序"

针对 24 份有效问卷，先采集专家对合理性评价的准则层四个指标的重要性排序意见进行赋值，再进行统计汇总，形成"典型排序"，如表 5-12 所示。

表 5-12　准则层指标初始排序

专家	前期阶段（S_1）	施工组织设计（S_2）	施工保障措施（S_3）	竣工验收阶段（S_4）
专家 1	3	1	2	4
专家 2	3	1	2	4
专家 3	1	2	3	4
专家 4	2	3	1	4
专家 5	3	1	4	2
专家 6	1	2	3	4
专家 7	3	1	2	4
专家 8	3	2	1	4
专家 9	4	2	3	1
专家 10	2	3	4	1
专家 11	4	1	2	3

专家	前期阶段 （S_1）	施工组织设计 （S_2）	施工保障措施 （S_3）	竣工验收阶段 （S_4）
专家 12	1	2	3	4
专家 13	3	1	2	4
专家 14	2	1	3	4
专家 15	4	2	3	1
专家 16	1	4	3	2
专家 17	3	2	1	4
专家 18	1	2	3	4
专家 19	2	1	4	3
专家 20	1	2	3	4
专家 21	2	1	3	4
专家 22	3	2	1	4
专家 23	1	2	4	2
专家 24	1	3	2	4

2. "盲度"分析

利用结构熵权法的计算式（2.16）和式（2.17），对评价指标的"典型排序"矩阵进行"盲度"分析，得到对应的隶属度矩阵，如表5-13所示。

表 5-13　隶属度矩阵

专家	前期阶段 （S_1）	施工组织设计 （S_2）	施工保障措施 （S_3）	竣工验收阶段 （S_4）
专家 1	0.683	1.000	0.861	0.431
专家 2	0.683	1.000	0.861	0.431
专家 3	1.000	0.861	0.683	0.431
专家 4	0.861	0.683	1.000	0.431
专家 5	0.683	1.000	0.431	0.861
专家 6	1.000	0.861	0.683	0.431
专家 7	0.683	1.000	0.861	0.431
专家 8	0.683	0.861	1.000	0.431

专家	前期阶段 （S_1）	施工组织设计 （S_2）	施工保障措施 （S_3）	竣工验收阶段 （S_4）
专家 9	0.431	0.861	0.683	1.000
专家 10	0.861	0.683	0.431	1.000
专家 11	0.431	1.000	0.861	0.683
专家 12	1.000	0.861	0.683	0.431
专家 13	0.683	1.000	0.861	0.431
专家 14	0.861	1.000	0.683	0.431
专家 15	0.431	0.861	0.683	1.000
专家 16	1.000	0.431	0.683	0.861
专家 17	0.683	0.861	1.000	0.431
专家 18	1.000	0.861	0.683	0.431
专家 19	0.861	1.000	0.431	0.683
专家 20	1.000	0.861	0.683	0.431
专家 21	0.861	1.000	0.683	0.431
专家 22	0.683	0.861	1.000	0.431
专家 23	1.000	0.861	0.431	0.861
专家 24	1.000	0.683	0.861	0.431

　　本书中，量化参数 m 取 max（I）+2 = 6，I 取值范围为 {1，2，3，4}。根据结构熵权法的计算式（2.18）～（2.20），计算准则层指标权重，如表 5-14 所示。

表 5-14　准则层指标权重

	前期阶段 （S_1）	施工组织设计 （S_2）	施工保障措施 （S_3）	竣工验收阶段 （S_4）
平均认识度 b_j	0.794	0.873	0.738	0.577
认识盲度 Q_j	0.079	0.158	0.023	0.139
$1-Q_j$	0.921	0.842	0.977	0.861
总体认识度 x_j	0.732	0.735	0.721	0.497
归一化权重	0.272	0.274	0.269	0.185

由表 5-14 可知，准则层四个指标中施工组织设计权重最大，其次是前期阶段、施工保障措施，而竣工验收阶段最小。这表明施工组织设计合理与否与项目前期阶段工作是否有效安排，是项目整个建设工期设置合理性的重要评价指标，项目施工阶段的施工保障措施计划安排合理性指标次之，竣工验收阶段的工作计划安排合理性指标对整个建设工期设置合理性影响度则相对更弱。

（三）基于熵权法指标层指标权重计算

1. 原始数据整理

针对问卷调查结果，把 24 位专家对前期阶段 5 个合理性评价指标的打分结果进行汇总，形成指标得分原始数据表，如表 5-15 所示。

表 5-15   前期阶段指标专家得分

专家\指标	前期调研及论证充分性（S_{11}）	标段划分合理性（S_{12}）	设计进度合理性（S_{13}）	拆迁计划安排合理性（S_{14}）	水文地质及管线勘察详细程度（S_{15}）
专家 1	4	3	4	4	5
专家 2	5	3	4	5	4
专家 3	3	3	3	5	5
专家 4	2	2	4	5	5
专家 5	5	3	4	5	4
专家 6	4	2	3	4	5
专家 7	4	4	4	5	3
专家 8	4	3	3	3	4
专家 9	5	4	4	4	4
专家 10	5	3	4	4	3
专家 11	5	3	3	4	4
专家 12	3	3	3	3	3
专家 13	2	4	3	4	4
专家 14	4	4	4	5	5
专家 15	5	3	4	5	4

专家＼指标	前期调研及论证充分性（S_{11}）	标段划分合理性（S_{12}）	设计进度合理性（S_{13}）	拆迁计划安排合理性（S_{14}）	水文地质及管线勘察详细程度（S_{15}）
专家16	4	2	3	4	3
专家17	5	4	4	4	5
专家18	4	2	3	4	3
专家19	5	5	5	5	4
专家20	4	2	3	4	4
专家21	5	3	4	4	4
专家22	5	3	5	5	4
专家23	4	3	4	4	3
专家24	4	3	5	3	5

2. 原始数据归一化

利用熵权法计算式（2.13），对表5-15中指标得分的原始数据进行归一化处理，结果如表5-16所示。

表5-16　前期阶段指标权重得分归一化计算结果

专家＼指标	前期调研及论证充分性（S_{11}）	标段划分合理性（S_{12}）	设计进度合理性（S_{13}）	拆迁计划安排合理性（S_{14}）	水文地质及管线勘察详细程度（S_{15}）
专家1	0.040	0.041	0.044	0.039	0.052
专家2	0.050	0.041	0.044	0.049	0.041
专家3	0.030	0.041	0.033	0.049	0.052
专家4	0.020	0.027	0.044	0.049	0.052
专家5	0.050	0.041	0.044	0.049	0.041
专家6	0.040	0.027	0.033	0.039	0.052
专家7	0.040	0.054	0.044	0.049	0.031
专家8	0.040	0.041	0.033	0.029	0.041

续表

专家\指标	前期调研及论证充分性（S_{11}）	标段划分合理性（S_{12}）	设计进度合理性（S_{13}）	拆迁计划安排合理性（S_{14}）	水文地质及管线勘察详细程度（S_{15}）
专家 9	0.050	0.054	0.044	0.039	0.041
专家 10	0.050	0.041	0.044	0.039	0.031
专家 11	0.050	0.041	0.033	0.039	0.041
专家 12	0.030	0.041	0.033	0.029	0.031
专家 13	0.020	0.054	0.033	0.039	0.041
专家 14	0.040	0.054	0.044	0.049	0.052
专家 15	0.050	0.041	0.044	0.049	0.041
专家 16	0.040	0.027	0.033	0.039	0.031
专家 17	0.050	0.054	0.044	0.039	0.052
专家 18	0.040	0.027	0.033	0.039	0.031
专家 19	0.050	0.068	0.056	0.049	0.041
专家 20	0.040	0.027	0.033	0.039	0.041
专家 21	0.050	0.041	0.044	0.039	0.041
专家 22	0.050	0.041	0.056	0.049	0.041
专家 23	0.040	0.041	0.044	0.039	0.031
专家 24	0.040	0.041	0.056	0.029	0.052

3. 指标权重计算

利用熵权法计算式（2.14）：$e_j = -k \sum_{i=1}^{m} p_{ij} \cdot \ln p_{ij}$

计算每个评价指标的熵值为：e =（0.9919，0.9961，0.9951，0.9905，0.9947）

利用式（2.15）计算指标权重，先计算每个指标的偏差度，偏差度向量为：

$$g = (0.0081, 0.0039, 0.0049, 0.0095, 0.0053)$$

再对偏差度进行归一化，从而得到每个指标的权重：

$$W = (0.256, 0.123, 0.154, 0.300, 0.167)$$

（四）评价指标权重计算结果

同理，利用熵权法可计算其他 3 个指标层的评价指标权重，计算结果如表 5-17 所示。

表 5-17　指标层各指标权重计算结果汇总

准则层	指标层	平均得分	熵值	熵权
前期阶段（S_1）	前期调研及论证充分性（S_{11}）	4.17	0.9919	0.256
	标段划分合理性（S_{12}）	3.08	0.9961	0.123
	设计进度合理性（S_{13}）	3.75	0.9951	0.154
	拆迁计划安排合理性（S_{14}）	4.25	0.9905	0.300
	水文地质及管线勘察详细程度（S_{15}）	4.04	0.9947	0.167
施工组织设计（S_2）	施工平面图布置合理性（S_{21}）	3.75	0.9959	0.100
	施工段划分合理性（S_{22}）	3.21	0.9968	0.079
	施工组织合理性（S_{23}）	4.33	0.9893	0.262
	专项施工方案合理性（S_{24}）	3.92	0.9911	0.220
	工程款拨付计划合理性（S_{25}）	3.83	0.9942	0.142
	施工工期计划合理性（S_{26}）	3.88	0.9920	0.197
施工保障措施（S_3）	人员保障措施合理性（S_{31}）	3.58	0.9950	0.158
	机械设备供应及保障计划合理性（S_{32}）	3.71	0.9945	0.174
	物资采购及保障计划（S_{33}）	3.75	0.9937	0.197
	质量保障措施合理性（S_{34}）	3.79	0.9931	0.218
	安全保障措施合理性（S_{35}）	3.83	0.9920	0.253
竣工验收阶段（S_4）	竣工验收资料整理计划合理性（S_{41}）	2.96	0.9920	0.483
	验收整改计划合理性（S_{42}）	3.13	0.9914	0.517

从表 5-17 中各指标平均值来看，前期阶段拆迁计划安排合理性平均分值大，其次是前期调研论证的充分性、水文地质及管线的勘察详细程度，表明这 3 个指标重要程度较高；从熵值来看，设计进度的合理性、拆迁计划安排的合理性及水文地质管线的勘察详细程度的熵值较高，表明这 3 个指标所含的信息内容较少，而标段划分的合理性与前期调研的充分性

熵值较小，表明专家对两个指标的意见分歧较大，其所包含的信息越多，综合性越强。施工组织设计中施工组织的合理性、专项施工方案合理性重要程度较高，施工段划分的合理性与工程款拨付计划中包含的信息越多；施工组织保障措施中安全保障措施得分最高，表明其最重要，其次是质量保障措施、物资采购及保障计划；竣工验收阶段的两个指标平均分值都较小，表明专家认为其重要程度都不大，从两个指标熵值比较看，竣工验收资料整理计划的合理性包含信息较多。综上可计算指标综合系数，结果如表 5-18 所示。

表 5-18 城市快速路建设工期合理性评价指标权重结果

目标层	准则层	W_{Xi}	指标层	W_{ij}
城市快速路建设工期合理性评价指标体系	前期阶段（S_1）	0.272	前期调研及论证充分性（S_{11}）	0.256
			标段划分合理性（S_{12}）	0.123
			设计进度合理性（S_{13}）	0.154
			拆迁计划安排合理性（S_{14}）	0.300
			水文地质及管线勘察详细程度（S_{15}）	0.167
	施工组织设计（S_2）	0.274	施工平面图布置合理性（S_{21}）	0.100
			施工段划分合理性（S_{22}）	0.079
			施工组织合理性（S_{23}）	0.262
			专项施工方案合理性（S_{24}）	0.220
			工程款拨付计划合理性（S_{25}）	0.142
			施工工期计划合理性（S_{26}）	0.197
	施工保障措施（S_3）	0.269	人员保障措施合理性（S_{31}）	0.158
			机械设备供应及保障计划合理性（S_{32}）	0.174
			物资采购及保障计划（S_{33}）	0.197
			质量保障措施合理性（S_{34}）	0.218
			安全保障措施合理性（S_{35}）	0.253
	竣工验收阶段（S_4）	0.185	竣工验收资料整理计划合理性（S_{41}）	0.483
			验收整改计划合理性（S_{42}）	0.517

三　建设工期合理性评价指标评分规则

(一) 评价指标评分规则设定思路

目前已有的文献对指标评分划分的方法大致可归结为两类：一类是根据指标所含内容或指标要求将评分进行划分；另一类是根据指标所完成程度对分数按级别进行划分。本书主要采用以上所述的两种方法对指标进行划分，假定每个指标的总分为100分。

1. 评分规则设定流程

每个评价指标的评分分级如下：先依照指标评价的内容或要求，对100分进行均分，若不能均分，则按5的倍数均等分配，把剩余分值进行个别调整，设定完分值后，再提交专家咨询修正，最后确定评分分值。

评分规则设定的流程如图5-2所示。

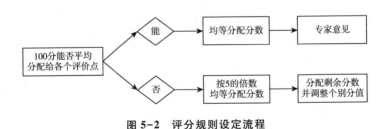

图 5-2　评分规则设定流程

2. 评分标准

评分点为指标达到某种程度对应的评价分值，可根据需要评价指标的内容和要求，设定不同等级的分值，如编制了实施计划，按照实施计划的可实施性进行好、较好、部分可实施、少数可以实施和无编制计划等五个等级的划分，然后按评分设定流程给定分值区间，如表5-19所示。

表 5-19　评价指标评分划分标准

层次	评分准则	评分范围
1	编制了相应计划，且可实施性好	[75, 100]
2	编制了相应计划，且可实施性较好	[50, 75)
3	编制了相应计划，且部分可以实施	[25, 50)

续表

层次	评分准则	评分范围
4	编制了相应计划，且少数可以实施	[10, 25)
5	没有相应编制计划	[0, 10)

（二）评价指标评分规则

1. 前期阶段

（1）项目前期调研及论证充分性评分规则

根据其内容划分应包括 3 个评价点，即建设必要性论证、技术论证、经济论证。其评价标准及对应分值如表 5-20 所示。

表 5-20　前期调研及论证充分性的评分标准

序号	评价点	要点	评分范围
1	建设必要性论证	主要从城市社会经济发展、交通运输等方面进行论证项目建设的必要性	[0, 30]
2	技术论证	主要从技术层面论证项目所采用技术的先进性、可实施性	[0, 35]
3	经济论证	主要从城市社会经济角度、交通运输、投资和社会效益等方面进行论证项目的经济性	[0, 35]

（2）标段划分合理性评分规则

标段划分合理性评分点主要参照招标项目的专业要求、招标项目的管理要求、对工程投资的影响、工程各项工作衔接等内容进行评分，其评价标准及对应分值如表 5-21 所示。

表 5-21　标段划分合理性的评分标准

序号	评价点	评分范围
1	招标项目的专业要求合理程度	[0, 25]
2	招标项目的管理要求合理程度	[0, 25]
3	对工程投资的影响程度	[0, 25]
4	工程各项工作的衔接合理程度	[0, 25]

（3）设计进度合理性评分规则

设计进度合理性应根据设计单位的编制和实施情况进行评分，其评价标准及对应分值如表5-22所示。

表5-22　设计进度合理性的评分标准

序号	评分准则	评分范围
1	编制了设计进度计划，且可实施性好	[75，100]
2	编制了设计进度计划，且可实施性较好	[50，75)
3	编制了设计进度计划，且部分可以实施	[25，50)
4	编制了设计进度计划，且少数可以实施	[10，25)
5	没有编制设计进度计划	[0，10)

（4）拆迁计划安排合理性评分规则

根据其编制和实施情况进行评分，其评价标准及对应分值如表5-23所示。

表5-23　拆迁计划安排合理性的评分标准

层次	评分准则	评分范围
1	编制了拆迁计划，且可实施性好	[75，100]
2	编制了拆迁计划，且可实施性较好	[50，75)
3	编制了拆迁计划，且部分可以实施	[25，50)
4	编制了拆迁计划，且少数可以实施	[10，25)
5	没有编制拆迁计划	[0，10)

（5）水文地质及管线勘察详细程度评分规则

根据水文地质条件勘察详细程度和管线分布状况勘察详细程度进行评分，其评价标准及对应分值如表5-24所示。

表5-24　水文地质及管线勘察详细程度的评分标准

序号	评价点	评分范围
1	水文地质条件勘察详细程度	[0，50]
2	管线分布状况勘察详细程度	[0，50]

2. 施工组织设计

（1）施工平面图布置合理性评分规则

施工平面图布置合理性根据其包含内容设置评分标准，评分点包括施工作业面、机械设备布置、现场材料堆场布置、临时设施等布置的合理情况，其评价标准及对应分值如表5-25所示。

表5-25　施工平面图布置合理性的评分标准

序号	评价点	要点	评分范围
1	施工作业面	施工作业面划分合理，保障施工人员、施工机械、施工材料的顺利进场和现场施工的有效作业面大小，以及预防不同参建单位之间的作业冲突	[0, 40]
2	机械设备布置	机械设备布置合理，能够减少机械的无效作业时间和提高施工效率	[0, 20]
3	现场材料堆场布置	现场材料堆场布置合理，减少材料的二次运输，提高施工作业效率	[0, 20]
4	临时设施	临时设施布置合理，减少临时设施的无效作业时间和提高施工效率	[0, 20]

（2）施工段划分合理性评分规则

根据施工段划分的合理性、可实施性和利于节省时间进行评分，其评价标准及对应分值如表5-26所示。

表5-26　施工段划分合理性的评分标准

序号	评分准则	评分范围
1	是否保证流水施工的连续、均衡，划分各个施工段，同一专业工作队的劳动量应大致相等，相差幅度不大	[0, 50]
2	是否充分发挥机械设备和专业工人的生产效率，满足专业工种对工作面的空间要求，尽量做到劳动资源的优化组合	[0, 25]
3	是否保证结构的整体性，施工段的界限应尽可能与结构界限相吻合	[0, 25]

（3）施工组织合理性评分规则

施工组织合理性根据其包含内容设置评分标准，评分点分为建设总体目标、施工单位组织制度、总体施工安排和主要施工阶段、施工准备和建设协调方案、开竣工日期及总工期、工程接口及配合，其编制和实施的评价标准及对应分值如表 5-27 所示。

表 5-27　施工组织合理性的评分标准

序号	评价点	要点	评分范围
1	建设总体目标	工期总体规划目标	[0, 20]
2	施工单位组织制度	施工组织机构、管理职责、人员分工等	[0, 15]
3	总体施工安排和主要施工阶段	总体施工安排、主要阶段工期、路基进度指标计算等	[0, 20]
4	施工准备和建设协调方案	施工准备、建设协调方案等	[0, 15]
5	开竣工日期及总工期	总体进度计划、分部分项工程施工进度计划等	[0, 15]
6	工程接口及配合	施工接口预案；与电力、供水等单位的协调配合方案；与后续工程及其施工单位的协调配合方案等	[0, 15]

（4）专项方案合理性评分规则

专项方案合理性依据专项施工方案编制的可实施性情况进行评分，其评价标准及对应分值如表 5-28 所示。

表 5-28　专项施工方案合理性的评分标准

层次	评分准则	评分范围
1	编制了专项施工方案，且可实施性好	[75, 100]
2	编制了专项施工方案，且可实施性较好	[50, 75)
3	编制了专项施工方案，且部分可以实施	[25, 50)
4	编制了专项施工方案，且少数可以实施	[10, 25)
5	没有编制专项施工方案	[0, 10)

（5）工程款拨付计划合理性评分规则

工程款拨付计划合理性根据其编制和实施情况进行评分，其评价标准及对应分值如表 5-29 所示。

表 5-29　工程款拨付计划合理性的评分标准

层次	评分准则	评分范围
1	编制了工程款拨付计划，且可实施性好	[75, 100]
2	编制了工程款拨付计划，且可实施性较好	[50, 75)
3	编制了工程款拨付计划，且部分可以实施	[25, 50)
4	编制了工程款拨付计划，且少数可以实施	[10, 25)
5	没有编制工程款拨付计划	[0, 10)

（6）施工工期安排计划合理性评分规则

施工工期安排计划合理性根据其编制和实施情况评分，其评价标准及对应分值如表 5-30 所示。

表 5-30　施工工期安排计划合理性的评分标准

层次	评分准则	评分范围
1	编制了施工工期安排计划，且可实施性好	[75, 100]
2	编制了施工工期安排计划，且可实施性较好	[50, 75)
3	编制了施工工期安排计划，且部分可以实施	[25, 50)
4	编制了施工工期安排计划，且少数可以实施	[10, 25)
5	没有编制施工工期安排计划	[0, 10)

3. 施工保障措施

（1）人员保障措施合理性评分规则

人员保障措施合理性根据工程项目部职能设置及人员数量、参建单位的人员配备、参建人员之间的协作程度进行评分，其评价标准及对应分值如表 5-31 所示。

表 5-31　人员保障措施合理性的评分标准

序号	评价点	要点	评分范围
1	项目部职能设置及人员数量	项目部部门与岗位的职能设置、各个部门人员的配置及人员总数量等	[0, 35]

续表

序号	评价点	要点	评分范围
2	参建单位的 人员配备	个人的业绩水平、人员的职称、从属道路工程项目的 工作年限及执业资格水平、专业技术人员的比例等	[0, 35]
3	参建人员之间 的协作程度	参建人员之间的信息共享程度及协作程度等	[0, 30]

（2）机械设备供应及保障计划合理性评分规则

机械设备供应及保障计划合理性根据其编制和实施情况评分，其评价标准及对应分值如表 5-32 所示。

表 5-32　机械设备供应及保障计划合理性的评分标准

层次	评分准则	评分范围
1	编制了机械设备供应及保障计划，且可实施性好	[75, 100]
2	编制了机械设备供应及保障计划，且可实施性较好	[50, 75)
3	编制了机械设备供应及保障计划，且部分可以实施	[25, 50)
4	编制了机械设备供应及保障计划，且少数可以实施	[10, 25)
5	没有编制机械设备供应及保障计划	[0, 10)

（3）物资采购及保障计划合理性评分规则

物资采购及保障计划合理性根据其编制和实施情况评分，其评价标准及对应分值如表 5-33 所示。

表 5-33　物资采购及保障计划合理性的评分标准

层次	评分准则	评分范围
1	编制了物资采购及保障计划，且可实施性好	[75, 100]
2	编制了物资采购及保障计划，且可实施性较好	[50, 75)
3	编制了物资采购及保障计划，且部分可以实施	[25, 50)
4	编制了物资采购及保障计划，且少数可以实施	[10, 25)
5	没有编制物资采购及保障计划	[0, 10)

（4）质量保障措施合理性评分规则

质量保障措施合理性根据其编制和实施情况评分，其评价标准及对应分值如表5-34所示。

表5-34   质量保障措施合理性的评分标准

层次	评分准则	评分范围
1	制定了质量保障体系，完善，且可实施性好	[75，100]
2	制定了质量保障体系，较完善，且可实施性较好	[50，75)
3	制定了质量保障体系，不完善，且部分可以实施	[25，50)
4	制定了质量保障体系，不完善，且少数可以实施	[10，25)
5	没有制定质量保障体系	[0，10)

（5）安全保障措施合理性评分规则

安全保障措施合理性根据其编制和实施情况进行评分，其评价标准及对应分值如表5-35所示。

表5-35   安全保障措施合理性的评分标准

层次	评分准则	评分范围
1	制定了安全保障体系，完善，且可实施性好	[75，100]
2	制定了安全保障体系，较完善，且可实施性较好	[50，75)
3	制定了安全保障体系，不完善，且部分可以实施	[25，50)
4	制定了安全保障体系，不完善，且少数可以实施	[10，25)
5	没有制定安全保障体系	[0，10)

4. 竣工验收阶段

（1）竣工验收资料整理计划合理性评分规则

竣工验收资料整理计划合理性根据其编制和实施情况进行评分，其评价标准及对应分值如表5-36所示。

表 5-36　竣工验收资料整理计划合理性的评分标准

层次	评分准则	评分范围
1	编制了竣工验收资料整理计划，且可实施性好	[75，100]
2	编制了竣工验收资料整理计划，且可实施性较好	[50，75)
3	编制了竣工验收资料整理计划，且部分可以实施	[25，50)
4	编制了竣工验收资料整理计划，且少数可以实施	[10，25)
5	没有编制竣工验收资料整理计划	[0，10)

（2）验收整改计划合理性评分规则

验收整改计划合理性根据其编制和实施情况进行评分，其评价标准及对应分值如表 5-37 所示。

表 5-37　验收整改计划合理性的评分标准

层次	评分准则	评分取值范围
1	编制了验收整改计划，且可实施性好	[75，100]
2	编制了验收整改计划，且可实施性较好	[50，75)
3	编制了验收整改计划，且部分可以实施	[25，50)
4	编制了验收整改计划，且少数可以实施	[10，25)
5	没有编制验收整改计划	[0，10)

四　城市快速路建设工期合理性评价模型

为了对城市快速路建设工期做出客观的评价，本书综合评价的计算方法采用线性加权法。本章第二节已计算出准则层与指标层的评价指标权重，根据线性加权法计算可得城市快速路建设工期合理性评价模型，则其计算公式为：

$$a_k = \sum_{i=1}^{4} \left[S_i \times \sum_{j=1}^{18} (S_{ij} \times X_{ij}) \right] \qquad (5.1)$$

其中：

a_k——第 k 个评价者评价的总得分，$k=1，2，\cdots，m$；

S_i——第 i 个准则层指标权重；

S_{ij}——第 i 个准则层下第 j 个指标的权重；

X_{ij}——第 i 个准则层下第 j 个指标层指标的总得分。

将各指标权重代入式（5.1）得：

$$
\begin{aligned}
\alpha_k = {}& 0.272 \times (0.256 \times S_{11} + 0.123 S_{12} + 0.154 S_{13} + 0.300 S_{14} + 0.167 S_{15}) + \\
& 0.274 \times (0.100 S_{21} + 0.079 S_{22} + 0.262 S_{23} + 0.220 S_{24} + 0.142 S_{25} + 0.197 S_{26}) + \\
& 0.269 \times (0.158 S_{31} + 0.174 S_{32} + 0.197 S_{33} + 0.218 S_{34} + 0.253 S_{35}) + 0.185 \times \\
& (0.483 S_{41} + 0.517 S_{42})
\end{aligned}
$$

城市快速路建设工期设置合理性综合评价得分为：

$$
F = \frac{1}{m} \sum_{k=1}^{m} a_k \tag{5.2}
$$

式中：F——综合评价得分；m——评价人数。

城市快速路建设工期设置合理性评价等级标准如表 5-38 所示。

表 5-38　城市快速路建设工期合理性评价等级标准

序号	建设工期 合理性等级	建设工期合理性 综合评分范围	警示灯	风险应对释义
1	A 级（非常合理）	[90, 100]	绿灯	实际工期按计划正常实施
2	B 级（合理）	[80, 90)	蓝灯	实际工期与计划工期相比基本正常，但需要加强风险跟踪
3	C 级（基本合理）	[60, 80)	黄灯	实际工期与计划工期相比轻微延迟，但仍在可控范围
4	D 级（欠合理）	[50, 60)	橙灯	实际工期与计划工期相比有延迟，需要启动应急预案，以减少延迟
5	E 级（不合理）	[30, 50)	红灯	实际工期与计划工期相比延迟严重，需要不惜代价，加强人财物投入，必要时需要调整关键工序

五　本章小结

本章基于项目建设全生命周期理论，构建了城市快速路建设工期的合理性评价模型。首先采用文献研究法选取 28 个评价指标，再通过专家问卷调查法和专家权威度系数法过滤合理性评价指标，得到了 18 个城市快速路建设工期合理性评价指标。其中，前期阶段包括前期调研及论证充分性、标段划分合理性、设计进度合理性、拆迁计划安排合理性和水文地质及管线的勘察详细程度 5 个指标；施工阶段分为施工组织设计和施工保障措施两个方面的评价内容，与施工组织设计评价有关的包括施工平面图布置合理性、施工段划分合理性、施工组织合理性、专项施工方案合理性、工程款拨付计划合理性和施工工期计划合理性 6 个评价指标；涉及施工保障措施方面的包括人员保障措施合理性、机械设备供应及保障计划合理性、物资采购及保障计划合理性、质量保障措施合理性和安全保障措施合理性 5 个评价指标；竣工验收阶段涉及竣工验收资料整理计划合理性和验收整改计划合理性两个评价指标。

　　针对 18 个建设工期合理性的评价指标，设计专家问卷调查表，进行第二轮专家问卷，结合专家权威度系数，采用结构熵权法计算准则层评价指标的权重值，同时利用熵权法计算指标层评价指标的权重值，并对各评价指标设置了不同的评分标准，从而构建城市快速路建设工期的合理性评价模型。最后，针对项目的建设工期合理性评价结果，设置了五个等级的建设工期合理性评价等级标准，采用不同警示灯以便于工期风险管理决策。

第六章　城市快速路建设工期
合理管控措施建议

城市快速路建设项目是城市大型市政基础设施项目，各地在项目立项时，均列为当年政府的重点工程。城市快速路项目的建设进度不仅事关项目各参与主体的经济效益，也事关政府职能部门的效能考核，同时，又为城市市民所关切。但项目内外环境的不断变化时刻影响着项目的正常进度，破坏已有进度计划，导致项目进度延迟。因此，项目建设各参与主体及其政府职能部门在城市快速路项目建设全过程内，都应加强建设工期的有效管控，针对不同建设阶段不同建设情况采取相应控制措施，加强工期风险管控，确保项目早日完工，实现其经济效益和社会效益。

一　建设工期合理管控关键因素分析

1. 关键因素分类方法选取

为便于项目各利益相关者在城市快速路项目建设过程中加强风险源的管控和工期合理的推进，有必要在前文筛选出来的关键影响因素和重要合理性评价指标基础上，再次按影响因素或评价指标的重要程度进行分类排序。

本书选取 ABC 分类法（Activity Based Classification）作为关键因素的分类分析方法，ABC 分析法又称"主因分析法""分类管理法"等，也俗称"80 对 20"规则，是项目管理中常用的方法之一。其应用的核心原则是"关键的少数、次要的多数"，将复杂事物进行简单分类，利于决策与管理。

2. 城市快速路项目建设工期影响因素分类

在第三章专家对城市快速路项目建设工期影响因素的重要程度进行打

分的基础上，按照各影响因素的加权分值（如表3-6所示），先计算影响因素总加权均值数，再计算各影响因素加权均值占总加权均值的比重，然后再依照比重的大小由大到小排序，并计算累计比重。根据ABC分类法原理，将累计比重为0~30%的影响因素划为A类，将累计比重为30%~90%的影响因素划为B类，将累计比重为90%~100%的影响因素划为C类，如表6-1所示。

由表6-1可知，A类城市快速路建设工期影响因素有3个：征地拆迁不力、前期方案论证不足和地下管线迁移不力；B类城市快速路建设工期有8个影响因素，分别是：军事管线设施的限制、设计缺陷、勘察不详、组织管理协调不力、前期报批缓慢、周边环境的不利影响、自然环境的不利影响和标段划分不合理；C类城市快速路建设工期影响因素有验收整改拖延和竣工验收资料整理拖延两个。

表6-1　城市快速路建设工期影响因素分类

序号	影响因素	加权均值	比重（%）	比重累计（%）	因素分类
1	征地拆迁不力	4.2815	9.56	9.56	A类影响因素
2	前期方案论证不足	4.2096	9.40	18.96	
3	地下管线迁移不力	4.0584	9.06	28.02	
4	军事管线设施的限制	3.6276	8.10	36.12	B类影响因素
5	设计缺陷	3.6183	8.08	44.20	
6	勘察不详	3.5869	8.01	52.21	
7	组织管理协调不力	3.5689	7.97	60.18	
8	前期报批缓慢	3.5554	7.94	68.12	
9	周边环境的不利影响	3.5225	7.86	75.98	
10	自然环境的不利影响	3.0479	6.80	82.78	
11	标段划分不合理	2.9746	6.64	89.42	
12	验收整改拖延	2.3982	5.35	94.77	C类影响因素
13	竣工验收资料整理拖延	2.3563	5.23	100	
	合计	44.8061	100		

3. 城市快速路项目建设工期合理性评价指标分类

在第五章专家对城市快速路项目建设工期合理性评价指标的重要程度进行打分的基础上，按照各评价指标的分值（见表5-17），采用 ABC 分类法进行计算分类，将累计比重为 0~30% 的建设工期合理性评价指标划为 A 类，将累计比重为 30%~90% 的建设工期合理性评价指标划为 B 类，将累计比重为 90%~100% 的建设工期合理性评价指标划为 C 类，结果如表 6-2 所示。

表 6-2　城市快速路建设工期评价指标分类

序号	阶段	指标	得分	比重（%）	累计比重（%）	因素分类
1	施工组织设计	施工组织合理性	4.33	6.47	6.47	A 类保障因素
2	前期阶段	拆迁计划安排合理性	4.25	6.35	12.82	
3	前期阶段	前期调研及论证充分性	4.17	6.23	19.05	
4	前期阶段	水文地质及管线的勘察详细程度	4.04	6.03	25.08	
5	施工组织设计	专项施工方案合理性	3.92	5.85	30.93	B 类保障因素
6	施工组织设计	施工工期计划合理性	3.88	5.79	36.72	
7	施工组织设计	工程款拨付计划合理性	3.83	5.72	42.44	
8	施工保障措施	安全保障措施合理性	3.83	5.72	48.16	
9	施工保障措施	质量保障措施合理性	3.79	5.66	53.82	
10	施工保障措施	物资采购及保障计划合理性	3.75	5.60	59.42	
11	前期阶段	设计进度合理性	3.75	5.60	65.02	
12	施工组织设计	施工平面图布置合理性	3.75	5.60	70.62	
13	施工保障措施	机械设备供应及保障计划合理性	3.71	5.54	76.16	
14	施工保障措施	人员保障措施合理性	3.58	5.35	81.51	
15	施工组织设计	施工区段划分合理性	3.21	4.79	86.30	
16	竣工验收	验收整改计划合理性	3.13	4.67	90.97	C 类保障因素
17	前期阶段	标段划分合理性	3.08	4.60	95.57	
18	竣工验收	竣工验收资料整理计划合理性	2.96	4.43	100	
		合计	66.96	100		

由表 6-2 可知，A 类有 4 个建设工期合理性重要评价指标，主要包括施工组织合理性、拆迁计划安排合理性、前期调研及论证充分性和水文地质及管线勘察详细程度；B 类建设工期合理性重要评价指标有 11 个，主要包括专项施工方案合理性、施工工期计划合理性、工程款拨付计划合理性、安全保障措施合理性、质量保障措施合理性、物资采购及保障计划合理性、设计进度合理性、施工平面图布置合理性、机械设备供应及保障计划合理性、人员保障措施合理性、施工区段划分合理性；C 类建设工期合理性重要评价指标包括验收整改计划合理性、标段划分合理性和竣工验收资料整理计划合理性 3 个。

二 城市快速路建设工期合理管控措施建议

(一) 前期阶段的工期合理管控措施建议

项目前期阶段中，征地拆迁工作、前期调研及论证工作既是城市快速路建设工期的 A 类影响因素，也是建设工期合理性评价的 A 类评价指标，因此，应引起足够的重视；水文地质及管线的勘察详细程度是建设工期合理性的 B 类评价指标。因此，前期阶段的建设工期管控应从征地拆迁和前期调研及论证入手、强化科学决策与管理过程，形成有效的风险分担机制；对水文地质条件进行详细的勘察，避免设计变更导致工期延误。对于 B 类影响因素也应引起重视，做好相应配套措施防范工期风险发生，具体的工期合理管控措施建议如下。

1. 强化科学决策与管理，防范工期可控性影响因素

从项目时间管理效率来看，任何决策的作用都不如决策依赖的信息大。城市快速路建设前期的充分调研、科学合理的决策和设计，能有效避免建设过程中不合理的影响因素出现，对预防建设工期延期、提高建设效率有着积极作用。

(1) 强化责任分解，构建风险共担机制

建设前期所涉及的可控性影响因素可通过更加周密而科学的论证及合理的职责分配来加以化解，以避免影响前期工作进度。要分析建设工期影响因素产生的源头，把防控责任明确分配到项目各参与主体、各相关负责人。前期阶段关键影响因素主要职责在项目业主方，其次是勘察设计单

位。因此，一方面，要加强项目代建单位的选择与激励。城市快速路建设项目一般是政府投融资重点项目，现行财政投融资项目的管理模式是代建制，选择经验丰富、工作能力突出、责任心强的代建单位及代建项目负责人尤为重要。同时，对代建单位也需要辅以奖罚机制，以督促前期工作的科学论证与决策。另一方面，要通过合同约定，合理转嫁风险。共担风险既是责任也是收益机会，而合同是识别、分配项目工期风险和收益机会的最主要机制之一，通过合同把项目各参与方的责任与机会束缚在一起，共同防范工期影响因素的发生，实现利益共赢共享。

（2）切实做好征地拆迁工作，预防社会突发事件

从城市快速路建设工期影响因素的评估中可知，征地拆迁不力是导致工期延迟的首要因素，是导致项目延迟的主要原因之一。从城市快速路建设工期合理性评价因素中分析得出，征地拆迁涉及多方主体的经济利益，政策性强，情况复杂，群众反映强烈，拆迁计划安排的合理性是第一类影响因素，会直接导致是否有足够合适的施工场地。因此，需要多方协作，通过制定合理共识的拆迁补偿安置政策，以加快拆迁进度。

（3）综合管线的全面摸底排查，提前启动管线迁移

在开工前期准备阶段，将涉及的综合管线进行全面摸底，并与管线单位逐一现场对接提前迁移，为主体工程如期完成提供先决条件。

（4）提高勘察设计质量，避免设计变更

勘察不详、设计变更虽是施工阶段发生的事件，但源头在建设前期阶段，勘察不详是城市快速路建设项目设计变更的主要诱因。因此，除了防范来自项目业主方的设计变更外，更应重点防范勘察质量问题带来的设计变更。一方面，可通过勘察合同约定，强化勘察责任；另一方面，鼓励采用先进勘察技术，提高勘察质量，避免城市快速路沿线地下水文地质勘查不详细。

2. 压缩前期工作流程，缩短相关审批手续

前期报批进度缓慢，也是导致建设工期拖长的 B 类主要因素之一，主要表现在前期各种项目报批手续的流程多、报批缓慢。这不仅有政府行政管理的原因，也有项目代建单位自身管理的原因。对于后者，可通过加强对代建单位的管理和激励，进行有效督促来加以防范。对于前者，则需

要加快落实政府投资项目行政审批的改革。近几年，为响应国家行政简政放权的号召，各地积极设立各种有益的改革试点，探索简化行政审批流程、缩短审批时间的方法。例如，厦门、贺州、德清以及海南省等地积极探索"多规合一"审批流程改革，实现投资建设从前端项目策划生成到后端施工图审查、施工许可、竣工验收阶段的全流程覆盖。同时，适当取消或归并部分审批报备手续，如取消政府投资项目方案审查，取消施工合同、中标价备案，并增加质量安全监督手续和人防工程质量监督与施工许可归并办理等有益举措。各地政府应继续切实推进建设审批流程改革，归并、简化、缩短审批，为加快城市快速路建设项目前期报批进度提供良好的行政管理环境。

3. 统筹兼顾，合理划分标段

在城市快速路建设中，能否合理地划分标段不仅会影响标段内项目进度，更会影响整个项目的总体进度。当前工程施工标段划分缺少有效定量的分析方法，主要依赖于主观判断。由于城市快速路建设项目是线性工程，覆盖区域范围大，主观判断难免不合理。因此，首先，应引进先进科学技术手段，如地理信息系统（Geographic Information System 或 Geo-Information System，GIS）和城市信息模型（City Information Model，CIM），来辅助完成城市快速路标段划分；其次，应结合技术要求、设计文件要求以及周边交通环境和施工条件，统筹兼顾，充分考虑标段之间的有机衔接与不同工种的协调配合，避免标段之间施工互扰。

4. 制定项目建设工期控制措施，建立预警机制

项目建设过程中所面临的内外环境时刻在变化，各种影响进度的风险随时都有可能发生。当出现风险时，应立即查明发生的根源，判断是否对建设工期构成变更；应如何采取有效措施消除不利影响，如何重新调整进度计划等，需要事先制定一个考虑周全的预警应对机制，对不同阶段涉及的影响因素施加影响、预警，当风险发生时，设法尽快处理，尽量减少对建设工期的影响。

5. 加大培训力度，提高时间管理意识

投资低且技术简单的工程不需要太多的时间管理技术和风险防范意识，传统的自发的管理就能保证项目按时完工，投资大、技术复杂的大型

工程就需要科学有效的进度管理技术和管理方法，英国皇家特许建造学会（CIOB）的调研报告表明，工程界绝大多数的受访者反映项目工期管理的相关培训不足以应对工作需求。[1] 国内工程界的相关培训则更少，更多的是依靠管理经验，导致项目建设延迟现象经常发生。因此，城市快速路建设过程中，应加大工程参与人员的进度管理培训力度，提高项目进度管理水平。

（二）针对施工阶段的工期合理管控的措施建议

实施阶段影响因素繁杂，涉及利益主体众多，来自利益主体的影响是最直接、最复杂的，应做好组织协调工作，建立进度协调工作制度，展开施工过程的监督管理工作。对于现场施工条件可能造成的不利影响，如恶劣天气、自然环境、周边环境条件变化等应预先估计。在编制施工进度计划时，要将以上可能造成工期延误的影响因素包含在内。同时，尽可能选择资质优良的施工单位和经验丰富的施工现场管理人员，确保项目的组织协调顺利进行。

从表6-2可知，施工组织的合理性是最为重要的 A 类评价指标，专项施工方案合理性、施工工期计划合理性、工程款拨付计划合理性、安全保障措施等均是建设工期合理性的 B 类评价指标。由此可见，应该完善公开招标机制，选择优秀的工程施工单位，合理安排工期，制定合理的专项施工方案，配备安全保障措施；作为政府，为了保障城市快速路建设工期的正常展开，应该及时向工程承包商支付工程款。为了更好地保证上述重要措施的实施，应从以下六方面系统性地保障施工阶段工期的合理控制。

1. 完善公开招投标机制，构建良性竞争机制

从项目建设全生命周期来看，任何一项工作的提前或延迟完成都会影响到后续工作的开始或结束，进而影响整个项目的进度。因此，建设项目各参与主体都有责任为项目的有效时间管理而协调工作，共同防范建设工期影响因素的发生。但现实存在的问题是，施工单位在投标阶段是没有足

---

[1] 〔英〕皇家特许建造学会编著《大型复杂项目时间管理实用指南》，蓝毅译，中国建筑工业出版社，2018。

够的时间去识别工期影响因素并做好有效防范措施的。当工程项目采用公开招标机制时，对潜在投标人而言，在投标前仔细识别工期影响因素并研究相应的防范措施是低效率且不合理的，因为这可能会导致未能中标。[①]因此，现实是在各项目投标书中，无论对项目进度计划的编制还是预算的编制，均未能反映出投标人有效识别与评估建设工期的影响因素。更令人担忧的是，这种惯性的投标思维影响了投标人的风险防范组织氛围和管理制度建设，尤其是取消了最低价中标，改为经评审合理低价中标甚至是评审入围后再摇号定标的评标中标办法，从某种层面上讲，是劣币驱逐良币，纵容投标人放松工期风险管理意识。因此，应进一步探索现行公开招投标机制的改革与完善，如可借鉴 FIDIC 国际招标惯例，先进行严格的资格审查，在资格审查中加大评估潜在投标人的风险防控能力与组织管理水平，符合条件的再进入投标环节，从而提高潜在投标人的工期管理能力。

2. 优化工期，强化保障

关于施工阶段进度计划编制和工期优化的理论与方法，已有诸多中外学者做了大量的学术研究，但不是过于复杂就是应用条件要求高，而建筑行业的高科技应用本就远低于其他行业，施工单位由于野外作业，办公条件简陋，现代化办公技术的应用就更为低下，因此，需要更简单实用的管理方法和管理软件，并尽可能实现手机应用化，以提高使用率和降低应用硬件的条件要求。此外，建立互通有无的信息化沟通渠道，加强对项目每天的工、料、机投入以及完成情况进行分析，将项目施工计划、动态管理精确到天；通过信息化管理手段，对隐蔽工程以及一般工序验收实施可视化及可追溯信息进行采集和留存。

3. 规范现场管理，减少周边交通影响

城市快速路是线性工程，即有新建工程又可能包含旧有道路的翻建、扩建和拆建，施工现场复杂，施工面狭窄，交通干扰大，安全压力大，需要精心规划和规范施工现场。合理规划好施工场地和临时工程用

---

① 〔澳〕马丁·鲁斯摩尔、〔英〕约翰·拉夫特瑞等：《项目中的风险管理》，刘俊颖译，中国建筑工业出版社，2011。

地，对施工人员和车辆的进出、共有的道路引导、弃碴场等应周密安排，尽量减少交叉作业和施工干扰与互扰。此外，还应该较为准确地模拟预测交通流量，实施科学化的交通导改，确保施工现场周边道路交通正常运行。

4. 做好应急预案，有效防范不可控因素发生

管线迁移前应做好资料集和图纸的研究，派专人对施工现场地下管线进行勘测调查等，主动配合有关部门尽快进行拆迁，若发现有未明管线应及时上报，尽快研究处理办法，尽量不影响施工正常进行。不可控影响因素错综复杂，应尽可能在合作共赢的基础上深入协调。管线迁移前应全面收集相关资料，严密勘察、动态控制管线迁移。另外，对于地下管线迁移及军事管线设施应进行详细的排查，并提出多套可行的应急预案。

5. 加大建筑信息模型的应用，提高工程建设效率

设计缺陷包含设计不详、设计遗漏、设计变更等，是导致工程建设延迟的关键影响因素之一。近几年，在住建部的大力推广下，建筑信息模型（Building Information Modeling，BIM）被各地试点应用在房屋建筑工程上，但尚未应用在城市快速路建设中。建筑信息模型是一个改变传统工程建设中设计开发阶段定义、鼓励信息共享的过程，通过 BIM 不仅可以获取建筑几何尺寸、空间关系、地理信息和建筑构件的数量和属性等信息，与其他管理信息技术结合，还可获得施工过程中的信息资料，这些信息对项目建设全过程周期都是有益的。

6. 鼓励多种发包模式，提高工程管理效率

建筑师负责制试点和工程总承包的推广，为项目建设提供了更多的管理方式和工程交易方式选择，但应进一步鼓励其他发包模式的试点与应用。传统发包模式（DBB 模式）适合一般民用建筑工程；设计建造模式（DB 模式，包含工程总承包模式）适用于工业建筑项目；管理承包模式（风险型 CM）适用于设计施工并行的项目，适合赶工项目。[①]城市快速路建设是大型市政基础设施项目，在政策、法律环境允许的前

---

① 〔英〕戴维·查普尔、安德鲁·威利斯：《建筑师执业指南》，刘士兴等译，中国建筑工业出版社，2016。

提下，应当鼓励发包模式的尝试与应用，以缩短城市快速路的建设工期。

（三）项目竣工交付使用阶段的工期合理管控措施建议

竣工验收是城市快速路建设完成的标志，是全面考核基本建设成果、检验设计和工程质量的关键环节，包括工程交工验收、试通车和质量缺陷期满后的正式竣工验收。在验收前应统筹规划，编制合理可行的验收计划，同时，应充分调动施工单位和建设单位的积极性，确保验收工作高效开展。虽然从表 6-1 和表 6-2 的分类来看，竣工验收阶段可能出现的建设工期影响因素和合理性评价指标均属于 B 类，显得不是那么重要，但由于竣工验收是城市快速路交付使用的关键环节，因此应该从以下两方面加以管控。

1. 强化施工单位验收时间管理意识，主观上不放松进度管控

影响项目竣工验收阶段工期的主要影响因素是竣工资料整理归档拖延和验收整改拖延，其主要根源在于施工单位的时间观念和责任意识，是施工单位主观思想上的放松。因此，首先要强化施工单位的时间管理意识，可通过合同约定来实现约束。

2. 强调信息和通信技术的应用，为项目信息资料管理提供硬件基础

在城市快速路建设中，专家普遍反映施工单位"重建设，轻资料整理归档"，除了主观根源外，客观上是因为现行建筑业在管理方面应用先进信息和通信技术（Information and Communications Technology，ICT）不够，没有形成高效的建筑施工管理经验，导致在项目建设中经常出现资料归档整理不到位、资料丢失或缺少等现象，使竣工资料归整缺乏完整性或者规范性，从而拖延了工程竣工验收。因此，施工单位不仅要有信息管理责任意识，还要建立规范完整的资料整理归档制度，更为重要的是，要运用先进的信息和通信技术，提高资料整理归档的效率。

三　本章小结

本章针对城市快速路建设工期的影响因素和合理性评价指标的专家评分值，采用 ABC 分析法，依据影响因素或评价指标的各自专家评判分值，把影响因素或评价指标划分为三类关键因素。城市快速路建设工期的影响

因素 A 类 3 个，B 类 8 个，C 类两个。城市快速路建设工期合理性评价指标划分 A 类的有 4 个，B 类的有 11 个，C 类的有 3 个。

同时，结合第三章和第五章的研究成果，按前期阶段、施工阶段和竣工交付使用阶段，分别提出城市快速路建设工期合理管控的具体措施和建议，以为项目时间管理的决策提供参考。

第七章 实证分析

——以厦门同集路建设为例

一 工程概况

厦门同集路（集杏海堤—同安城区段）提升改造工程起点为同安城区，终点为集杏海堤，全长约 17.8 公里，项目总投资 203423 万元。主要通过新建高架桥、下穿通道及定向匝道等措施对旧 324 国道、阳翟二路、林瑶路、通福路、洪塘头一路、福泽路、天马路、集美大道、集源路 9 个节点进行改造，实现主线快速通行。其中同集路同安段一标共 3 个节点：旧 324 国道下穿通道、阳翟二路下穿通道、林瑶路跨线桥；二标共 3 个节点：通福路下穿通道及跨线桥、福泽路匝道桥、天马路下穿通道；三标 1 个节点：集美大道跨线桥；四标 1 个节点：集源路下穿通道。工程于 2015 年 9 月 18 日正式开工建设，合同工期为 18 个月。

集美大道跨线桥工程（第三标段）车道设计时速为 80km/h。现状为侨英路与同集路平交，两者均为主干路，交叉路口处采用信号灯控制；集美大道主车道上跨同集路，地面辅道与同集路平交，两者均为主干路，地面层交叉口处采用信号灯控制。为满足片区发展的需要、完善周边路网、提高道路的通行能力、方便广大市民出行，将侨英路交叉口改造为同集路上跨侨英路，集美大道交叉口改造为同集路跨线桥上跨集美大道主线桥，地面层与同集路平交，采用信号灯控制。同集路集美大道跨线桥工程为南北走向，项目地理方位如图 7-1 所示。

本项目为南北走向，沿同集路由北向南依次与侨英路、横一路、海凤路（天凤路）、凤林路和集美大道相交，除集美大道和同集路交叉口西北

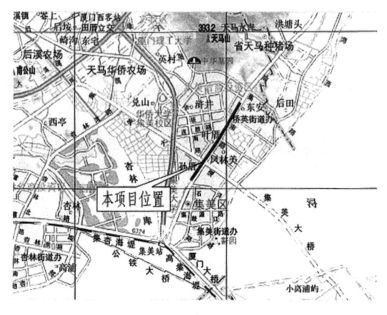

图 7-1 项目地理位置

侧为规划预留公共绿地外，其余路段道路两侧均为已建房屋。同集大道节点有 A、C、D 三个匝道，采用 40km/h 的速度设计，A 匝道为集美大道跨线桥右转同集路主线桥的匝道；C 匝道为同集路主线桥左转集美大道跨线桥匝道，与现有 B 匝道拼宽设计；D 匝道为同集路主线桥右转集美大道地面层匝道。

该道路工程项目设计基本参数如表 7-1 所示。

表 7-1 道路基本情况一览

道路名称	起迄点	道路等级	长度（m）	红线宽度（m）
侨英路及集美大道立交工程	K14+040~K16+780	主干路	2740	61.5~88.5

该工程项目在主体结构施工完成后，先进行桥面铺装、设施等施工，保证跨线桥贯通后，再进行地面道路、交通设施的施工。

（一）道路横断面设计

项目道路横断面根据现状道路实际宽度进行设计，各横断面相关设计技术参数如表 7-2 所示。

表 7-2　各横断面车道形式及宽度

横断面	宽度
集美大道北侧引道段横断面	65m＝3.5m（人行道）＋2.5m（非机动车道）＋1.5m（绿化带）＋11.5m（地面车行道）＋28m（中分带，含高架桥快速路通道桥台）＋11.5m（地面车行道）＋1.5m（绿化带）＋2.5m（非机动车道）＋2.5m（人行道）
集美大道北侧高架桥段横断面	67.5m＝5m（人行道）＋2.5m（非机动车道）＋1.5m（绿化带）＋7m（地面车行道）＋3m（绿化带）＋7.5m（地面车行道）＋16m（中分带，含高架桥快速路通道桥台）＋7.5m（地面车行道）＋3m（侧分带）＋7m（地面车行道）＋1.5m（绿化带）＋2.5m（非机动车道）＋3.5m（人行道）
集美大道南侧引道段横断面	64.5m＝2m（人行道）＋2.5m（非机动车道）＋1.5m（绿化带）＋11.5m（地面车行道）＋28m（中分带，含高架桥快速路通道桥台）＋11.5m（地面车行道）＋1.5m（绿化带）＋2.5m（非机动车道）＋3.5m（人行道）
集美大道南侧高架桥段横断面	66m＝3.5m（人行道）＋2.5m（非机动车道）＋1.5m（绿化带）＋11.5m（地面车行道）＋28m（中分带，含高架桥快速路通道）＋11.5m（地面车行道）＋1.5m（绿化带）＋2.5m（非机动车道）＋3.5m（人行道）
集美大道西侧高架桥引道段横断面	69.35m＝4m（人行及非机动车道）＋7.5m（地面车行道）＋0.5m（绿化带）＋8m（地面车行道）＋13.35m（中分带，含 BRT 高架桥）＋17.5m（匝道引道）＋1m（绿化带）＋12.5m（地面车行道）＋1.5m（绿化带）＋3.5m（人行及非机动车道）
8 米匝道横断面	8m＝0.5m（护栏）＋7m（车行道）＋0.5m（护栏）
8.5 米匝道横断面	8.5m＝0.5m（护栏）＋7.5m（车行道）＋0.5m（护栏）

（二）道路路面结构设计

项目的上跨主车道路面为新建，地面层的主车道及辅道为改造加铺，设计标高低于现状路段及管线破除的区域为破除新建工程内容。

1. 新建机动车道的主车道和辅道

主车道和辅道均采用沥青砼路面结构，由上至下分别为：4 厘米厚 SMA-13（改性Ⅰ-D 级）细粒式沥青玛蹄脂碎石混合料表面层、6 厘米厚 AC-20C（70 号）中粒式密级配沥青混合料中面层、8 厘米厚 AC-25C（70 号）粗粒式密级配沥青混合料下面层、1 厘米厚乳化沥青稀浆封层、32 厘米厚 5%水泥稳定碎石上基层、18 厘米厚 3%水泥稳定碎石下基层、

15 厘米厚级配碎石垫层、路基压实度不小于 95%（重型标准），路基回弹模量不小于 32Mpa。

2. 新建匝道采用沥青砼路面

由上至下分别为：4 厘米厚 SMA-13（改性Ⅰ-D 级）细粒式沥青玛蹄脂碎石混合料表面层、8 厘米厚 AC-20C（70 号）中粒式密级配沥青混合料下面层、三涂防水层 FYT-2。

3. 非机动车道

非机动车道采用透水性地砖铺面，由上至下分别为：4 厘米厚 AC-10F（70 号）细粒式密级配沥青混合料表面层、5 厘米厚 AC-16C（70 号）中粒式密级配沥青混合料下面层、15 厘米厚 5% 水泥稳定碎石上基层、10 厘米厚 3∶7 砂碎、路基压实度不小于 92%（重型标准）。

4. 人行道

本次设计新建人行道，采用透水性地砖铺面，由上至下分别为：规格 25×25×6 厘米透水性地砖、3 厘米厚透水干硬性水泥稳定中粗砂找平层、15 厘米厚透水性水泥混凝土、10 厘米厚 3∶7 砂碎、路基压实度不小于 92%（重型标准）。

（三）桥梁总体设计

1. 平面设计

本桥设置主线桥及 A、C、D 三个新建匝道。主线桥平面位于大半径圆曲线及直线上。A、C、D 匝道位于拟合曲线上，匝道 A 连接已建集美大道 A 匝道和新设计集美大道跨线桥；匝道 C 连接已建集美大道 B 匝道和新设计集美大道跨线桥；匝道 D 连接新设计匝道 C 与集美大道。

2. 横断面设计

单幅桥，主线桥宽为 19m、26m 两种。

（1）桥宽 19m

其横断面布置如下：19m=0.5m（带花槽护栏）+8.5（机动车道）+1.0m（中间钢护栏）+8.5m（机动车道）+0.5m（带花槽护栏）。

（2）桥宽 26m

其横断面布置如下：26m=0.5（带花槽护栏）+12.0（机动车道）+1.0m（中间钢护栏）+12m（机动车道）+0.5m（带花槽护栏）。

（3）匝道 A 桥宽为 8.5m

其横断面布置如下：8.5m＝0.5m（护栏）＋7.5m（机动车道）＋0.5m（护栏）。

（4）匝道 C 桥宽为 8m

其横断面布置如下：8.5m＝0.5m（护栏）＋7m（机动车道）＋0.5m（护栏）。

（5）匝道 D 桥宽为 8m

其横断面布置如下：8.5m＝0.5m（护栏）＋7m（机动车道）＋0.5m（护栏）。

3. 桥型布置设计

桩号 K14＋445.5～K15＋940.5 为 26m 宽鱼腹梁，K15＋940.5～K16＋012.5 为变宽裤衩，K16＋012.5～K16＋611.5 为 19m 宽斜腹板梁。桥跨结构采用 3×38、2×38、2×36、4×36、3×33、3×34（40＋55＋40）（钢箱梁）m 跨径预应力砼现浇连续箱梁，全桥共 22 联。

桥梁上部结构：预应力混凝土连续箱梁梁高均为 2.0m，26m 鱼腹梁采用单箱六室截面；19m 斜腹板梁采用单箱三室截面。

桥梁下部结构：设计主线共设置 57 个桥墩，基础均采用钻（冲）孔灌注桩基础。

二 项目建设工期预测

（一）单位工程施工工期预测

1. 主线桥工期预测

主线桥设计的基本参数如表 7-3 所示。

表 7-3 主线桥基本参数

桥长		桥宽	上部结构	基础形式
2740m	1572m	26m	预应力混凝土现浇连续箱梁	钻（冲）孔灌注桩基础
	1168m	19m		

依据"广东定额"，对于桥梁长度大于 400m 的，以 400m 为一个施工

段进行划分，以所有施工段并行施工进行工期计算。对主桥进行施工段划分，划分结果如表7-4所示。

表7-4　主桥施工段划分

施工段	桥长	桥宽	上部结构	基础形式
施工段1	400m	26m	预应力混凝土现浇连续箱梁	钻（冲）孔灌注桩基础
施工段2	400m	26m		
施工段3	400m	26m		
施工段4	372m	26m		
施工段5	400m	19m		
施工段6	400m	19m		
施工段7	368m	19m		

根据上一章灌注桩基础梁式桥——现浇单位工程标准施工工期的预测模型公式（4.25），计算各个施工段的工期。

$$T_1 = 66.815 + 0.469 \times 400 + 1.831 \times 26 = 302.021 \approx 303（天）$$
$$T_2 = 66.815 + 0.469 \times 400 + 1.831 \times 26 = 302.021 \approx 303（天）$$
$$T_3 = 66.815 + 0.469 \times 400 + 1.831 \times 26 = 302.021 \approx 303（天）$$
$$T_4 = 66.815 + 0.469 \times 372 + 1.831 \times 26 = 288.889 \approx 289（天）$$
$$T_5 = 66.815 + 0.469 \times 400 + 1.831 \times 19 = 289.204 \approx 290（天）$$
$$T_6 = 66.815 + 0.469 \times 400 + 1.831 \times 19 = 289.204 \approx 290（天）$$
$$T_7 = 66.815 + 0.469 \times 368 + 1.831 \times 19 = 274.196 \approx 275（天）$$

2. 匝道桥工期预测

各匝道桥设计参数如表7-5所示。

表7-5　各匝道桥设计参数

名称	桥长	桥宽	上部结构	基础形式
匝道桥A	261.556m	8.5m	预应力混凝土现浇连续箱梁	钻（冲）孔灌注桩基础
匝道桥C	274m	8m	预应力混凝土现浇连续箱梁	钻（冲）孔灌注桩基础
匝道桥D	278m	8m	预应力混凝土现浇连续箱梁	钻（冲）孔灌注桩基础

依据灌注桩基础梁式桥——现浇单位工程标准施工工期预测模型：

$$Y = 66.815 + 0.469 \times 桥长 + 1.831 \times 桥面宽度$$

计算各个匝道桥的工期：

$$T(匝道 A) = 66.815 + 0.469 \times 261.556 + 1.831 \times 8.5 = 205.04 \approx 206(天)$$

$$T(匝道 C) = 66.815 + 0.469 \times 274 + 1.831 \times 8 = 209.97 \approx 210(天)$$

$$T(匝道 D) = 66.815 + 0.469 \times 278 + 1.831 \times 8 = 211.845 \approx 212(天)$$

3. 辅道加铺工期预测

本项目地面工程为改造加铺，以同集路为中心线分为东西两侧，西侧加铺辅道，分别为 A、B、C、D 四道，不连贯；东侧为全程加铺辅道，各辅道参数如表 7-6 所示。

表 7-6　各加铺辅道基本参数

名称	长度	宽度	结构层厚度	路面结构
西侧辅道 A	1800m	16m＝5m（人行道）+2.5m（非机动车道）+1.5m（绿化带）+7m（车行道）	机动车道：84cm 非机动车道：34cm 人行道：34cm	沥青砼路面结构
西侧辅道 B	215.37m			
西侧辅道 C	451.07m			
西侧辅道 D	626.85m			
东侧辅道	2740m	16m＝5m（人行道）+2.5m（非机动车道）+1.5m（绿化带）+7m（车行道）		

依据标准施工工期定额编制说明，当道路工程机动车道与非机动车道路面结构及厚度不同时，按机动车道的路面结构和厚度计算。

根据沥青砼道路单位工程施工基本工期预测模型：

$$Y = 0.019 \times 道路长度 + 1.32 \times 车道宽度 + 0.515 \times 结构层厚度$$

对各辅道进行工期预测：

$$T_A = 0.019 \times 1800 + 1.32 \times 16 + 0.515 \times 84 = 78.78 \approx 79(天)$$

$$T_B = 0.019 \times 215.37 + 1.32 \times 16 + 0.515 \times 84 = 48.67 \approx 49(天)$$

$$T_C = 0.019 \times 451.07 + 1.32 \times 16 + 0.515 \times 84 = 53.15 \approx 54(天)$$

$$T_D = 0.019 \times 626.85 + 1.32 \times 16 + 0.515 \times 84 = 56.49 \approx 57(天)$$

$$T_东 = 0.019 \times 2740 + 1.32 \times 16 + 0.515 \times 84 = 96.64 \approx 97(天)$$

（二）建设工期预测及进度安排

本项目建设内容主要分为新建主线跨桥和地面道路加铺，桥梁和道路的施工流程分别按以下工序施工。

1. 桥梁部分

施工准备→测量放线→便道土方工程→围堰施工→测量放线定位→桩基础施工与验收→桥梁下部结构工程→桥梁上部结构→桥梁附属工程施工→桥面沥青混凝土→交通标志→资料汇集→竣工验收。

2. 道路部分

施工准备→测量放线→路基土方工程→污水管道→施工雨水管道→道路基层施工→通信、照明电缆、套管敷设管道施工→交通标志施工→照明路灯施工→道路结构层施工→路面工程施工→人行道及附属设施工程施工→汇集资料→竣工验收。

因上述施工流程与"广东定额"编制的施工程序相同，故在建设工期预测中只考虑整个施工段的工期，不详述每个施工段的施工组织设计。

本工程第三标段项目发包给两个分包商，即分为两个标段，第一个标段是承担主线桥 26m 宽的区段及各辅道建设，第二个标段是承担主线桥 19m 宽的区段及各匝道建设。每个大施工段里按桩基队伍、钢筋队伍、支架队伍等依次进入施工作业面，经对项目现场调研得知，承包商每隔 30 天进入下一个工作作业面。根据现场的施工组织设计来考虑各个单位工程的组合，预测施工工期，并编制施工工期计划横道图，如图 7-2 所示。

根据项目现场的调研，可得本项目施工计划的横道图，如图 7-3 所示。

从图 7-2 和图 7-3 的对比中可以发现，工期预测横道图的计划工期和施工组织设计中的计划工期都为 18 个月，即根据施工工期预测模型得到的工期与项目施工单位编制的计划工期基本是一致的。

根据横道图，可得基本施工工期为 540 天。考虑施工工期的影响系数和技术进步对工期缩短的影响，经征询专家意见后，令 $\psi = 0.85$，可以得到第三标段的施工工期，计算结果如表 7-7 所示。

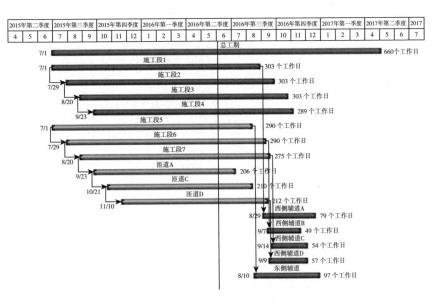

图 7-2 项目施工工期预测横道图

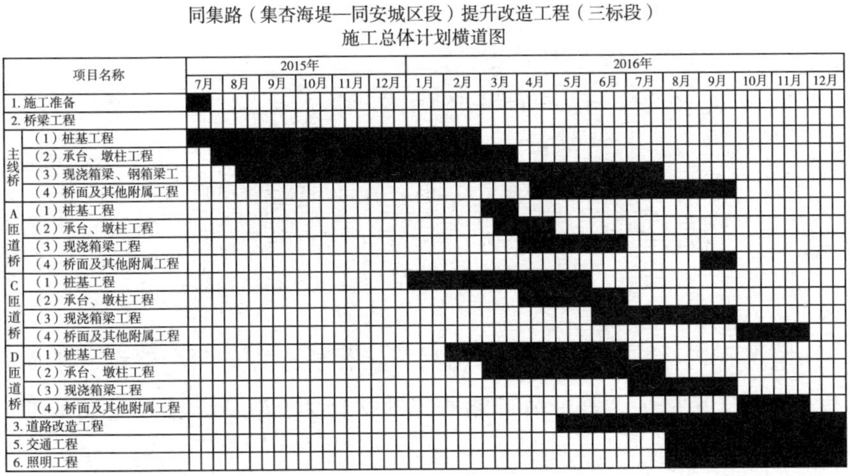

同集路（集杏海堤—同安城区段）提升改造工程（三标段）
施工总体计划横道图

图 7-3 项目施工工期实际施工计划横道图

表7-7 基于工期影响系数的施工工期计算

	最乐观估计	最可能估计	最悲观估计
影响系数	1.0179	1.0984	1.1789
总工期 T_2（天）	550	593	637
考虑技术进步影响（$\psi=0.85$）	468	504	541

根据式（4.55）~式（4.57）进行同集路整体改造工程的建设工期模拟，最乐观估计：

$$T_1 = 1.0352 \times 300 = 311（天）$$

$$T_3 = 1.0055 \times 60 = 60（天）$$

$$T_{最乐观} = T_1 + T_2 + T_3 = 311 + 468 + 60 = 839（天）$$

最可能估计：

$$T_1 = 1.1934 \times 330 = 394（天）$$

$$T_3 = 1.0305 \times 75 = 77（天）$$

$$T_{最可能} = T_1 + T_2 + T_3 = 394 + 504 + 77 = 975（天）$$

最悲观估计：

$$T_1 = 1.3517 \times 360 = 487（天）$$

$$T_3 = 1.0554 \times 90 = 95（天）$$

$$T_{最悲观} = T_1 + T_2 + T_3 = 487 + 541 + 95 = 1123（天）$$

$$E(T_{前期}) = (T_1 + 4T_2 + T_3)/6 = (311 + 394 \times 4 + 487) \div 6 = 395（天）$$

$$E(T_{施工}) = (T_1 + 4T_2 + T_3)/6 = (468 + 504 \times 4 + 541) \div 6 = 504（天）$$

$$E(T_{竣工}) = (T_1 + 4T_2 + T_3)/6 = (60 + 77 \times 4 + 95) \div 6 = 77（天）$$

$$E(T) = (T_{最乐观} + 4T_{最可能} + T_{最悲观})/6 = (839 + 975 \times 4 + 1123) \div 6 = 977（天）$$

由上可知，同集路提升改造工程第三标段工程的预测建设总工期在839~1123天范围内，其中最可能的工期估计为975天，建设工期的期望值是977天。

（三）建设工期预测结果与工程实际的对比分析

从工程的实际情况来看，同集路提升改造工程第三标段工程于2014

年6月20日通过立项批复，该标段的正式开工时间是2015年7月21日，工程于2016年12月14日完工，2017年2月28日通过交工验收，2017年5月11日同集路全线合龙，正试通车，如图7-4所示。由此可以得出项目实际施工工期为508天，大概有17个月的时间，比实际计划和合同工期的18个月提前一个月完工。建设工期为970天，与本书的预测建设工期977天相比较，预测建设工期的计算误差为0.7%，如表7-8所示。由此可见，本书所构建的城市快速路建设工期预测模型是有效的。

图7-4　集美大道跨线桥

表7-8　同集路提升改造工程（三标）建设工期预测与实际的比较

	前期阶段工期（T_1）	施工工期（T_2）	竣工交付阶段工期（T_3）	建设工期（T）
预测数据（天）	395	504	77	977
实际数据（天）	387	508	75	970
预测偏差（%）	2.07	-0.8	2.67	0.7

三　项目建设工期合理性评价

（一）项目建设工期评价过程

依照工程实际进展及编制的各项工作计划，对项目建设工期的合理性进行客观、准确评价，需要评价人员熟悉工程项目概况，包括项目报批报建手续计划、设计进度计划、水文地质及管线勘察资料、施工组织保障计划和竣工验收阶段的工作安排计划，等等，不仅要有详细的了解，还需要专业的判断，才能准确客观地评价项目建设工期的合理性。本书对同集路项目建设工期进行合理性评价时，评价人员选取了参与集美大道跨线桥项目建设的主要管理和技术人员——代建单位厦门市百城建设有限公司的项目经理、前期协调人员以及项目施工方的项目经理共十人，以第三标段的工期作为合理性评价的对象。

首先联系评价人员，一对一发放评价表格，并说明评价意图和评价注意事项，要求评价人员站在客观、中立、公正的角度对各项指标进行评分。随后，对评价人员进行访谈，了解工程实际情况，作为评价结果的对比依据。最后根据城市快速路建设工期合理性评价模型计算集美大道跨线桥项目的综合评价得分，确定项目工期合理性等级。

在项目工期合理性评价过程中，有三位评价人员由于未参与前期阶段工作，未能对前期阶段的某些指标（如前期规划论证的合理性、标段划分的合理性）进行如实评价打分。最后，评价人员以最乐观的标准给出评分，即评分者认为的最高分数作为指标的得分。因此，该指标所对应的等级为上限等级。

（二）项目建设工期合理性评价结果

根据评价人员的打分情况，按每一个指标层指标的打分进行汇总，求其平均得分值。经计算，前期调研及论证充分性评价指标的得分值为98分，标段划分合理性评价指标的得分值为95分，设计进度合理性评价指标的得分值为87.5分，拆迁计划安排合理性评价指标的得分值为97.5分，水文地质及管线的勘察详细程度评价指标的得分值为52.5分。再按准则层下每个评价指标的平均得分值与自身权重值相乘并累加，可得到准则层指标的加权得分值。经计算，前期阶段、施工组织设计、施工保障措施、竣工验收阶段各准则层评价指标的得分值分别为88.27分、94.48分、94.13分和50分，计算结果如表7-9所示。

表 7-9 项目建设工期合理性综合评价得分

准则层 (S_i)	权重	指标层 (S_{ij})	权重	指标层得分 (X_{ij})	准则层得分 (X_i)
前期阶段 (S_1)	0.272	前期调研及论证充分性 (S_{11})	0.256	98	88.27
		标段划分合理性 (S_{12})	0.123	95	
		设计进度合理性 (S_{13})	0.154	87.5	
		拆迁计划安排合理性 (S_{14})	0.300	97.5	
		水文地质及管线勘察详细程度 (S_{15})	0.167	52.5	
施工组织设计 (S_2)	0.274	施工平面图布置合理性 (S_{21})	0.100	97.5	94.48
		施工段划分合理性 (S_{22})	0.079	91	
		施工组织合理性 (S_{23})	0.262	97.5	
		专项施工方案合理性 (S_{24})	0.220	100	
		工程款拨付计划合理性 (S_{25})	0.142	94	
		施工工期计划合理性 (S_{26})	0.197	84.5	
施工保障措施 (S_3)	0.269	人员保障措施合理性 (S_{31})	0.158	95	94.13
		机械设备供应及保障计划合理性 (S_{32})	0.174	90	
		物资采购及保障计划合理性 (S_{33})	0.197	95	
		质量保障措施合理性 (S_{34})	0.218	95	
		安全保障措施合理性 (S_{35})	0.253	95	
竣工验收阶段 (S_4)	0.185	竣工验收资料整理计划合理性 (S_{41})	0.483	50	50
		验收整改计划合理性 (S_{42})	0.517	50	

(左侧竖排：城市快速路建设工期合理性评价指标体系)

根据城市快速路建设工期合理性评价模型的计算式（5.1）和式（5.2），可得到该项目建设工期合理性综合评价值：

$$F = 88.27 \times 0.272 + 94.48 \times 0.274 + 94.13 \times 0.269 + 50 \times 0.185 = 84.46$$

即集美大道跨线桥建设工期合理性综合评价值为 84.46 分，根据合理性评价标准可知，集美大道跨线桥建设工期合理性为 B 级（合理）。如果从不同建设阶段来看，按一级指标，前期阶段评价综合得分为 88.27 分，即前期阶段工期合理性的等级为 B 级，施工组织设计和施工保障措施评价综合得分分别为 94.48 分和 94.13 分，均为 A 级，竣工验收阶段评价综合得分为 50 分，为 D 级；按二级指标，设计进度计划、水文地质及管线的勘察程度、施工工期计划合理性以及竣工验收阶段指标的得分值相对较低，尤其是水文地质及管线勘察详细程度和竣工验收阶段各评价指标的评价分只有 52.5 分和 50 分，说明集美大道跨线桥第三标段项目的进度管理在管线的迁移以及与竣工验收有关的资料整理和整改计划方面的工作做得不好，而在项目的设计进度合理性和施工工期计划合理性方面还有提高的空间。

（三）工程实际情况分析

据项目负责人表示，集美大道跨线桥由政府出资建设，不存在资金短缺的问题，材料供应方面也极少出现短缺现象。另外，施工组织及人员安排等皆根据经验实施，未导致事故，但组织设计安排不是很合理，需调整；施工组织设计意义不大，现实中都需要在工程进展中不断地进行动态调整；专项施工方案适用于工程的实际需求。此外，施工过程中遇到的对工期产生影响的问题还有：图纸供应不及时，管线迁移问题，雨季开挖基坑、隧道挖土方的运输问题等，其中对工期影响最大的问题是管线的迁移。该标段施工过程中常常遇到挖到不明管线的情况，而这些管线关系复杂，甚至有的管线没有资料备案，无法识别其用途，盲目施工可能会导致严重后果，因此只有等到管线迁移后才能继续施工。地上线路同样存在严重的对工期产生影响的线路迁移问题，如集美大道跨线桥建至集美大道路段时，曾由于集美大道地下管廊尚未完工，给项目施工工期造成了一定的延迟，但后续由于施工单位采取了相应的赶工措施，不仅避免了项目总工期的延迟，还比合同工期提前了将近 1 个月的时间完工。

竣工验收方面，该项目负责人认为编制竣工验收计划的意义不大。由于工程项目的环境及条件要求的不确定性和多变性，前期无法充分预计并编制好验收整改计划，而竣工验收资料工作的意义在于签署者责任的明确，对实际工程竣工验收的指导意义并不大。因此在实践中，项目管理人员主观上对项目的竣工验收资料整理计划和验收整改计划的合理编制重视不够。但经研究成果多次反馈后，施工单位逐步重视竣工验收计划的编制和工期管控，并从开工开始起就重视施工资料的收集与电子信息化应用，使得最终竣工验收期比预测值还少 3 天。

（四）评价结果与工程实际的对比分析

将该项目建设工期合理性的评价结果与工程实际情况进行比较后可知，评价中所预计的设计进度、管线的迁移、施工工期计划以及与竣工验收有关的资料整理和整改计划 5 项评价指标中，有 4 项在实际工程中得以出现，工期计划的不合理指标未在实际工程中出现，此外，评价结果中未出现施工组织安排的问题。

究其原因，建设项目的进度控制是一个动态的管理过程，应根据项目的实际情况进行动态调整，保证建设工期在合理的控制范围。

综上所述，该标段建设工期的合理性评价及实时动态控制措施是有效的。

（五）项目建设工期有效管控经验分析

从该项目建设工期的合理性评价结果来看，反映项目实际建设工期与通过模型预测的建设工期基本吻合，项目预测建设工期 977 天，实际建设工期 970 天，比预测少了 7 天，从不同阶段的工期预测与实际对比中，可以发现预测的前期工期比实际工期多了 8 天，竣工交付阶段预测值也比实际值多了 2 天，但施工工期预测值比实际工期少了 4 天，反映了项目在前期阶段和竣工验收阶段的工期管控做得比较好，而实际施工工期虽比预测工期多了 4 天，但若与项目合同工期相比，则实际提前一个月完工，尤其是在 2016 年 9 月 15 日遭遇百年一遇的"莫兰蒂"台风的影响下，这表明项目的各参与主体在建设工期的管控上是富有成效的。实际上，该项目建设工期的有效管控得到了市政府的肯定。因此，有必要进一步调查总结，以对照第六章所提的建设工期合理管控措施是否有针对性和可行性。通过综合分析，项目在建设工期合理管控上主要采取了以下三方面的措施。

1. 明确拆迁主体责任，优化拆迁安置补偿方案

征地拆迁涉及方方面面的利益，触及各种各样的矛盾，政策性强，情况复杂，老百姓较为敏感。征地拆迁是影响城市快速路建设工期的首要关键因素，做好征地拆迁工作，不仅可以有效防范征地拆迁不力引起的工期

延误，还可以有效避免其他社会问题的发生。该项目建设单位高度重视前期的征地拆迁工作，提前研究部署，确保了按时交地，只有旧324国道下穿通道的沿边房屋拆迁有点滞后，但未影响项目的整体施工进度。

（1）规范拆迁行为，及时排查不稳定因素

城市快速路沿线拆迁工作主要由属地区政府和两个街道办负责，拆迁工作分工明确，各方通力协调，拆迁补偿标准统一；街道主任现场办公，积极指导和部署征地拆迁工作，同时加大现场监督力度，规范拆迁程序和拆迁队伍的行为；认真排查梳理拆迁中的不稳定因素，及时化解矛盾，使拆迁工作顺利开展。

（2）优化城市快速路拆迁安置工作

一是提前摸底，及时掌握征地拆迁安置的合理诉求。两个街道拆迁安置办事处充分利用拆迁安置的相关政策，积极优化城市快速路拆迁安置方案，有效避免了拆迁安置的利益冲突；二是在天马山山脚下和沿西海岸线附近等环境优越的地段提前建设安置房，有效避免了过去安置房建设过于偏僻的惯常做法，又做到现房选房、搬迁和安置，不仅有效避免了异地安置的抵触，又让市民免去临时搬迁过渡的困扰。

2. 事先全面摸排综合管线，做好管线确权和迁移监管工作

地下管线迁移不力是城市快速路建设工期的关键影响因素之一，该项目涉及众多的地上地下市政管线，管线迁移工作繁杂。首要工作是做好了管线的确权工作，在管线迁移之前，全面收集了相关资料，并结合城建档案管理局的相关图纸，及时梳理管线走向和管线权属；其次是及时协调各部门确定管线交叉和管线不明确位置，做好管线的迁移规划与进度安排；最后是在施工过程中，发现了零星的未明管线，及时做到上报、协调、研究部署、快速迁移，确保工期不耽搁。

3. 参建单位的内外部协同与合作，提高工作效率

该项目涉及四个施工单位和多个专业分包单位，有效的组织施工和管理及其重要。

（1）选择资质优良的代建公司

本项目代建单位是厦门百城建设投资有限公司，该公司是2003年8月由厦门市公路局出资组建的国有企业，主要从事厦门市交通基础设施项

目的建设管理。该公司先后承建了进出岛快速通道环岛干道、环东海域旅游道路、集美大道和外快速路海翔大道等十多个精品工程和一大批重点工程，拥有丰富的城市基础设施建设与管理经验，同时，项目驻地管理人员由具有较高专业技术水平、城市快速路施工经验丰富和年富力强的人员组成，有效保证了工程的内外协调组织与管理。

（2）合理划分标段，避免标段配合不当

在城市快速路建设中，合理的划分标段是项目成功的关键因素之一。该工程划分为工期相当的四个标段并行施工，并考虑各标段之间的衔接，有效处理边界之间的协调问题，避免各标段承包商之间相互干扰，合理规划好施工场地和临时工程用地，对共有的道路、弃碴场等也做了周密安排，有效减少了交叉施工作业。

（3）加强分包队伍的组织与协调，提高协作水平

根据施工总进度的要求，签订分包合同并将其纳入总包管理之中，对指定分包的进度、质量、安全、文明施工提出明确要求，并监督实施。同时，执行日例会制度，每周至少开一次协调会，针对项目每天的工、料、机投入以及完成情况进行分析，将项目施工计划、动态管理精确到天。

（4）适当垫付前期费用，缩短前期准备时间

项目代建单位在项目开工前的准备期间先行对接供电公司垫付所有前期费用，确保在施工单位进场前落实施工用电，缩短了前期准备工作时间。

（5）实行信息化管理，提高内业工作效率

代建单位引导项目各参与单位的项目负责人和技术负责人建立项目微信管理群，对隐蔽工程和一般工序验收采取可视化及可追溯信息采集和留存，为做好后续项目竣工验收资料的整理奠定了坚实基础。

（6）加强现场施工管理与组织，提高工作环境质量

一是加强安全管理，施工现场执行安全管理一票否决制度，现场安全问题及安全隐患没有得到彻底整改前，绝不冒险作业和安排下一步施工工序，有效避免了突发事故对工期的影响；二是科学化的交通导流。在对道路进行围挡及交通布控前，对交通流量进行分析模拟，确保施工现场周边道路交通正常运行，避免周边环境对工期的不利影响。

（7）事先做好极端天气防范工作，及时化解不可抗力的影响

项目一开工就进入厦门的台风多发季节，各参建单位时刻做好了抗台风的预报、预警与防范工作，即使碰上百年一遇的"莫兰蒂"，也有效化解了台风灾害的影响。

四　本章小结

本章以厦门市同集路提升改造工程为例，验证本书构建的建设工期预测模型的有效性。经测算，本项目的总建设工期为 977 天，实际总建设工期为 970 天，预测偏差为 0.7%，说明本书构建的城市快速路项目建设工期预测模型是有效的。

同时，通过选取项目的利益相关者作为评价人员，依照本书构建的建设工期合理性评价模型对本项目进行工期的合理性评价。经计算，本项目建设工期合理性综合评价值为 83.92 分，对照评价等级标准，为 B 级（合理）。从工程实际进展来看，本书构建的合理性评价模型被证明是有效的。

第八章　研究结论及展望

一　研究结论

城市快速路既承载着缓解城市交通拥堵的建设意图，又在建设过程中影响市民出行，如何合理、快速地完成项目建设，是政府主管部门和项目参建主体面临的主要问题之一。在项目建设的全过程中，随着项目内外环境持续不断的变化，城市快速路的建设工期时刻受到影响，再加上各参建单位缺乏有效的项目时间管理应对措施，导致建设工期延迟现象普遍存在，影响了项目极早发挥其建设效益。因此，研究探索城市快速路建设工期合理性问题，为项目管理者提供决策依据是必要的。

本书基于狭义项目建设全生命周期的视角，针对城市快速路建设工期合理性进行研究。合理的建设工期确定不仅取决于项目工程量的大小、复杂程度和劳动生产水平，也受工期风险因素的影响。因此，本书首先从梳理现有文献入手，整理一般工程项目建设工期的影响因素，作为城市快速路建设工期风险识别的参照集，再结合城市快速路项目特点，基于专家证据，构建城市快速路建设工期影响因素集；采用定性分析和定量分析相结合的方法，构建城市快速路建设工期预测模型和合理性评价模型；最后针对厦门市城市快速路工程，构建建设工期的预测模型，并进行实证分析。本书得出的主要结论如下。

（一）得到了较为客观、全面的城市快速路建设工期的影响因素集

通过文献研究法，本书基于 HHM 的风险辨识框架，利用专家的专业经验对城市快速路建设工期风险影响进行迭代，构建了城市快速路建设工期的影响因素初选集，按照 RFRM 风险过滤理论和工期风险效度理论，

采用专家权威度系数,利用专家经验和城市快速路建设参与人的工程实践经验,过滤不关键工期影响因素,得到了征地拆迁不力(K_2Q_1)、前期方案论证不足(K_1Q_1)、地下管线迁移不力(K_2Q_2)、军事管线设施限制(K_2S_1)、设计缺陷(K_1S_1)、勘察不详(K_1Q_4)、组织管理协调不力(K_1S_2)、前期报批缓慢(K_1Q_2)、周边环境的不利影响(K_2S_2)和自然环境的不利影响(K_2S_2)10个关键影响因素,并通过与专家的不断反馈、沟通、修正,增加了标段划分不合理(K_1Q_3)、竣工资料整理拖延(K_1J_1)和验收整改拖延(K_1J_2)3个工期影响因素,共13个建设工期影响因素。其中可控影响因素8个,不可控影响因素5个。剔除了不可抗力(K_2S_5)、社会性原因(K_2S_4)和突发事故(K_2S_6)3个影响因素。

(二)构建了城市快速路建设工期预测模型

本书构建城市快速路建设工期的预测模型,是基于狭义项目建设全生命周期的视角,涵盖从项目立项起至项目竣工交付使用止所经历的工作时间。考虑影响因素对建设工期的影响程度,采用专家权威度系数和熵权法,计算其对建设工期的影响权重,运用三角模糊数法计算其工期风险效度,从而得到建设工期的影响系数值;最后,考虑城市快速路建设的前期阶段和竣工验收阶段的特征,修正技术进步对工期的影响程度,构建了城市快速路建设工期的预测模型。

(三)构建了适合厦门市城市快速路建设工期的预测模型

根据厦门市城市快速路的基本特征,借鉴广东省和深圳市的市政工程施工标准定额,采用SPSS进行回归分析,分别建立了道路工程、桥梁工程、排水管道、给水管道、下穿通道、绿化工程、交通设施工程、照明工程、隧道工程9个单位工程的施工标准工期预测模型,结合建设工期预测模型,进一步考虑项目建设工期各影响因素对施工工期的影响程度,得出了各单位工程施工工期预测模型。最后,综合考虑影响因素对建设工期的影响程度,得出项目前期阶段工期的最乐观、最可能和最悲观估计的系数分值(0.0352、0.1934和0.3517)、项目实施阶段工期的最乐观、最可能和最悲观估计的系数分值(0.0179、0.0984和0.1789)以及项目竣工阶段工期的最乐观、最可能和最悲观估计的系数分值(0.0055、0.0305和0.0554),构建了厦门市城市快速路的建设工期预测模型。

（四） 建立了城市快速路建设工期合理性评价模型

通过文献阅读、专家调研，构建了 18 个城市快速路建设工期合理性评价指标。运用结构熵权法计算评价指标准则层的权重，分别得到前期阶段、施工组织设计、施工保障措施和竣工验收阶段准则层评价指标权重，分别为 0.272、0.274、0.269 和 0.185，表明前期阶段和施工组织设计的合理性在建设工期合理性评价中比较重要，四个准则层合理性评价指标重要度由大到小的排序为：施工组织阶段、前期阶段、施工保障措施和竣工验收阶段。采用熵权法计算城市快速路建设工期合理性评价指标层的评价指标权重，计算结果显示，在项目前期阶段，对城市快速路建设工期合理性评价影响较大的评价指标是：拆迁计划安排合理性、前期调研论证的充分性和水文地质及管线勘察详细程度；在施工组织设计合理性评价上，对城市快速路建设工期合理性评价影响较大的评价指标是：施工组织合理性、专项施工方案合理性和施工工期计划合理性；在施工保障措施的合理性评价上，对城市快速路建设工期合理性评价影响较大的评价指标是：安全保障措施合理性和质量保障措施合理性。最后，采用加权法构建城市快速路建设工期合理性综合评价模型，并设置了城市快速路建设工期合理性综合评价等级标准，根据综合评价得分划分为 A、B、C、D、E 五个等级，用以反映城市快速路建设工期合理性的不同风险警示状态。

（五） 提出了城市快速路建设工期合理管控策略

针对城市快速路建设的前期阶段、施工阶段和竣工交付使用阶段，分别就建设工期的合理管控提出相应措施建议。项目前期阶段的合理管控措施包括：①强化科学决策与管理，防范工期可控影响因素；②压缩前期工作流程，缩短相关审批手续；③统筹兼顾，合理划分标段；④制定项目建设工期控制措施，建立预警机制；⑤加大培训力度，提高时间管理意识。施工阶段的合理管控措施包括：①完善公开招投标机制，构建良性竞争机制；②优化工期，强化保障；③规范现场管理，降低周边交通影响；④做好应急预案，有效防范不可控因素发生；⑤加大建筑信息模型的应用，提高工程建设效率；⑥鼓励多种发包模式，提高工程管理效率。竣工交付使用阶段的合理管控措施包括：①强化施工单位验收时间管理意识，主观上不放松进度管控；②强调信息和通信技术的应用，为项目信息资料管理提供硬件基础。

（六）对厦门市同集路提升改造工程进行了实证分析

对厦门市同集路提升改造工程第三标段进行了实证分析，同集路（集杏海堤-同安城区段）提升改造工程第三标段的合同总工期为32个月约970个工作日，研究中运用工期预测模型计算得到的工期区间为［839，1123］，建设工期预测值为977天，比实际建设工期多了7天，项目建设工期预测精度为0.7%，验证了本书构建的城市快速路建设工期预测模型的有效性。

二　创新之处

本书的创新性主要体现在以下三方面。

第一，基于狭义项目建设全生命周期理论视角，探讨城市快速路建设工期合理性问题，扩宽了项目工期的理论研究范围，深化了城市快速路建设工期的研究内涵。

第二，基于工期风险效度理论和专家证据理论，构建城市快速路建设工期预测模型和合理性评价模型，并进行了实证检验，丰富了项目时间管理的理论研究。

第三，构建基于RFRM理论城市快速路建设工期影响因素的情境辨识、过滤、评级的风险管理分析构架，同时突出了城市快速路建设的特殊性和专家工程经验及类似工程经验在工期研究中的重要性，从系统内和系统外角度较全面、客观地识别了项目建设工期的影响因素，为我国城市快速路建设工期的风险辨识、科学预测与合理评价提供了理论依据，为做好项目时间管理提供了强有力的经验证据。

三　需要进一步开展的工作

项目时间管理是一个世界性的问题，针对城市快速路建设的时间管理研究在国内尚处于起步研究阶段，本书在城市快速路建设工期的风险辨识、预测和合理性评价方面做了初步的探索性研究，取得了一些成果，但仍有以下几个方面需要进一步展开研究。

（一） 城市快速路建设工期影响因素识别需要更有针对性和客观性

在建设全过程中，工程项目内外环境持续不断地发生变化，时刻影响项目的建设进度计划，增加了项目风险因素识别和定量分析的难度。同时，项目各参与主体基于不同的利益和职责诉求，导致城市快速路建设工期风险辨识不可能一次完成或长期受用，在不同阶段，新的关键影响因素又会被辨识出来，关键程度也将可能重新排序。尽管 HHM 从多维度、多视角和多层级上力图全面揭示城市快速路建设的进度风险，但期望一个模型展现任何时刻的工程风险特征也是不现实的。基于项目各参建主体和不同阶段进行风险因素的周期性反复迭代，进一步辨识工期风险影响因素和做好风险的追踪工作是必要的。因此，下一步研究工作将针对不同建设阶段，研究揭示基于不同决策者利益和职责的建设工期风险规律，以更准确地反映城市快速路建设的工期风险表象特征，满足不同参建主体的工期风险决策需要。

（二） 基于大数据研究城市快速路建设工期的变量影响程度

本书在构建城市快速路建设工期的预测模型时，综合考虑了工期风险、工程量的大小、工程的复杂程度、劳动生产水平和"三新"的影响，并以厦门市为例构建城市快速路建设工期预测模型。下一步的研究工作拟将建设工期预测模型应用区域的范围进一步扩大，采用大数据等现代技术研究手段，综合考虑城市快速路建设工期的区域差异性和工期的影响变量，构建应用更为广泛和完善的理论预测模型。

（三） 城市快速路建设工期合理性评价模型理性应用问题

城市快速路项目建设工期合理性评价的客观性和有效性，取决于评价人员对评价指标的充分理解与独立客观的打分，不同单位不同岗位人员基于不同利益和职责诉求，对评价指标的理解与选择会有偏差，会导致评价的结果缺乏客观性。因此，城市快速路建设工期如何做到更客观的合理性评价，仍是一个有待进一步研究的问题。

（四） 合理性问题

对城市快速路建设工期进行合理性评价，需要有标准做参照物，本书所采用的综合评分等级标准划分依据，是借鉴信息化管理系统的评分等级标准，至于是否合适，或是否有更具针对性和权威性的评价等级标准，需要后续在工程实践中不断验正和修正，并结合工期合理性预警等级，在制定预警等级应对机制上进一步做深入研究。

（五）基于专家证据的误差控制研究

本书在研究城市快速路建设工期的影响因素辨识、建设工期预测模型和合理性评价模型的构建时，采用了专家调查法，并结合专家权威度系数法进行了一定的修正，突出了权威专家意见的重要性，但专家难免受有限理性或认识偏差的约束。[①] 因此，如何有效控制专家的证实性偏差还需要进一步深入研究。

---

① 张冬梅、曾忠禄：《德尔菲法技术预见的缺陷及导因分析：行为经济学分析视角》，《情报理论与实践》2009 年第 8 期。

参考文献

［1］ 安静：《城市快速路的特性及关键问题综述》，《山西建筑》2010 年第 17 期。

［2］ 曹静：《城市快速路交通拥堵特征与实时排队长度确定方法研究》，博士学位论文，长安大学，2016。

［3］ 曹夏鸣：《城市快速路与常规道路衔接问题研究》，《山西建筑》2016 年第 36 期。

［4］ 陈红杰：《工期变化时 CPM 方法与 LSM 方法在线状工程中的适用性研究》，《项目管理技术》2013 年第 2 期。

［5］ 陈曼英、高轩能：《采用故障树法的 BT 项目进度风险分析及控制》，《华侨大学学报》（自然科学版）2013 年第 1 期。

［6］ 陈仁东：《山岭隧道群工期保障方案研究》，《公路隧道》2015 年第 4 期。

［7］ 陈晓萍、徐淑英、樊景立：《组织与管理研究的实证方法》，北京大学出版社，2008。

［8］ 陈耀明：《工程项目工期延误风险分析与评价》，《工业技术经济》2010 年第 1 期。

［9］ 陈宇、王娜、王晋东：《利用三角模糊数的语言变量项集减项算法》，《清华大学学报》（自然科学版）2017 年第 8 期。

［10］ 程鸿群、后倩：《城市基础设施项目进度的控制》，《城市问题》2019 年第 4 期。

［11］ 程欢：《中等城市快速路建设条件及路网规模研究》，载中国城市科学研究会等编《2018 城市发展与规划论文集》，北京市政工程设计

研究总院有限公司，2018。

[12] 程启月：《评测指标权重确定的结构熵权法》，《系统工程理论与实践》2010 年第 7 期。

[13] 程天春：《国内外城市快速路建设经验》，《科技展望》2016 年第 29 期。

[14]〔英〕戴维·查普尔、安德鲁·威利斯：《建筑师执业指南》，刘士兴等译，中国建筑工业出版社，2016。

[15] 董春娇、邵春福、马壮林、诸葛承祥、李阳阳：《阻塞流状态下城市快速路交通流时空特性》，《交通运输工程学报》2012 年第 3 期。

[16] 董春山：《工程管理中投资和进度控制的集成模型研究》，《计算机辅助工程》2000 年第 2 期。

[17] 董志玮：《人工神经网络优化算法研究与应用》，硕士学位论文，中国地质大学（北京），2013。

[18] 樊艳冬：《DB 总承包模式公路建设项目进度管理研究》，硕士学位论文，长安大学，2015。

[19] 范超：《基于模糊控制和案例推理的工程进度控制模型研究》，硕士学位论文，西安建筑科技大学，2016。

[20] 范智杰、刘玲、喻正富、罗绍建、汪晓玲：《对"合理工期""合理标价"及"合理标段"的探讨》，《建筑经济》2001 年第 10 期。

[21] 方传武、丁丽：《城市快速路入口匝道交通控制算法综述》，《山西建筑》2016 年第 5 期。

[22] 房琳：《城市快速路入口设置优化研究》，硕士学位论文，东南大学，2016。

[23] 丰景春、杨建基、章龙文、丰景堂：《水电项目控制系统赢得值度量方法及应用》，《海河大学学报》（自然科学版）2002 年第 2 期。

[24] 付嘉丽：《QD 城市快速路工程项目成本控制研究》，硕士学位论文，中国海洋大学，2011。

[25] 关涛、任炳昱、王凤莲、钟登华：《大岗山水电站高拱坝施工进度优化研究》，《水力发电》2015 年第 7 期。

[26] 广东省住房和城乡建设厅：《广东省建设工程施工标准工期定额》，

中国计划出版社，2011。

[27] 〔美〕雅科夫·Y. 海姆斯:《风险建模、评估和管理》，胡平等译，西安交通大学出版社，2007。

[28] 韩尚宇、李红、洪宝宁:《道路工程施工阶段工期风险计算方法与应用》，《岩土工程学报》2013 第 S1 期。

[29] 撒书培:《基于系统动力学的资源对工程项目进度影响的策略模拟研究》，硕士学位论文，湘潭大学，2014。

[30] 郝媛、徐天东、于宏程、孙立军:《城市快速路交通流特性研究》，《交通运输工程与信息学报》2006 年第 4 期。

[31] 何清华、杨德磊、罗岚、马亮、李丽:《基于贝叶斯网络的大型复杂工程项目群进度风险分析》，《软科学》2016 年第 4 期。

[32] 洪坤、赵梦琦、钟登华、余佳、毕磊:《基于极差分析法的引水隧洞施工工工期多因素灵敏度分析》，《水利水电技术》2015 年第 1 期。

[33] 侯学良、侯意如:《工程项目管理理论》，科学出版社，2017。

[34] 侯学良、王毅:《工程项目管理理论与应用》，科学出版社，2017。

[35] 胡娟娟、孙小端、李凤:《出入口匝道对快速路安全性的影响》，《科学技术与工程》2017 年第 14 期。

[36] 〔英〕皇家特许建造学会:《业主开发与建设项目管理实用指南》，李世蓉等译，中国建筑工业出版社，2018。

[37] 〔英〕皇家特许建造学会编著《大型复杂项目时间管理实用指南》，蓝毅译，中国建筑工业出版社，2018。

[38] 黄德才、赵克勤、陆耀忠:《同异反网络计划的工期预测方法》，《系统工程与电子技术》2001 年第 5 期。

[39] 黄兴玲、曾广武、黎庆芬:《船舶下水安全性评估的模糊故障树方法》，《中国舰船研究》2006 年第 3 期。

[40] 蒋慧、莫轻文、王忠伟:《工程项目质量—工期—成本综合评价决策研究》，《交通标准化》2008 年第 10 期。

[41] 蒋慧杰、吴慧博、夏立明、赵春雪:《高速公路施工进度风险评价》，《重庆大学学报》(社会科学版) 2012 年第 2 期。

[42] 靳慧斌、赵振武:《基于三角模糊的航空公司安全评估研究》，《电

子科技大学学报》（社科版）2009 年第 4 期。

[43] 阚芝南：《重大工程项目总工期延误中的奇异现象研究》，博士学位论文，华北电力大学，2014。

[44] 康留青、黄向东：《城市快速路隧道立交安全间距分析》，《交通与运输》2019 年第 1 期。

[45] 乐云、李永奎：《工程项目前期策划》，中国建筑出版社，2011。

[46] 雷丽彩、周晶：《基于全生命周期集成的大型工程项目风险控制模型》，《软科学》2011 年第 10 期。

[47] 李朝阳、叶聪、沈圆顺：《基于模糊综合评判的地铁基坑施工风险评估》，《地下空间与工程学报》2014 年第 1 期。

[48] 李瀚文：《基于结构方程的公共建设项目工期延误关键影响因素研究》，硕士学位论文，西安建筑科技大学，2014。

[49] 李万庆、李海涛、孟文清：《工程项目工期风险的支持向量机预测模型》，《河北工程大学学报》（自然科学版）2007 年第 4 期。

[50] 李万庆、岳丽飞、孟文清、陈盼盼：《气膜薄壳钢筋混凝土穹顶储仓的施工工期预测研究》，《价值工程》2015 年第 28 期。

[51] 李文华、齐启昌、李玉文、王双庆：《基于人工神经元网络的煤矿立井施工工期预测方法研究》，《煤炭科学技术》1999 年第 6 期。

[52] 李香花、王孟钧、张彦春：《模糊多维偏好群决策的 BOT 项目风险管理研究》，《科技进步与对策》2011 年第 13 期。

[53] 梁保松、曹殿立：《模糊数学及其应用》，科学出版社，2007。

[54] 林琴、龙科军：《基于改进 CTM 模型的城市快速路交通流仿真》，《长沙理工大学学报》（自然科学版）2018 年第 4 期。

[55] 刘勉：《浅谈项目施工进度管理》，《工业建筑》2011 年第 S1 期。

[56] 刘强、管理：《基于国际工程项目全生命周期的风险管理》，《土木工程与管理学报》2017 年第 6 期。

[57] 刘睿、张宇清、赵振宇：《建设项目中的工期延误影响因素研究》，《建筑经济》2007 年第 S1 期。

[58] 刘志清、高浩瀚、安沫霖、张学凯：《基于完工概率修正的关键链法项目进度优化》，《山东大学学报》（工学版）2018 年第 1 期。

［59］〔美〕罗伯特·诺奇克：《合理性的本质》，葛四友、陈昉译，上海译文出版社，2012。

［60］〔澳〕马丁·鲁斯摩尔、〔英〕约翰·拉夫特瑞等：《项目中的风险管理》，刘俊颖译，中国建筑工业出版社，2011。

［61］马国丰、陈强：《项目进度管理的研究现状及其展望》，《上海管理科学》2006年第4期。

［62］马健、张丽岩、李克平：《城市快速路及匝道衔接段交通流建模仿真》，《计算机仿真》2016年第12期。

［63］孟俊娜、梁岩、房宁：《基于BP神经网络的民用建筑工程造价估算方法研究》，《建筑经济》2015年第9期。

［64］孟庆峰、沈鹏群：《联合体团队运作模式下工期延误风险——控制策略的计算实验研究》，《风险灾害危机研究》2018年第2期。

［65］Ousseni Bagay：《公共建设项目中工期延迟影响因素的研究》，硕士学位论文，大连理工大学，2016。

［66］齐景东：《考虑网络交通影响的城市快速路建设时序研究》，硕士学位论文，吉林大学，2016。

［67］祁神军、丁烈云、骆汉宾：《大型工程项目工序工期精准预测方法研究》，《重庆建筑大学学报》2007年第6期。

［68］祁神军、张云波、丁烈云：《建设工程项目工序的LS-SVM工期预测模型》，《华侨大学学报》（自然科学版）2010年第5期。

［69］秦爽：《工程工期风险熵理论研究》，硕士学位论文，西安建筑科技大学，2007。

［70］曲钟阳：《基于德尔菲法的技术预见》，硕士学位论文，大连理工大学，2013。

［71］尚靖瑜：《公共工程项目合理工期研究》，硕士学位论文，西安建筑科技大学，2014。

［72］施展：《城市快速路衔接区域交通组织优化方法研究》，硕士学位论文，重庆交通大学，2017。

［73］史玉芳、解燕平、陆路：《矿业工程项目施工工期可靠性预测研究》，《西安科技大学学报》2011年第5期。

［74］ 孙长胜、吴晶:《影响城市干道扩建工程建设进度因素的分析》,
《山西建筑》2011 年第 2 期。

［75］ 孙传艺、罗卫:《基于关键链理论分析建筑工程的进度控制策略》,
《产业与科技论坛》2018 年第 3 期。

［76］ 汪刘菲、谢振安、王向前、李慧宗:《工程项目工期延误风险因素
模型研究》,《蚌埠学院学报》2016 年第 1 期。

［77］ 汪玉亭、张可、丰景春、薛松、崔敬浩:《基于子网络的项目群工
期延误惩罚模型研究》,《运筹与管理》2017 年第 6 期。

［78］ 王春枝、斯琴:《德尔菲法中的数据统计处理方法及其应用研究》,
《内蒙古财经学院学报》(综合版) 2011 年第 4 期。

［79］ 王坚、林冬青:《工期风险评价方法与实践》,International Conference
on Engineering and Business Management (EBM2010),成都,2010 年。

［80］ 王立国、梅媚、杜维栋、李艳国、林益遐、贺玉德:《工程项目延
期风险管理的模型构建与应用》,《项目管理技术》2011 年第 2 期。

［81］ 王爽:《基于模糊综合评价的 EPC 项目工期评价指标体系构建研
究》,《森林工程》2013 年第 6 期。

［82］ 王天梁:《地铁明挖车站工期影响因素及工期策划》,《中国科技信
息》2016 年第 15 期。

［83］ 王文君:《PERT 在工程项目施工进度风险分析中的应用》,《盐城
工学院学报》(自然科学版) 2015 年第 4 期。

［84］ 王晓威:《基于层次分析法的郑州城市快速路网规划布局研究》,硕
士学位论文,山东建筑大学,2017。

［85］ 王秀增:《基于多层次灰色评价法的工期风险评价》,硕士学位论
文,大连理工大学,2017。

［86］ 王学海、乔婧、武菲菲、孙月峰、程铁信:《大型工程项目工期风
险的多因素组合分析与评价》,《中国科技论文》2015 年第 19 期。

［87］ 王子博:《基于模糊层次分析法的城市快速路施工风险评价研究》,
硕士学位论文,天津理工大学,2009。

［88］ 魏丹:《基于三角模糊数层次分析法的地铁施工风险评价指标体系
研究》,《建筑安全》2017 年第 2 期。

［89］吴涛、丛培经：《中国工程项目管理知识体系》，中国建筑出版社，2003。

［90］夏立明、崔民婧、赵春雪：《基于因子分析构建高速公路项目施工进度的风险指标体系》，《天津工业大学学报》2011年第6期。

［91］向楠、尤文晓：《新型城镇化背景下公路网规划方法研究及应用》，《交通与运输》（学术版）2018年第1期。

［92］〔美〕项目管理协会：《项目管理知识体系指南（第六版）》，电子工业出版社，2018。

［93］项勇、任宏：《工程项目工期风险因素影响分析——基于贝叶斯网络理论和非叠加原理》，《技术经济与管理研究》2015年第2期。

［94］许树柏：《实用决策方法——层次分析法原理》，天津大学出版社，1988。

［95］颜功达、董鹏、余鹏、邵帅：《HHM在舰船维修进度风险识别中的应用》，《舰船电子工程》2019年第2期。

［96］晏秋、杜文、刘杰：《避免快速路短距离出行的多路径交通分配模型与算法设计》，《公路交通科技》2012年第5期。

［97］杨旭：《基于物元分析法的堤防工程管理评价模型及应用》，《水土保持应用技术》2018年第3期。

［98］杨迅：《快速路与中小城市空间结构协调发展研究》，《交通企业管理》2018年第4期。

［99］杨义兵、曹小琳：《工程项目进度控制目标的经济性分析》，《重庆建筑大学学报》2003年第2期。

［100］于泳湖：《津滨轻轨工程项目建设期风险管理技术研究》，硕士学位论文，天津大学，2006。

［101］余晓钟：《基于挣值管理的项目工期预测方法研究》，《统计与决策》2009年第2期。

［102］宇德明：《铁路工程项目合理工期确定过程模型》，第十七届中国科协年会——分7综合轨道交通体系学术沙龙，广州，2015。

［103］詹朝曦、王玉芳、祁神军、张进金、陈伟：《城市快速路建设工期影响因素识别与对策》，《华侨大学学报》（自然科学版）2017年

第 6 期。

[104] 张冬：《高速铁路项目"合理工期"分析研究》，硕士学位论文，西安建筑科技大学，2010。

[105] 张冬梅：《德尔菲法的运用研究——基于美国和比利时的案例》，《情报理论与实践》2018 年第 3 期。

[106] 张冬梅、曾忠禄：《德尔菲法技术预见的缺陷及导因分析：行为经济学分析视角》，《情报理论与实践》2009 年第 8 期。

[107] 张丽丽：《工程项目工期延误风险研究》，硕士学位论文，安徽理工大学，2017。

[108] 张丽文、张云波、祁神军、沈登民：《FTA 在工程进度风险分析中的应用》，《武汉理工大学学报》（信息与管理工程版）2013 年第 1 期。

[109] 张连营、栾燕、邹旭青：《工程项目工期—成本—质量均衡优化》，《系统工程》2012 年第 3 期。

[110] 张亮亮：《城市快速路交通运行状态评价及预测方法研究》，博士学位论文，北京交通大学，2016。

[111] 张宁、张小辉：《大城市高快路网络生成方法研究》，2019 世界交通运输大会，北京，2019。

[112] 张绍伶：《基于熵权法的水利工程工期方案评价研究》，硕士学位论文，大连理工大学，2014。

[113] 张仕廉、蒋亚鹏：《建筑施工中工期安全水平评价》，《施工技术》2011 年第 4 期。

[114] 张永魁：《城市快速路与被交路衔接交叉口优化设计研究》，硕士学位论文，长安大学，2017。

[115] 张云波：《工程项目工期延误原因分析》，《华侨大学学报》（自然科学版）2003 年第 4 期。

[116] 张云波：《工程项目工期延误原因及预警模型研究》，博士学位论文，天津大学，2004。

[117] 赵冬梅、王晓强、侯丽娜：《工程项目工期延误的关键风险研究》，《技术经济与管理研究》2009 年第 5 期。

[118] 赵辉：《地铁工程工期延误原因及控制研究》，硕士学位论文，石家庄铁道大学，2015。

[119] 赵克勤、黄德才、朱燕：《同异反网络计划中的系统辩证思维及启示》，《系统辩证学学报》2002年第1期。

[120] 赵琳：《基于全生命周期房地产开发项目风险评价与控制研究》，博士学位论文，哈尔滨工程大学，2012。

[121] 赵振宇、游维扬、吕乾雷：《基于遗传算法和蒙特卡洛模拟的并行工程设计工序优化》，《土木工程学报》2009年第2期。

[122] 中华人民共和国住房和城乡建设部：《GJJ129-2009. 城市快速路设计规程》，中国建筑工业出版社，2009。

[123] 钟登华、闫玉亮、张隽、王飞：《耦合改进PERT和BBNs的堆石坝施工进度风险分析》，《水利学报》2017年第1期。

[124] 周方明、张明媛、袁永博：《基于PCA-GA-BP的工程项目工期风险预测研究》，《工程管理学报》2011年第5期。

[125] 周桂华：《基于线性回归分析提升施工管理技术的研究与对策建议》，《中国标准化》2018年第20期。

[126] 朱占波、金志刚：《海外EPC总承包项目工期影响因素分析与对策建议》，《项目管理技术》2017年第9期。

[127] 朱兆芳、张欣红：《二十世纪城市快速路建设的回眸，二十一世纪城市快速路的发展与展望》，《城市道桥与防洪》2011年第8期。

[128] 住房城乡建设部标准定额研究所：《GB/T51328-2018. 城市综合交通体系规划标准》，中国计划出版社，2018。

[129] 祝迪飞、方东平、王守清、戴孟东、吕小泉：《奥运场馆建设项目工期风险度量框架》，《清华大学学报》（自然科学版）2007年第6期。

[130] 庄捷：《城市快速路系统综合评估体系研究——以武汉市为例》，《中国市政工程》2014年第3期。

[131] Abdalla M Odeh, Hussien T Battaineh, "Causes of Construction Delay: Traditional Contracts", *International Journal of Project Management*, Vol. 20, No. 1 (2002): 67-73.

[132] Azaron A, Katagiri H, Sakawa M, et al., "A Multi-objective Resource Allocation Problem in PERT Networks", *European Journal of Operational Research*, Vol. 172, No. 3 (2006): 838-854.

[133] Bromilow F J, "Measurement and Scheduling of Construction Time and Cost Performance in Building Industry", *The Chartered Builder*, Vol. 10 (1974): 79-82.

[134] Chan D W M, Kumaraswamy M M, "Compressing Construction Durations: Lessons Learned from Hong Kong Building Projects", *International Journal of Project Management*, Vol. 20, No. 1 (2002): 23-35.

[135] Chapman R J, "The Controlling Influences on Effective Risk Identification and Assessment for Construction Design Management", *International Journal of Project Management*, Vol. 19, No. 3 (2001): 147-160.

[136] Chuan Xu, Xuesong Wang, Hong Yang, Kun Xie, Xiaohong Chen, "Exploring the Impacts of Speed Variances on Safety Performance of Urban Elevated Expressways Using GPS Data", *Accident Analysis and Prevention*, Vol. 123 (2019): 29-38.

[137] Daniel W. M. Chan, Mohan M, Kumaraswamy, "Compressing Construction Durations: Lessons Learned from Hong Kong Building Projects", *International Journal of Project Management*, Vol. 20, No. 1 (2002): 23-35.

[138] Dave B, Kubler S, Främling K, et al., "Opportunities for Enhanced Lean Construction Management Using Internet of Things Standards", *Automation in Construction*, No. 61 (2016): 86-97.

[139] David Hillson, "Using a Risk Breakdown Structure in Project Management", *Journal of Facilities Management*, Vol. 2, No. 1 (2003): 85-97.

[140] Elrazek M E A, Bassioni H A, Mobarak A M, "Causes of Delay in Building Construction Projects in Egypt", *Journal of Construction*

Engineering & Management, Vol. 134, No. 11 (2008): 831–841.

[141] Er-gen Wang, Jian Sun, Shun Jiang, Feng Li, "Modeling the Various Merging Behaviors at Expressway On-Ramp Bottlenecks Using Support Vector Machine Models", *Transportation Research Procedia*, Vol. 25 (2017): 1327–1341.

[142] Haijun Bao, Yi Peng, Jose Humberto Ablanedo-Rosas, Hongman Gao, "An Alternative Incomplete Information Bargaining Model for Identifying the Reasonable Concession Period of a BOT Project", *International Journal of Project Management*, Vol. 33, No. 5 (2015): 1151–1159.

[143] Haimes Y Y, Kaplan S, Lambert J H, "Risk Filtering, Ranking, and Management Framework Using Hierarchical Holographic Modeling", *Risk Analysis*, Vol. 22, No. 2 (2002): 383–397.

[144] Harold E. Roland, *System Safety Engineering and Management* (New York: Wiley Press, 1990).

[145] Huang Y, Yi S, "Research on Post Environmental Impact Assessment System for Highway Construction", *International Conference on Electric Technology & Civil Engineering*, 2011.

[146] Hui-xin Jing, Wei Qian, Bing-feng Li, Yunji Zhao, "A Linked-bottleneck Control Method for Urban Expressway On-ramp", *Systems Science & Control Engineering*, Vol. 6, No. 2 (2018): 1–9.

[147] Jaafari, "A Management of Risks, Uncertainties and Opportunities on Projects: Time for a Fundamental Shift", *International Journal of Project Management*, No. 19 (2001): 89–101.

[148] Jaynes E T, "Information Theory and Statistical Mechanics", *Physical Review*, Vol. 106, No. 4 (1957): 620–630.

[149] Julinda, Keci, "A User-Oriented Implementation of Risk Breakdown Structure in Construction Risk Management", *Journal of Civil Engineering and Architecture*, Vol. 144, No. 5 (2014): 529–537.

[150] Laarhoven P M J V, Pedrycz W, "A Fuzzy Extension of Saaty's Priority Theory", *Fuzzy Sets and Systems*, Vol. 134, No. 13 (1983): 365 –

385.

[151] Liao S M, Cheng C H, Chen L S, "The Planning and Construction of A Large Underpass Crossing Urban Expressway in Shanghai: An exemplary Solution to the Traffic Congestions at Dead End Roads", *Tunnelling and Underground Space Technology*, Vol. 81 (2018): 367-381.

[152] Liyu Wu, Jian Sun, Tienan Li, "Relationship between Lane Width and Safety along Urban Expressways in Shanghai", *Journal of Transportation Engineering, Part A: Systems*, Vol. 145, No. 3 (2019).

[153] Luu V T, Kim S Y, Tuan N V, et al., "Quantifying Schedule Risk in Construction Projects Using Bayesian Belief Networks", *International Journal of Project Management*, Vol. 27, No. 1 (2009): 39-50.

[154] McEwan P, Gordon J, Evans M, et al., "Estimating Cost-Effectiveness in Type 2 Diabetes: The Impact of Treatment Guidelines and Therapy Duration", *Med Decis Making*, Vol. 35, No. 5 (2015): 660-670.

[155] Meng Q, Khoo H, Cheu R, "Urban Expressway-Arterial Corridor On-Line Control System Based on Advanced Traveler Information System", *Transportation Research Record Journal of the Transportation Research Board*, Vol. 2001, No. 1 (2007): 44-50.

[156] Migilinskas D, Popov V, Juocevicius V, et al., "The Benefits, Obstacles and Problems of Practical Bim Implementation", *Procedia Engineering*, Vol. 57, No. 1 (2013): 767-774.

[157] Moshman D, "From Inference to Reasoning: The Construction of Rationality", *Thinking & Reasoning*, Vol. 10, No. 2 (2004): 221-239.

[158] Murmis, Gustavo Marcelo, "'S' Curves for Monitoring Project Progress", *Project Management Journal*, No. 28 (1997): 29-35.

[159] Nashwan Dawood, "Estimating Project and Activity Duration: A Risk Management Approach Using Network Analysis", *Construction Management and Economics*, Vol. 16, No. 1 (1998).

[160] Nasir D, Mccabe B, Hartono L, "Evaluating Risk in Construction-

Schedule Model (ERIC-S): Construction Schedule Risk Model ",
Journal of Construction Engineering and Management, Vol. 129, No. 5
(2003): 518-527.

[161] Oliveros A V O, Fayek A R, "Fuzzy Logic Approach for Activity Delay
Analysis and Schedule Updating", *Journal of Construction Engineering &*
Management, Vol. 131, No. 1 (2005): 42-51.

[162] Oliveros, Adriana V. Ordóñez, Fayek A R, "Fuzzy Logic Approach for
Activity Delay Analysis and Schedule Updating ", *Journal of*
Construction Engineering and Management, Vol. 131, No. 1 (2005):
42-51.

[163] Pennington T W, Richards D P, " Understanding Uncertainty:
Assessment and Management of Geotechnical Risk in Tunnel
Construction", *Geo ~ Risk* 2011 @ *sRisk Assessment and Management*,
2014.

[164] Qian Li, Fengqing Guo, Yuntao Guan, "A GIS-Based Evaluation of
Environmental Sensitivity for an Urban Expressway in Shenzhen,
China", *Engineering*, Vol. 4, No. 2 (2018).

[165] Sadi A, " Assaf. Causes of Delay in Large Building Construction
Projects", *Journal of Management in Engineering*, Vol. 11, No. 2
(1995): 45-50.

[166] Sage A P, *Systems Engineering for Risk Management* (New York: Wiley
Press, 1995).

[167] Shannon C, Petigara N, Seshasai S, " A Mathematical Theory of
Communications", *Technical Journal*, Vol. 27, No. 3 (1948): 379 -
423.

[168] Shinji Tanaka, Naoyuki Hasegawa, Daisuke Iizuka, Fumihiko
Nakamura, "Evaluation of Vehicle Control Algorithm to Avoid Conflicts
in Weaving Sections Under Fully-controlled Condition in Urban
Expressway", *Transportation Research Procedia*, Vol. 21 (2017): 199-
207.

[169] Skitmore R M, Ng S T, "Forecast Models for Actual Construction Time and Cost", *Building & Environment*, Vol. 38, No. 8 (2003): 1075 – 1083.

[170] Stephen O, Ogunlana, Krit Promkuntong, "Construction Delays in A Fast-growing Economy: Comparing Thailand with Other Economies", *International Journal of Project Management*, Vol. 14, No. 1 (1996): 37–45.

[171] Steurer Johann, "The Delphi Method: An Efficient Procedure to Generate Knowledge", *Skeletal Radiology*, Vol. 40, No. 8 (2011): 959–961.

[172] S. R. Kannan, R. Senthil, "Production Based Scheduling Method for Linear Construction in Road Projects", *KSCE Journal of Civil Engineering*, Vol. 18, No. 5 (2014): 1292–1301.

[173] Tatum, "Evaluating Construction Progress", *Project Management Journal*, No. 16 (1985): 52–57.

[174] Taylor T R B, Uddin M, Goodrum P M, et al., "Change Orders and Lessons Learned: Knowledge from Statistical Analyses of Engineering Change Orders on Kentucky Highway Projects", *Journal of Construction Engineering and Management*, Vol. 138, No. 12 (2012): 1360–1369.

[175] Tien Dung Chu, Tomio Miwa, Takayuki Morikawa, "Discrete Choice Models for Gap Acceptance at Urban Expressway Merge Sections Considering Safety, Road Geometry, and Traffic Conditions", *Journal of Transportation Engineering, Part A: Systems*, 2017.

[176] Ting-Kwei Wang, David N. Ford, Heap-Yih Chong, Wei Zhang, "Causes of Delays in the Construction Phase of Chinese Building Projects", *Engineering, Construction and Architectural Management*, Vol. 25, No. 11 (2018): 1534–1551.

[177] Wang S, "The New Subway Construction Risk Management Practice and Research", *Journal of Surgical Research*, Vol. 186, No. 2 (2014): 494.

［178］ Wang W C, Weng S W, Wang S H, et al., "Integrating Building Information Models with Construction Process Simulations for Project Scheduling Support", *Automation in Construction*, Vol. 37, No. 6 (2014): 68−80.

［179］ Williams T, "Assessing Extension of Time Delays on Major Projects", *International Journal of Project Management*, Vol. 21, No. 1 (2003): 19−25.

［180］ Zeyang Cheng, Wei Wang, Jian Lu, Xue Xing, "Classifying the Traffic State of Urban Expressways: A Machine-learning Approach ", *Transportation Research Part A*, 2018.

附录 A 城市快速路建设工期影响因素问卷调查表

尊敬的女士/先生：

您好！

城市快速路承载着缓解城市交通拥堵的建设意图，但在建设过程中又影响市民出行，如何科学合理地做好项目建设工期的有效管理，需要科学、准确、全面地辨识相关风险。为此，我们设计了城市快速路建设工期影响因素问卷调查表，期盼您能帮助我们提供您的专家意见！

本次调查所得的信息仅用于学术性研究，并替您保守商业秘密。

衷心感谢您的协助！

华侨大学

二〇一六年五月

问卷说明：

（1）本问卷由两部分构成

第一部分是请您根据专业知识和工程实践，对城市快速路建设工期影响因素发生的可能性及相应的工期损失程度，综合进行评估打分。

第二部分是您的背景资料，主要用于调查结果的整理分析。

（2）量表设计说明

量表设计采用五点式量表，按城市快速路建设工期影响因素的工期风险效度大小赋值：1-低风险；2-较低风险；3-中风险；4-高风险；5-极高风险。

一　城市快速路建设工期影响因素调查（请您在各影响因素最合适的分值栏打"√"）

序号	建设工期的影响因素		影响因素解义	工程延期的风险效度				
				1	2	3	4	5
1	项目前期阶段	前期方案论证不足	对项目的投资环境和建设条件调研不足；对建设路线、建设等级、建设时序、技术方案、征地拆迁方案、管线迁移方案、地质水文条件等论证不足					
2		前期报批缓慢	项目报建、土地使用权证、土地规划许可证、设计审批、施工许可证等报批报建手续等前期手续报批缓慢，影响项目的启动时间					
3		勘察不详	水文地质资料不准确，地下文物资料不准确，勘察单位技术不足或工作不到位导致水文地质及地下文物、地下管线勘察不详					
4		标段划分不合理	在招标阶段，对不同标段的划分考虑不周或未能较好地考虑单项工程或单位工程之间的合理搭接和排序					
5		征地拆迁不力	项目用地征地拆迁不顺造成工期进度延迟					
6		地下管线设施迁移不力	项目用地范围内地上、地下管线设施拆迁不顺，造成工期进度延迟					
7	施工阶段	设计缺陷	缺乏城市快速路工程的设计经验，设计不合理、设计错漏等导致的工期延误					
8		组织协调不力	由于参建主体之间的沟通协调不力或不顺造成工期进度延迟					
9		军事管线设施限制	工程沿线存在军事管线设施的限制，造成的工期延误或工程停工					

续表

序号	建设工期的影响因素		影响因素解义	工程延期的风险效度				
				1	2	3	4	5
10	施工阶段	自然环境的不利影响	极端气候、复杂水文地质等造成的施工影响。比如台风多发季节、连续暴雨、酷暑等极端气候影响工程施工的连续性；地质情况复杂，对基础施工的影响较大等项目面临的不利自然环境影响而导致工期延迟					
11		周边环境的不利影响	项目沿线与道路、铁路、立交桥等交叉搭接，引起施工时间及交通流的限制					
12		社会性原因	特殊节假日、重大社会活动等的交通管制、人员缺乏、施工干扰造成工期延误					
13		不可抗力	地震、台风、洪水、火灾、山体滑坡等不可抗力引起工期延误					
14		突发事故	施工过程中人为导致的安全质量事故、施工事故（地下水涌、火灾、路面塌方、机械伤害等事故）、施工现场的交通事故及次生事故、大面积的停水停电等					
15	项目竣工验收阶段	竣工资料整理拖延	施工单位编制竣工验收材料、备案材料计划不及时					
16		验收整改拖延	对竣工验收中发现的质量问题整改不到位、不及时					

二 背景资料（请您在最合适字母上打"√"）

1. 您的工作单位是：

A. 建设单位　B. 设计单位　C. 监理单位　D. 施工单位

E. 政府部门　F. 咨询单位　G. 招投标部门　H. 其他

2. 您目前从事的行业：

A. 市政　B. 隧道　C. 道路　D. 桥梁　E. 其他

3. 您的学历是：A. 大专　B. 本科　C. 硕士　D. 博士　E. 其他

4. 您在该领域的工作年限是：A. 5 年以下　B. 6~10 年　C. 11~15 年

D. 16~20 年　E. 21 年以上

5. 您的职称是：A. 初级　B. 中级　C. 高级　D. 其他

附录 B 城市快速路建设工期合理性评价指标问卷调查表

尊敬的女士/先生:

您好!

城市快速路承载着缓解城市交通拥堵的建设意图,但在建设过程中又影响市民出行,如何科学合理地做好项目建设工期的有效管理,需要对城市快速路建设工期进行合理性评价。为此,我们设计了城市快速路建设工期合理性评价指标问卷调查表,期盼您能帮助我们提供您的专家意见!

本次调查所得的信息仅用于学术性研究,并替您保守商业秘密。

衷心感谢您的协助!

华侨大学

二〇一六年九月

问卷说明:

(1) 本问卷由两部分构成

第一部分是请您根据专业知识和工程实践,对城市快速路建设工期合理性评价指标的重要程度,进行评估打分。

第二部分是您的背景资料,主要用于调查结果的整理分析。

(2) 量表设计说明

准则层评价指标的量表设计按重要程度排序:最重要为"1"、次重要为"2"、第三重要为"3"、第四重要为"4"。

指标层评价指标的量表设计按其重要程度划分为:一般为"1"、稍重要为"2"、重要为"3"、比较重要为"4"、非常重要为"5"。

一、城市快速路建设工期合理性评价指标调查

（一）请对准则层评价指标在城市快速路建设工期设置合理性评价中的重要度进行排序（请您在各评价指标最合适的分值栏打"√"）

序号	准则层评价指标	最重要 （1）	次重要 （2）	第三重要 （3）	第四重要 （4）
1	前期阶段工期的合理性				
2	施工组织设计的合理性				
3	施工保障措施工期的合理性				
4	竣工验收阶段工期的合理性				

（二）请按指标层评价指标在城市快速路建设工期设置合理性评价中的重要程度进行打分（请您在各评价指标最合适的分值栏打"√"）

序号	维度	指标层评价指标	评价指标解释	重要程度				
				1	2	3	4	5
1	前期阶段	前期调研及论证充分性	主要从城市建设、社会经济发展、人口增长、城市交通规划、投资效益等方面进行城市快速路建设论证					
2		标段划分的合理性	考虑合同规模、技术标准规格分类要求、项目工程量以及合同履行期限等因素的基础上合理地划分某项建设工程					
3		报批报建计划合理性	是否针对城市快速路建设的特点制定前期报建工作方案和计划，统筹并有针对性地开展项目前期相关报批报建工作					
4		设计进度合理性	根据城市快速路的设计内容、设计深度、设计时间要求所制定的设计进度计划的合理性					
5		拆迁计划安排合理性	是否坚持"以人为本、和谐拆迁、依法拆迁"的原则，是否实施合理的拆迁补偿计划，是否按时推动拆迁安置工作等					
6		水文地质及管线勘察详细程度	对城市快速路施工场地的水文地质条件及管线分布状况做出评价，给路基基础设计、基础施工、基础处理和不良地质作用的防治提出依据					

续表

序号	维度	指标层评价指标	评价指标解释	重要程度				
				1	2	3	4	5
7	施工组织设计	施工平面图布置合理性	城市快速路施工平面布置的合理性，其内容包括施工占地面积、施工作业面、临时设施、机械设备、材料堆积等的布置					
9		施工段划分合理性	综合考虑路网结构的整体性、工程量和工种对施工作业面、施工工期、劳动力安排等，合理划分施工段					
10		施工组织合理性	工作岗位职责分工、施工队伍部署和任务划分、各施工阶段施工顺序及主要阶段工期安排、施工技术准备、工程的接口配合等是否合理					
11		专项施工方案合理性	是否针对危险性较大的分部分项工程制定专项施工方案，以及施工方案本身的合理性					
12		工程款拨付计划合理性	工程款拨付计划是否与施工进度计划协调					
13		施工工期安排合理性	是否合理预测从正式开工至完成承包工程全部设计内容并达到国家验收标准的全部设计内容并达到国家验收标准的全部有效天数，包括预留给不可控因素（自然因素、突发因素等）发生而额外增加的工期					
14	施工保障措施	人员保障措施合理性	各个参建单位的人员配备、职能设置及人员数量等是否合理，参建人员之间的协作程度、信息的交流及共享程度等是否良好					
15		机械设备供应及保障计划合理性	是否编制合理的机械设备供应计划；是否认真实行施工机械安全管理的有关规定与安全操作规程；是否对相关人员持证上岗情况进行监管，定期检查，整改落实等					

续表

序号	维度	指标层评价指标	评价指标解释	重要程度				
				1	2	3	4	5
16	施工保障措施	物资采购及保障计划合理性	是否制定合理的物资采购计划、仓储物资及危险品安全管理的有关规定，做好危险品用、管、修过程中的安全监管工作等					
17		质量保障措施合理性	在分部分项工程施工工序上严格把关，从根本上实现工程质量目标，如原材料质量控制措施、技术标准是否完善及明确、质量管理制度是否健全等					
18		安全保障措施合理性	职工安全教育和安全知识培训、安全技术交底是否落实；消防、机械作业及用电作业等的安全措施、安全救援应急预案是否到位等					
19		施工现场后勤保障的合理性	工地后勤保障制度是否合理，且认真执行，包括生活区管理制度、卫生管理制度、办公区管理制度等					
20	竣工验收阶段	竣工验收资料整理计划的合理性	对项目的竣工验收材料、备案材料是否制定合理的计划					
21		验收整改计划的合理性	针对竣工验收过程中发现的质量问题，是否制定合理的整改计划					

如有其他您认为合理的指标，请您在下面写出后并做出重要度评价：

二、背景资料（请您在最合适字母上打"√"）

1. 您的工作单位是：

A. 设计单位　B. 施工单位　C. 咨询单位　D. 政府部门　E. 科研院校　F. 其他

2. 您目前从事的行业：

A. 市政　B. 隧道　C. 道路　D. 桥梁　E. 其他

3. 您的学历是：

A. 大专　B. 本科　C. 硕士　D. 博士　E. 其他

4. 你在该领域的工作年限是：

A. 5 年以下　B. 6~10 年　C. 11~15 年　D. 16~20 年　E. 20 年以上

5. 您的职称是：

A. 助理工程师　B. 初级　C. 中级　D. 高工

附录 C 城市快速路建设工期合理性
评价标准化评分表

参评企业： 评价人姓名： 评价日期：_____年___月___日

	指标层	评价点	评分范围	您的评分
前期阶段	前期规划论证合理性	建设必要性论证的充分性	[0，30]	
		技术论证的合理程度	[0，35]	
		经济论证的合理程度	[0，35]	
	设计进度合理性	编制了设计进度计划，且可实施性良好	[75，100]	
		编制了设计进度计划，且可实施性较好	[50，75)	
		编制了设计进度计划，且部分可以实施	[25，50)	
		编制了设计进度计划，且少数可以实施	[10，25)	
		没有编制设计进度计划	[0，10)	
	拆迁计划安排合理性	编制了拆迁计划，且可实施性良好	[75，100]	
		编制了拆迁计划，且可实施性较好	[50，75)	
		编制了拆迁计划，且部分可以实施	[25，50)	
		编制了拆迁计划，且少数可以实施	[10，25)	
		没有编制拆迁计划	[0，10)	
	标段划分合理性	招标项目的专业要求合理程度	[0，25]	
		招标项目的管理要求合理程度	[0，25]	
		对工程投资的影响程度	[0，25]	
		工程各项工作的衔接合理程度	[0，25]	

续表

指标层		评价点	评分范围	您的评分
前期阶段	水文地质及管线的勘察详细程度 / 水文地质条件复杂程度	地下水的分布和形成规律的勘察详细程度	[0, 15]	
		地下水的物理性质和化学成分的勘察详细程度	[0, 15]	
		地下水对工程建设的不利影响及其防治措施的详细情况	[0, 20]	
	管线分布状况	军用管线分布的勘察详细程度	[0, 25]	
		非军用管线分布的勘察详细程度	[0, 25]	
施工组织设计	施工平面图布置合理性	施工作业面的合理程度	[0, 40]	
		机械设备布置的合理程度	[0, 20]	
		现场材料堆场布置的合理程度	[0, 20]	
		临时设施的合理程度	[0, 20]	
	施工区段划分合理性	是否保证流水施工的连续、均衡，划分各个施工段，同一专业工作队的劳动量应大致相等，相差幅度不大	[0, 50]	
		是否充分考虑施工区段对于机械台班、劳动力的容量大小，满足专业工种对工作面的空间要求，做到劳动资源优化组合	[0, 25]	
		是否保证结构的整体性，施工段的界限与结构界限相吻合	[0, 25]	
	施工组织合理性	建设总体目标可行程度	[0, 20]	
		施工组织机构及职责分工的合理程度	[0, 15]	
		总体施工安排和主要施工阶段的合理程度	[0, 20]	
		施工准备和建设协调方案的合理程度	[0, 15]	
		开竣工日期及总工期设置的合理程度	[0, 15]	
		工程接口及配合的合理程度	[0, 15]	
	专项施工方案合理性	编制了专项施工方案，且可实施性良好	[75, 100]	
		编制了专项施工方案，且可实施性较好	[50, 75]	
		编制了专项施工方案，且部分可以实施	[25, 50)	
		编制了专项施工方案，且少数可以实施	[10, 25)	
		没有编制专项施工方案	[0, 10)	

指标层		评价点	评分范围	您的评分
施工组织设计	工程款拨付计划合理性	编制了工程款拨付计划，且可实施性良好	[75，100]	
		编制了工程款拨付计划，且可实施性较好	[50，75)	
		编制了工程款拨付计划，且部分可以实施	[25，50)	
		编制了工程款拨付计划，且少数可以实施	[10，25)	
		没有编制工程款拨付计划	[0，10)	
	施工工期计划合理性	编制了施工工期计划，且可实施性良好	[75，100]	
		编制了施工工期计划，且可实施性较好	[50，75)	
		编制了施工工期计划，且部分可以实施	[25，50)	
		编制了施工工期计划，且少数可以实施	[10，25)	
		没有编制施工工期计划	[0，10)	
施工保障措施	人员保障措施合理性	项目部职能设置及人员数量配置的合理程度	[0，35]	
		参建单位的人员配备数量的合理程度	[0，35]	
		参建人员之间的协作程度	[0，30]	
	机械设备供应及保障计划合理性	编制了机械设备供应及保障计划，且可实施性良好	[75，100]	
		编制了机械设备供应及保障计划，且可实施性较好	[50，75)	
		编制了机械设备供应及保障计划，且部分可以实施	[25，50)	
		编制了机械设备供应及保障计划，且少数可以实施	[10，25)	
		没有编制机械设备供应及保障计划	[0，10)	
	物资采购及保障计划合理性	编制了物资采购及保障计划，且可实施性良好	[75，100]	
		编制了物资采购及保障计划，且可实施性较好	[50，75)	
		编制了物资采购及保障计划，且部分可以实施	[25，50)	
		编制了物资采购及保障计划，且少数可以实施	[10，25)	
		没有编制物资采购及保障计划	[0，10)	
	质量保障措施合理性	制定了质量保障体系，完善，且可实施性良好	[75，100]	
		制定了质量保障体系，较完善，且可实施性较好	[50，75)	
		制定了质量保障体系，不完善，且部分可以实施	[25，50)	
		制定了质量保障体系，不完善，且少数可以实施	[10，25)	
		没有制定质量保障体系	[0，10)	

续表

指标层		评价点	评分范围	您的评分
施工保障措施	安全保障措施合理性	制定了安全保障体系，完善，且可实施性良好	[75, 100]	
		制定了安全保障体系，较完善，且可实施性较好	[50, 75)	
		制定了安全保障体系，不完善，且部分可以实施	[25, 50)	
		制定了安全保障体系，不完善，且少数可以实施	[10, 25)	
		没有制定安全保障体系	[0, 10)	
竣工验收阶段	竣工验收资料整理计划合理性	编制了竣工验收资料整理计划，且可实施性良好	[75, 100]	
		编制了竣工验收资料整理计划，且可实施性较好	[50, 75)	
		编制了竣工验收资料整理计划，且部分可以实施	[25, 50)	
		编制了竣工验收资料整理计划，且少数可以实施	[10, 25)	
		没有编制竣工验收资料整理计划	[0, 10)	
	验收整改计划合理性	编制了验收整改计划，且可实施性良好	[75, 100]	
		编制了验收整改计划，且可实施性较好	[50, 75)	
		编制了验收整改计划，且部分可以实施	[25, 50)	
		编制了验收整改计划，且少数可以实施	[10, 25)	
		没有编制验收整改计划	[0, 10)	

后 记

本书以本人的博士论文为基础，依托的科研项目是福建省厦门市建设局科技计划项目"厦门市城市快速路建设工期合理性评价研究"（XJK2015-2-4）。本书是在导师王晨教授悉心指导下完成的。书稿从选题、开题到完稿，都凝聚着导师的心血和智慧。王晨教授严谨的治学态度、精益求精的工作作风、踏实创新的精神和平易近人的人格魅力将会使我终身受益，在此谨向他表示最真诚的感恩和最崇高的敬意。

感谢西安建筑科技大学原校长刘晓君教授、华侨大学原党委副书记刘斌教授和《建筑经济》杂志社易冰源社长一直以来给予我的关心与鼓励，正是得益于他们的指教和鞭策，我坚持完成了一位大龄博士的风雨求学路。

感谢祁神军副教授在科研上一直给予我的合作、支持和帮助！祁老师在我博士论文的撰写过程中提出了许多富有建设性的宝贵意见和建议。

感谢华北电力大学侯学良教授、广州大学王学通教授和福建工程学院李杰教授对论文提出的宝贵修改建议。

感谢厦门市建设局社会协调处原处长林联泉同志和副处长张进金同志在我博士论文写作期间提供相关素材和在专家访谈上提供的支持与帮助。

同时，还要感谢陈伟、王玉芳、刘兵、李萌、鲁梓宏、宋文洁、龚腾、陈心悦等同学，在我博士论文相关调研及数据整理方面提供了支持和帮助，衷心感谢并祝福他们在未来的生活和学习道路上一帆风顺。

我在攻读博士期间，虽然经历了地方政府挂职，校内行政岗位的变动，但始终没有放弃对学术的追求，没有放松对博士论文的撰写。在此，感谢华安县政府在我挂职期间给予的大力支持，感谢我所在单位华侨大学的领导和同事给予我的支持和帮助。

　　本书写作过程中，查阅了大量国内外的文献资料，并借鉴了其中的一些研究成果，在此对文献的作者和相关研究人员表示衷心感谢。

　　最后，感谢家人的默默支持与理解，家人不仅是我读博求学的动力，也是我潜心科研的基础。

　　读博不易，但有导师的悉心指导，有领导的关怀鼓励，有同事、学生的热心帮助，有家人的理解支持，求学路虽艰辛但吾无悔，在这里再次对他们表示最诚挚的感谢！

2019 年 9 月 17 日

于华侨大学厦门园区

2024 年 6 月修改

图书在版编目（CIP）数据

城市快速路建设工期合理性研究／詹朝曦著.
北京：社会科学文献出版社，2024.11. --（华侨大学
哲学社会科学文库）. -- ISBN 978-7-5228-4256-1

Ⅰ. U412. 37

中国国家版本馆 CIP 数据核字第 20245N5M88 号

华侨大学哲学社会科学文库·管理学系列
城市快速路建设工期合理性研究

著　　者／詹朝曦

出 版 人／冀祥德
责任编辑／刘学谦
责任印制／王京美

出　　版／社会科学文献出版社·文化传媒分社（010）59367004
　　　　　地址：北京市北三环中路甲 29 号院华龙大厦　邮编：100029
　　　　　网址：www.ssap.com.cn
发　　行／社会科学文献出版社（010）59367028
印　　装／三河市龙林印务有限公司

规　　格／开　本：787mm×1092mm　1/16
　　　　　印　张：16.5　字　数：260 千字
版　　次／2024 年 11 月第 1 版　2024 年 11 月第 1 次印刷
书　　号／ISBN 978-7-5228-4256-1
定　　价／118.00 元